中国非虚构写作名家访谈录

刘蒙之　周秭沫——编著

南方日报出版社
NANFANG DAILY PRESS
中国·广州

图书在版编目（CIP）数据

中国非虚构写作名家访谈录 / 刘蒙之，周秭沫编著. -- 广州：南方日报出版社，2020.8
ISBN 978-7-5491-2070-3

Ⅰ.①中… Ⅱ.①刘… ②周… Ⅲ.①作家—访问记—中国—现代 Ⅳ.①K825.6

中国版本图书馆 CIP 数据核字（2019）第 231018 号

ZHONGGUO FEIXUGOU XIEZUO MINGJIA FANGTANLU
中国非虚构写作名家访谈录

编　　著：刘蒙之　周秭沫
出版发行：南方日报出版社
地　　址：广州市广州大道中 289 号
出 版 人：周山丹
责任编辑：刘志一　郭海珊
装帧设计：邓晓童
责任技编：王　兰
责任校对：魏智宏　裴晓倩
经　　销：全国新华书店
印　　刷：广东信源彩色印务有限公司
开　　本：787mm×1092mm　1/16
印　　张：14.375
字　　数：229 千字
版　　次：2020 年 8 月第 1 版
印　　次：2020 年 8 月第 1 次印刷
定　　价：48.00 元

投稿热线：（020）87360640　　读者热线：（020）87363865
发现印装质量问题，影响阅读，请与承印厂联系调换。

序言

Preface

范以锦

暨南大学新闻与传播学院院长、教授、博士生导师，资深媒体人

非虚构写作，是一个有争议的话题，尤其是在这一概念被引入新闻领域之后，更是引发了新闻学界和业界的争论。在这一背景下，刘蒙之、周秭沫编写《中国非虚构写作名家访谈录》并出版，将这一话题的各种观点比较系统、集中地进行呈现，对促进这一问题的探讨，乃至推动非虚构写作在新闻领域的良性发展有积极的作用。

非虚构写作原本流行于文学界，后来又被引进了新闻领域，并引起了新闻学界的关注。中国人民大学、复旦大学、暨南大学等大学举行过相关的论坛，或办起相关的工作坊，与此相关的论文也逐渐增多。从业界的角度来看，非虚构写作已成为一些优秀媒体人的核心技能，一些非虚构作品也成了记者本人的成名之作。从学界的角度来看，非虚构写作是新闻传播教育和研究的一个

新领域，有的新闻院系还将其列入新闻传播教育的基础内容。今天我们进入了智能媒体时代，但具有人文关怀和道德伦理角度的人类写作依然是媒体竞争的核心，媒体对优秀写作者的需要依然强劲。新闻领域的非虚构写作，是过去记者所具备的特稿和深度报道写作能力在新形势下的创新发展，其所具有的独特视角和良好的表达方式，有利于提升媒体的内容价值和影响力。正因为如此，一些受欢迎的大众类期刊、时政类期刊乃至时尚类期刊把非虚构写作归为内容经营的强项，形成新的竞争力。此外，非虚构写作还是新媒体内容创业和知识付费内容生产的重要手段，不少非虚构生产平台正在并已经走向影视化道路。所以，《中国非虚构写作名家访谈录》的出版有很强的针对性和现实意义。

综观《中国非虚构写作名家访谈录》一书，我认为有如下几个特点：

其一，重视名人效应，受访者基本上是对非虚构写作有实践经验和有研究能力的名人。17位受访者中，有《三联生活周刊》主编、三联生活传媒有限公司总经理李鸿谷；曾任《南方周末》高级记者、《南方都市报》首席记者的南香红；《中国青年报·冰点周刊》主编、资深记者从玉华；曾任《南方周末》记者、《经济观察报》首席记者、《新京报》副总编辑，后为“商业人物”品牌创始人的迟宇宙；新生代非虚构写作者的杰出代表，在《人物》杂志担任主笔的谢梦遥；等等。他们在各自的领域将内容做得很专业，很有灵气。比如，最优秀非虚构写作者之一，先后供职于《南方都市报》、《南方人物周刊》、《时尚先生》、亭东影业，现为《时尚先生》杂志副主编的杜强，就是一个成功的案例。他写的《太平洋大逃杀亲历者自述》，生动还原了整个故事，在《时尚先生》上刊发后，又在网络推出，其内容价值引发媒体圈极大关注，乐视影业以高价买下特稿《太平洋大逃杀亲历者自述》的影视改编权，并由蜻蜓FM、《时尚先生》、乐视影业联合出品《太平洋大逃杀》广播剧。该作品被认为是“新闻领域非虚构写作”的经典案例，引发了学界和业界的高度关注。《南方都市报》和暨南大学新闻与传播学院联合举办了非虚构写作研讨会，邀请作者杜强到会介绍写作经验。《南方都市报》还发起了中小学生“非虚构作文大赛”，试图培养学生从小对这一叙事文体的兴趣，推动这一文体的进一步创新发展。

其二，访谈方式生动活泼。本书将受访者的看法完整呈现出来，做到知无不言，有问必答，让读者清晰了解到受访者的真实想法，而且所涉及的内容并非只是受访者的简单看法，还包括了受访者的职业成长道路、写作理念、采编技巧、个人志趣等方面。

其三，既呈现受访者的共同点，又展示其不同点，以便研究者较全面地探讨非虚构写作这一话题。共同点就是他们几乎都从事过媒体工作，由此走向职业化非虚构写作的道路。有亲身的经历，探讨问题时自然有强烈的兴趣。从不同点来看，由于受访者思想力与表达力都很强，因此每个人具有各自的个性，这就使得不同受访者的访谈内容突出了自身的特色，对于非虚构写作的理解多少有一些不同。例如，从玉华一直在强调真实性与文学性一定有冲突，而雷磊、蔡崇达一直在为非虚构写作的文学性呐喊。对于非虚构写作的争论和探索一直未停止过，刘蒙之、周秭沫编写这本书的初心，在于让更多人了解非虚构写作的全面情况，给有志于非虚构写作的人们提供一个观察这一现象的方法论。把各种观点都呈现出来，并进行多元的探讨，将有利于非虚构写作的实践和研究。

这本书具有较好的特色和创意，与本书作者的经历密不可分。刘蒙之是中国写作学会理事，陕西师范大学特聘教授、新闻与传播学院副院长，陕西省作协会员。他活跃在作家圈里，自然比较早了解到非虚构写作的相关情况。作为新闻传播学的老师，受此影响，他也将非虚构写作的研究从文学界引入到新闻传播领域。在2016年，他在陕西师范大学新闻与传播学院成立了国际非虚构写作研究中心，介绍和推广非虚构写作理念及教学。他译有《新新新闻主义：美国顶尖非虚构作家写作技巧访谈录》。他还与张焕敏合作出版了《非虚构何以可能：中国优秀非虚构作家访谈录》一书，该书收录了柴春芽、关军、易小荷等人的写作经验介绍。除此之外，他还在腾讯谷雨、澎湃新闻上发表了多篇国外非虚构作家研究文章。为了更好地进行理论联系实际的教学，他投身于非虚构写作的尝试，在澎湃新闻发表了《1974—2012：一个人的农村电影消亡史》《开长途货车的抒情诗人》等非虚构作品。这些实践足迹和研究经历，为他完成这本书打下了良好的基础。周秭沫是西安交通大学新闻传播专业的研究生，对非虚构写作的实践和研究有着浓厚的兴趣，她曾在

《中国青年报》深度调查部、《人物》杂志实习，有独立操作选题的经验和能力。二人通力合作，推动了这本访谈录的完成。

谈到新闻领域的非虚构作品，往往有人把它说成是深度报道，也有人把它当成特稿。但从中国新闻界来看，非虚构写作的概念是在特稿和深度报道流行多年后才被引入新闻领域的。如果说是特稿的话，当今新闻领域的非虚构写作已属于创新了的特稿文体，已不是过去那种过于宽泛的特稿文体。我们要将这种新型的特稿与调查性报道、解释性报道等深度报道区分开来。普利策特稿写作奖对其获奖作品的评奖条件表述得很清晰："除了具有独家新闻、调查性报道和现场报道的共有获奖特质外，特稿主要是考虑高度的文学品质和原创性。"西方的一些媒体也强调，特稿一般指除消息和深度报道（含解释性报道和调查性报道）之外的其他新闻文体。如果说过去曾把调查性报道、解释性报道称为特稿的话，那么新时期的特稿则是在这基础上提升了的叙事文体。既然有了内涵的创新，就应该重构特稿的概念。笔者认为，新闻领域的非虚构写作这类新型特稿可以表述为："运用一定的文学手法写完全真实的故事，且具有原创的特质。"非虚构写作可以借鉴文学的手法，把故事的情节写得非常细腻，但既然是新闻作品的范畴，就必须恪守新闻真实性的原则，不仅内容要完全真实，而且也不能有所谓"合理想象"的成分，不能夸大和渲染。这只是一家之言，笔者并未有过非虚构写作的实践，真正的老师是《中国非虚构写作名家访谈录》一书中的受访者。相信这本书中的受访者的观点引发关注后，会有更多实践者和研究者出现。实践和理论的结合，将进一步推动新时期这种新闻文体的创新发展。

自序

Preface

热爱的故事

每一个故事都有起因。亲爱的读者，你拿在手上的这本书，最早来自一次谈话中意外冒出的想法。在一次我与陕西师范大学刘蒙之老师聊天的时候，他告诉我他刚编译了一本书《新新新闻主义：美国顶尖非虚构作家写作技巧访谈录》，该书由纽约大学的罗伯特·博因顿教授对美国多名非虚构作家、记者所做的访谈实录构成，这促成了我们达成口头约定——共同编写一本中国的非虚构作家访谈录。

从2018年夏到2019年春，半年多来，整个采、写、编的过程伴随我们走过了北京、香港、慕尼黑、巴黎、佛罗伦萨、上海、京都、西安。我和刘老师尽到最大努力，坚持每一次采访都与受访者亲自见面，在香港闹市的咖啡馆、北京的胡同里、上海的黄浦江边……每一次对话后，反复地整理，不断地回味。听着可爱又可敬的作家们娓娓道来他们的写作生涯和成长道路，光是这个过程，对我们来说就已是极大的精神享受。我和刘老师编写这本书的初心，是让更多人知道并且了解非虚构写作。我们努力对访谈的内容进行修整和完善，希望能够给看这本访谈录的你们提供一种价值观和方法论。

刘老师总结过非虚构写作的特性，首先就是真实。长久以来，我们不难看到专业的前辈在求真之路上所付出的努力，我们也可以察觉到不专业的写作者作假的痕迹。我们都知道，美国报业为了恪守新闻专业主义，不允许记者用第一人称进行写作；20世纪20年代，《时代》周刊开创了“事实审查制度”，划分出新的工种“事实核查员”，独立于记者与编辑，只对事实和真相负责；在采访和写作的过程中，也有“交叉信源取证”法则，写作者要将从某人或某处得到的信息与多方进行检验求证，确保内容的真实客观。种种操作规范和法则，无一例外是为了确保真实性。作为记者，我总是试图不断地揣摩人心，不断地逼近真相。按照我的理解，非虚构最有魅力的地方就是它的真实，它是不以任何人的意志为转移的，它是能够直抵人心的。穿透一个人有多难？就像我们的受访者告诉我们的那样，我们应该也必须贴近采访对象，发自内心地理解他们，才能写出优秀的非虚构作品。这就是真，这就是非虚构，这就是能够打动所有人的东西，这也是作为年轻记者的我的志愿与追求。

非虚构不同于虚构，除了真实性之外，它更多地关注到了普通人的价值，无论它的叙事背景有多宏大、辽阔，它终将是对人物命运和时代命运的注解。我的不少在大学里念书的年轻朋友们，多次与我讲起当初没有学习新闻传播的遗憾，他们认为这个专业将会使人“更加没有局限，给自己一个更加大的世界”，是的，我为我的专业感到自豪。作为一名记者，我总是能够接触到社会的每一个部分。我经常会发现，当我采访了一个名人后，不论我的报道写得好不好，身边的非新闻从业者总会向我发出兴奋的赞叹——“啊”，而当他们听到我采访了默默无闻者的时候，反应则较为冷淡。是我让他们失望了吗？因为我写的是社会新闻中那些不美丽的事物和不幸的人。但“拥有一个好故事”是名人的特权吗？有时，人们会以为，焦点在那些显赫、耀眼的地方，事实上，故事是对每一个普通人的恩典与礼遇。这也是我认为非虚构写作的价值所在，它终将为历史留一份底稿，为众生记录其所在的时代历史。

在我们访谈的17位老师中，有写细菌战役的南香红老师，有写抗战老兵的孙春龙老师，有写杀人少年的雷磊老师，有写自己成长历程中的普通人的蔡崇达老师，也有喜欢写普通人却不得不写名人的谢梦遥老师，等等。我们知道“人民群众是历史的创造者”。我想我们作家笔下的那些人，就是沙滩上的贝壳，是角落里的玻璃珠子，历史的探照灯不会只照在康庄大道上，非虚构写作在大家看不到也发现不了的地方，但那一束光照过去了。

罗素在《我为什么活着》中写道：“对爱的渴望，对知识的追求，对人类苦难不可遏止的同情，这三种单纯又强烈的情感支配了我的一生。”人在具体的环境中，不免随波逐流，我却从我们的受访者身上感受到了成年人少有的天真和热爱，他们有热情，有才情，有纯洁的心灵和自由的意志，这也是17个关于热爱的故事，他们是（排名不分先后）：

迟宇宙（《南方周末》前记者，非虚构作家）

从玉华（《中国青年报》资深记者，《中国青年报·冰点周刊》主编）

杜强（《南方人物周刊》前记者，非虚构作家）

何瑫（《智族GQ》前编辑副总监）

蒯乐昊（《南方人物周刊》总主笔，非虚构作家）

雷磊（《南方周末》前记者，非虚构平台“真实故事计划”创始人）

李鸿谷（调查记者，《三联生活周刊》总经理、主编）

南香红（《南方周末》前首席记者，非虚构作家）

师永刚（《凤凰周刊》主编，作家，出版人）

谢梦遥（《人物》杂志主笔，非虚构作家）

杨猛（《南方周末》前记者，非虚构作家）

杨潇（《南方人物周刊》前记者、编辑，哈佛大学“尼曼学者”）

叶伟民（《南方周末》前记者，非虚构作家）

孙春龙（著名调查记者，非虚构作家，公益人）

蔡崇达（特稿记者，非虚构作家）

雷晓宇（《人物》特稿记者，非虚构作家）

张英（《南方周末》前高级记者，非虚构作家）

在此，我和刘老师向每一位受访者致谢，感谢他们抽出时间接受我们的采访。

关于这本访谈录的背景和采、写、编过程，我交代到这里。接下来的时间交给读者诸君。当然，以上有任何你不认同的地方，请权当是我一个小辈的妄言。

周秭沫

2019年2月20日于西安交通大学

Contents

目录

蔡崇达

人是最了不起的艺术品

蔡崇达，作家、媒体人、创业家，生于福建泉州，中国新闻业界杰出的特稿记者，曾供职于《新周刊》《三联生活周刊》《周末画报》，曾出任《智族GQ》中国版报道总监，《中国新闻周刊》执行主编，现为服装品牌“magmode名堂”CEO（首席执行官）。

在《智族GQ》任职期间，蔡崇达写了代表作《审判》。《审判》是对2010年“药家鑫交通肇事故意杀人案”的深度报道，全文长达三万字，获得了2011年《南方周末》“年度致敬特稿奖”、亚洲出版协会特别报道大奖、德国《德意志报》颁发的中国年度特稿奖，为中国非虚构写作在国际传媒界扩大影响力做出了特殊贡献。

我们的访谈于2018年末在蔡崇达位于上海的公司里进行，在采访过程中，“文学”是被反复提及的一个命题。蔡崇达很早就意识到了他对“写作”这种表达方式的特殊迷恋。十六岁时，他获得了全国创新作文大赛一等奖，坚定了要将“写作”作为终身事业的决心。他的职业化新闻写作生涯开始得很早，他在泉州师范学院读大三那年，福建本地一家媒体向他提供了调查记者的职位，如果细心翻看十几年前的报纸，仍能找到署名“蔡崇达”的豆腐块式新闻。和同时期的特稿记者相比，他的勤奋也是显著的，做记者的十余年间，即便是在生活时间里，他也不放过一分一秒，一有空闲就琢磨怎么把稿子写好。他的《铁岭往事：王立军1982—2002》《审判》体量庞大，逻辑缜密，是继李海鹏的《举重冠军之死》后中国特稿界的里程碑式作品。

2014年底，蔡崇达的个人首部非虚构著作《皮囊》出版，他用一种真诚、冷静且温柔的方式，以自己成长的渔村为背景，讲述了亲人以及身边好友身上发生的故事。“肉体是拿来用的，不是拿来伺候的。”简短的一句话，收录在《皮囊》的开篇中，触碰了无数读者的心灵。“很像是博尔赫斯的风格”是韩寒看过开篇后的第一感觉，他鼓励蔡崇达将故事延展，随即有了最终的《皮囊》。文学评论家李敬泽在书序《灯笼亮着，扪心而说》中评价《皮囊》是一本“认心、认人”的书。“理解人性”是蔡崇达认为写作者必定要有的能力，朴素、真实、干净的笔触，淡淡描画，叩击人性，最终就能抵达人心深处共通的地方。“人性是最大的奢侈品”“人是最了不起的艺术品”，他向我们强调道。

访谈实录

问　做特稿记者的时候，你怎么找选题？

蔡：我有一个“不求甚解法”，我自己会读很多书，如果读的书没有触动到我，我就故意不去记。但如果触动到，我就自然会记住，这样在面对选题时，我就能有一个很好的感知。如果你是一个关心社会、关心人们状态的人，你就会接触到很多让你觉得很触动的东西，你就会反复琢磨为什么这个东西会让你这么触动。比如说药家鑫案，这个案子刚出来的时候媒体一度把他包装成了一个“军二代”“官二代”，我也一度非常愤怒，但是到后来突然发现他可能不是这么一个人的时候，我有一种巨大的悲哀感。整个社会对一个人喊打喊杀，却不知道他是谁、他经历了什么。放到人类文明史上，这永远是一个很奇怪甚至很残酷的事情。那时候我就耿耿于怀，然后就一直在想“我为什么会耿耿于怀”。我在乎的点，可能就是那么一下子，我没有想清楚，我就要往下追。

后来在管理记者的时候，我跟他们说什么是选题、什么是新闻事件。比如药家鑫案，在大学生杀人事件中，他不是第一个，但为什么在当时会被放到那么大的程度？背后必然存在一个能够引起巨大震荡的内核，那个东西才是真真正正的新闻点。现在再看，杀人案是非常不符合《智族GQ》的气质的，但我会觉得《智族GQ》是一本强调精神性、强调人文关怀的杂志。人性才是最大的奢侈品。

问 你说你做记者，是因为觉得世界上最美妙的风景是一个个奇特的人，你对人的这种强烈的兴趣是来自哪里的？

蔡：其实从小到大我一直觉得自己是一个搞不定自己的人，觉得自己有各种乱七八糟的想法、乱七八糟的情绪、乱七八糟的欲望，而且它们很多都自相矛盾，但在矛盾完之后，最终又浑然一体。我有时候显得很活泼，有时候却非常内向；有时候会显得特别焦虑，有时候却特别乐天。其实人就是这么有趣又好玩、复杂又统一的生命体。后来慢慢地，我找到自己的精神秩序之后，我就发现每个人又何尝不都是这样子。每个人都堪称艺术品，上天把时代、命运植入每个人，才雕刻出这么一个艺术品。这是一个特别了不起的艺术品，我觉得这是我的兴趣所在，对我来说也是挺重要的。

问 在采访前，你怎么列提纲？怎么提好问题？

蔡：我是一个讲究笨功夫的人。比如在采访刘德华之前，我会在网站上搜索他，从第一页看到最后一页。当然，这里面有大量重复的信息，但这只是开始，紧接着，我会挖掘出我认为有用的信息。

我看东西有一个方法论，只有用社会学、人类学、文学三重视野去看一个事情，才算是看见，我在看的过程中又会产生一些社会学、人类学、文学的思考。举个例子，在采访刘德华前，我会先看香港娱乐圈发展史、香港人口变迁史、香港社会分层等等，那里面有一些社会学、人类学的著作，我也不会错过。因为我是一个肯下笨功夫的人，我每次会要求自己至少采访多少个人，每个人至少采访三次，再交叉采访三次左右。《审判》那篇稿子，写完后我发给所有当事者看，每个当事者都跟我说这不是事实。但作为记者，我发现每个当事者描绘的真实和别人描绘的真实都不一样，所以我尽可能用社会学、人类学、文学多重角度看问题，让受访者多说几次，次数不一样，最终会发现甚至很多细节跟表达也是不一样的。社会学、人类学、文学是我的秘密。我刚毕业的时候，一开始热衷于做调查记者，但是后来渐渐发现，所谓的真相太难抵达了，只能从一个剖面上看到。

问 经过密集的采访后，你怎么整理采访所得的素材？

蔡：我有个方法叫“水落石出法”，就是说我先不讲究逻辑，先把那些触动我的点挑出来。其实在我看来，人的构成就像是宇宙一样，如果在这里找到一个地球，就先把地球弄出来；如果找到一个月球，就先把月球弄出来。随后，就会发现“噢，原来是月亮绕着地球转”，就会知道一些素材在作品中应该往哪里安排，这个过程我叫作“水落石出”。我不事先设定问题去写作，而是不断用思维的思考和感受去冲刷，把最终那些硬核的材料洗出来，然后会突然发现，它就是一个天然的星系。

问 **我理解为采访之后，你会先很仔细地把素材过一遍，在脑海里形成梗概，然后考虑哪些部分是你最敏感、印象最深刻的。是这样一个过程吗？**

蔡：写稿子的时候，我会开很多个文件夹。这一部分触动了我就拎出来，那一部分触动了我也拎出来，最终会连成一篇稿子，这样，每次写完稿后就打开了几十至上百个文件夹。我又试图看清楚这些内容的相互关系。

我是一个警惕逻辑的人。年轻的时候迷恋逻辑，因为没有逻辑就不会写文章。但是我从事媒体行业很久之后，就一直试图跟逻辑对抗。因为逻辑很容易欺骗自己、他人，逻辑很容易蒙住你的眼睛，让我们只看到一个片段、一个片面。如果用逻辑写文章，写着写着会发现，就好像一个论述文，为了证明而证明。你甚至会发现很多触动你的材料放不进来，只能把那些材料扔掉，但其实或许那才是最重要的部分，只是你自己的思维包裹不了它。

问 **所以我们必须去粉碎写作的逻辑？**

蔡：你必须有勇气突破你的逻辑，才能追求更为复杂的逻辑。刚入行的时候，也许你可以轻松写一篇五千字的文章，但是要写一万字，甚至几万字的时候，就要去摧毁逻辑。在我看来，用逻辑写文章，本质上是一个很不对的事情。因为那是作者对世界做出的一个假设，是个人把材料往逻辑上拼贴，真正的真相肯定不是这个样子。特稿记者很多时候写四五千字是一个坎，写一万多字又是一个坎，如果写一万字那个坎能过，很容易就可以写百万字的东西。学会突破逻辑来成文，是可以实现无限漫长的叙述的。可是，大部分的记者还是会强调逻辑，若不说逻辑了，有的记者还会自称是偏见。我会要求记者出去采访前向我提交他对选题的策划案，我把这个策划案定义为偏见，先设立的一个逻辑上的偏见，到现场后，记者可再去感受、粉碎之前的逻辑，推翻之前的偏见，才能尽可能地去逼近真相。

问 **“新闻报道不缺角度，缺准确的事实”，这句话怎么理解？我觉得角度蛮重要的。**

蔡：角度也很重要，一点儿都没错。从这角度看到这个花（指着花），你会觉得这个花是这样；从另外一个角度看这个花，这花儿又不一样了。为什么有的人一定要找到一个角度来写作呢？首先，他不一定有能力从另外的角度来看待事物，他担心看到也表达不了，因为他的写作力不够。其实，一开始我们学习写作，构成文章的肯定是角度和逻辑，但是，要知道角度、逻辑只是工具，不能让工具反过来限制、统治你。其实写长篇报道的记者，写到一两年可能就有个困惑，明明很多很好的东西，就是放不进逻辑，到底是要为了这些放不进的东西牺牲掉、打破掉预设的逻辑，还是干脆假装没有看到这些东西，继续维持原有的逻辑？如果你不为了这些看到的东西去打破逻辑的话，是永远不会往前走的。要往前走，就要打破现有的逻辑，看到这东西，需要面对一段时间上的无序感，我不知道要用什么逻辑去叙述它，所以我也无法表达它。你必须往前走这一步。

问 **那你讲究写作技巧吗？**

蔡：我认为文学是内心纹路的学问，准确才是最重要的。所以，能用短句就不要用长句，能不用形容词就不要用形容词。我很讨厌排比句，因为使用排比句一般是因为简单讲的内容无法支撑起你的情感，无法支持你的判断，所以不得不用句式给自己壮胆，其实这是一个对读者不太负责任的方法，就是所谓的简单抒情，你试图用抒情代替表达。但抒情不是表达，我的写作是去技巧化的。就像我们闽南人做菜一样，用最好的海鲜来白灼。

问 **《皮囊》短句也很多，这和新闻训练有关吗？你的写作观是怎样的？**

蔡：有人认为，文学就是修饰的学问，在我看来，文学是能准确抵达人心的一个学问，我能不用修饰就尽量不用修饰。我的写作观是这样的。

问 **你是如何打开采访对象的心扉的？**

蔡：其实每个人都有被理解、被了解的愿望。如果他不愿意跟你说话，有时候是因为他的立场。人内心终究是孤独的，即使面对再亲近的人，都会觉得你有很多东西他不理解，虽然终究依然渴望被理解。所以，你尽量理解对方就好了。我跟刘德华第一次约见的时候，我说："华哥，我觉得你是一个爱操心的人。"他问我为什么这么说，我又说"感觉你应该是个乡绅"，他就说："我才不是乡绅呢。"但后来，过了一年之后，我看他接受采访说"其实我是个乡绅"。我为什么说他是一个乡绅？因为他出生于潮汕的一个大家族，他的家族是个望族，小时候他家里还养过孔雀。他父亲是一个叛逆的人，自己跑到城市里去晃荡，所以他又有传统文化的部分，又有冒险的部分，在那样的家庭诞生，会觉得是传统文化构成了他内心的秩序，继承了家族的那些东西。所以，他像个乡绅。他一开始否定了，但是我为什么要说出这句话？我在见他之前，真的在百度上把他的资料从第一页看到最后一页。我不能说了解他，但已经在见他之前尽量了解他了。所以我抛出那句话只是个设问，我抛出这个偏见，然后不断地推进，内心就会走得很近，那次我们本来约了一个小时，最后就从早上10点聊到晚上10点。人都是渴望被理解的，根本不需要试图跟他的心拉近，在你真的试图理解他、感知他的时候，他是知道的。

有些采访对象就是捂不热。这时候，就需要一个中间人，就是他本身信任的人，你得像个侦探一样去感知那种潜在关系网。比如说，我曾经采访一个高官，了解一个案例，他是中部某省一个级别很高的官员，照理说这个人是无法接触的。但就是因为那个人原来是一个大学教授，我就通过他在大学里带过的研究生、博士生找到了他的几个得意门生。他们其实担心自己的老师在这个案子里的情况，我就通过这几个学生转达了我对他的理解，以及我觉得为什么他在这时候可以适当对媒体说说话。结果，他就约我去他家聊了一个下午，很顺利。在很多人看来，这是个不可能完成的任务，但最终我还是用这个方法完成了。

问 你觉得自己是一个理性的写作家吗，抑或是感性驱动你完成写作的？

蔡：我觉得写作者是驱动于感性的，但是要理解自己为什么会有这样的感性触动，所以要用理性的工具去试图抵达自己的感性，至于最终是否抵达成功，就要再跳出来通过理性验证一下。所以我的方法是驱动于感性，验证于理性。

问 你的写作过程是怎样的？

蔡：我是一个反复折腾自己的人，一段导语前后修改一百多遍也是很正常的。一旦导语写完，就知道整件事的来龙去脉，然后我会很搞笑地——比如我可以再写二十分钟，跑去跟别人开开玩笑，再回来写一会儿，再去做点别的事情。

问 《审判》的第一句话是“你以为你知道整个故事，其实你知道的只是结局”。我当时看的时候，就觉得这句话好抓人，一般情况下，你的文章的开头是怎么写出来的？

蔡：我要求开头一定要简单，类似你说的那样。我有个小秘密，其实我是一个有阅读障碍的人，如果文章开头太长，我会读不下去，没有好到一定程度的文章我也读不下去。所以我会很在乎文章看起来好不好，我每次写完稿子都会拿给美编看。美编大多是用视觉思考的人，他们对文字的容忍度也是很低的，文章好不好，他们一下子就看出来了。我对自己的要求是，如果他们觉得读了后不惊心动魄，那就证明我没有表达好，我其实一直是按照这个标准来要求文字的。

问 你怎么给作品起标题的？我发现你的作品标题都很简单，但有意味。

蔡：我的风格就是很短，就一个名词或是动词。第一，我肯定不喜欢起鸡汤式的标题，我也不愿意随便去迎合当下的热点。总要有一定的人生命题的探讨。

问 你写作的速度快不快？你是如何安排写作周期的？

蔡：非常快。我最快一个晚上写三万多字，但开始前要酝酿，一旦动笔写，一个晚上就是一两万字地写。

问 《皮囊》作为一本非虚构作品，在出版后能够如此受欢迎，也很畅销，你认为原因是什么？

蔡：我之前没有想过《皮囊》会成为畅销书，我觉得还是那句话，走向自己内心就是通往他人内心最快的路。人身上有很多命题，你拼命地为自己表达，其实你也就是在拼命地为很多人表达。我现在其实比较开心的是出版界和纯文学界并没有把我归为传统意义上的畅销书作家，比如说李敬泽老师，他们愿意把《皮囊》定义为近年来最畅销的纯文学作品。其实我也不是“鸡汤文”畅销作家。有的作家可能像明星一样，走过来一大堆小女生尖叫什么的，我发现我的读者都比较冷静，比较有内涵。

问 你之前讲文学在你心中是一个特别神圣的东西，我觉得，我们这一代90后，没有那么热爱文学，没有把它当成一个特别的存在。

蔡：现在很多人会吃辣，但是不太会吃香。辣不是味觉，但你放到手上是有感觉的，因为它是一种刺激感。现在我们有很多资讯，但是很少有实质性内容。资讯在我看来是刺激，但不是内容。什么是内容？就是从内心的感知来的，又会表达到人类心里去的。所以我觉得，现在只不过很多人大量地摄入辣的东西，他觉得自己吃饱了，不想吃了，但其实内心和身体老是有一种饥饿感，也是孤独的、惶惑的。文学是人们关照自己的学问，是表达自己内心的学问，很多人不知道原来文学是这个样子的，因为他们混淆了资讯和文学的区别。我是一个从小受文学恩典的人，如果你很小的时候就有很多很美妙的文学滋养的话，你就会知道这些东西是那种资讯取代不了的。

问 你早期的文学训练是怎样的？

蔡：我们80后这一代哪有什么文学训练，只是拼命地表达自己亲历的感受。我在中学的时候开始读一些文学作品，会感觉它说出了你表达不出的话，内心受到了极大震撼，鸡皮疙瘩都起来了。那就是文学的力量。于是，我就希望自己能写一本书，代替那些表达不出自我的人表达一部分。其实，写作本身就是代替人去表达的工作。

问 你觉得你是理想主义者吗？

蔡：我经常说我是浪漫现实主义者，浪漫现实，即是我抬头看天，低头走路，我不断试图参与到社会里去。我觉得最好的稿子是能让你深入人的内心，去感知那一点点心理的变化，但又能突然跳脱出来，知道那只是某个历史潮流当中磨砺成的。有时候写着写着，你会用一个上帝视角帮这个人说一两句话，因为人很伟大，也很渺小。

问 你是如何理解非虚构的？

蔡：这本来是一个没有多严重、多厉害的词。我曾经也说过，有时候，我们生活的环境太虚构了，所以非虚构就变成一种稀缺品。它的魅力在哪里？在这个时代，能看到真相本身就异常困难，能看到非虚构的东西也是特别困难的，所以它才很稀缺，也很重要。如果我们每个人的理解力已经很强了，非虚构也许就不会这么有力量了。非虚构本身强调的是对真相的敬畏，所以就一定要用多个角度、多重视角，去多重求证、多重感受，不应该是封闭的，而应是保持一个开放的状态；不应该轻易下判断句，而只负责呈现。我的特稿写作不太愿意轻易下判断句，你怎么知道你判断的是真实？我只能尽可能抵达真实。求真是一个很重要的事情。欧洲国家求真的历程有多长？你看，从伏尔泰那时候就已经开始了，如果求真这个事情在我们现在的社会还是一个稀缺品的话，那我只能说，我们人类文明的进程还是可以再快一点点的。

问　除了真实之外，很多人还会强调客观？

蔡：客观也有很多种，人自己的客观和客观事物的客观都是复杂的。比如说，为什么我今天接受你采访？可能是因为我对你实习的媒体还残留了一些印象，也可能是最终要梳理一本书出版，我觉得很有意义，我好久没有探讨写作这一部分了，我也担心随着历史的变迁，我的很多方法不能留下来，我也想留下。但无论是哪一个出发点，都不是我最为客观的出发点。

问　我觉得你对人心和人性能很好地把控，你能够体会对方那种微妙情绪，对作家或者写作者来说，这种对人性的感知力也是很有必要的吧？

蔡：写作本身是理解，写文学作品是用虚构的方式，对自我和他人进行理解。写特稿是用新闻的方式，从客观的角度试图理解他人。所以理解力肯定是最重要的一个能力。在我看来，很多人其实是驱动于判断和逻辑地写作，这是对写作的侮辱。凭什么把你自以为是、拍拍脑袋的判断加在这么一个活生生的人身上？如果把这种判断安在虚构的人身上，我觉得没关系，因为是虚构的。但如果是一个真实的新闻事件，你轻易下一个判断在他人身上，这是罪过。所以会写、写得好，本身不是多么值得人骄傲的能力，做记者最基本的品格，就是试图去理解人心和人性，而不是去判断人。其实，我很讨厌一些社会新闻评论家，你会发现他们的评论有些依据是假的。他们没有到现场去感受那个人，就把一些东西直接安到那个人身上，但别忘了，那是个活生生的人。所以作为记者，作为写非虚构的作家，你当然要拼命去感知。我写药家鑫，我真的会去重走他走过的路，揣摩他从小到大的心态，我不能说这对写作有大用，但我想强调的是，我要拼命去理解他。

问 你走过媒体的黄金时代，现在从你的这个角度再往回看，你觉得媒体未来的趋势会是怎样的？包括非虚构创作、特稿创作的趋势。

蔡：你有没有发现，现在偶尔有一些调查报道突然就火了？比如像权健，但那并不是媒体记者写的，而是一些自媒体。我觉得是原有的经济逻辑被打碎了，媒体没法去供养了。你会发现，一些文章突然就被大家转疯了，因为这种东西越来越稀缺，你甚至会发现比以前更稀缺了。虽然这种东西少，但人对它是需求的。所以在我看来，原有的利益链条被打碎了，所以媒体没法支撑操作，我希望早晚能形成新的利益链条，能够支撑起这种创作。

问 你会给我这样的年轻记者，包括想要成为作家的年轻人什么样的建议？

蔡：我现在看到很多年轻记者的天资，其实是比当年处于“黄金时代”的我们好得多。为什么？因为你们这一代的成长，从一开始接触的信息就和我们不一样。我在读大学的时候才开始有互联网，我们对很多信息的获得都是在大学毕业之后才陆续开始的，我们感受力的打开是缓慢的，我们思考打开的路径和来源都是窄的。你们这一代无疑是比我们那时候好的。我在哀叹我们这一代人。我觉得我们这代人真的好像还没有出现一个伟大的作家。当然，你们是幸运的，但不幸的一点是那时候的媒体能支撑一个好内容的生产平台，也有足够的耐心和金钱。现在的话，没有，所以我觉得这就是痛苦的点。所以说，各有各的幸和不幸。但是如果它是你真正热爱的事情，你总会做好的。你做记者，最重要的是什么？你能报出选题，你能把这个选题操作得很好，如果你能写出好稿子，那媒体不可能不要你。如果你成为最能报选题、最能做专题策划，又能把稿子修改得很好的人，那么领导为什么不让你当主编？

我真的很热爱写东西，我也很刻苦。我做媒体那几年，我的生活里没有新闻之外的任何事情，甚至一空出时间来就会想：“那我再把稿子改写一遍吧。”所以有人问我：“啊，你是怎么坚持下来的？”我说，根本无所谓坚持，因为如果你真的热爱这个东西，那些苦好像也没有那么苦了。所以我的建议就是，你要真正热爱这个东西，坚持做就是了。如果不热爱的话，那就趁早转行。

问 **我读你的作品，常常能感受到一种悲悯感。时空与肉体的消亡，这对于你来说是一个很重要的文学母题吗？**

蔡：对，我刚才说我小时候脑子里总在思考很多事情，小时候我是一个很怕死的小孩。后来，我之所以喜欢文学作品，就是因为那里面有东西触动我了，虽然作家或是书中这个人可能已经去世一两百年，但我看到他们的名字时，我就会感到那种生命力已经穿透了时间，他们给我带来这么大的力量，我也希望我能把我的创作力当作一颗子弹，向时间开枪。

问 **你的审美是怎样的？你认为自己是一个时髦、会穿衣服的人吗？对美的感知力是否也是一个写作者要具备的能力？**

蔡：我觉得我不是一个时髦的人，我是一个擅长审美人的人。在我看来，人的各种欲望和渴望都是有意思的、很独特的、美好的。像我现在做“名堂”，我觉得自己还是在做编辑。我的一个个设计师都是创作者，就像记者只要琢磨怎样写出好的文章、好的信息，创作出好的文字，这些跟设计是相通的。做编辑很好的一点是，你能看到很多母题，看到很多很有天分的人，有的人呈现文章，有的人呈现衣服，有的人呈现一栋栋建筑，这都是美好的事。所以，我现在还在做编辑，只不过此前是用排版、印刷去发行，而现在是用面料、版型来表达，其实本质上是一样的。

迟宇宙

将每个商业故事当作电影来看

迟宇宙，生于山东莱州，1994年9月考入北京大学中文系，“商业人物”品牌创始人，曾任《南方周末》记者、《经济观察报》首席记者、《新京报》副总编辑、《投资家》总编辑等职。他发起记录时代的“中国故事”项目，联合发起做虚构小说“果仁”平台和非虚构写作“地平线”公众号平台。作为专栏作家，迟宇宙还曾在《南方周末》《南方都市报》《新财经》《今日东方》《新京报》撰写专栏，受到读者喜爱。尽管履历丰富，写作领域广泛，涵盖新闻写作、特稿写作、小说写作和非虚构写作等领域，但是他主要的职业标签还是“商业史写作者”。迟宇宙被认为确立了企业史写作的行业标准，以独特风格开启了商业史写作的新方向。他出版有《海信史》《海信经验》《联想局》《宗庆后：万有引力原理》等商业传记。

我们的访谈是在迟宇宙创办的“商业人物”编辑部办公室进行的，这是一间创业风格的办公室，有着轻松、平等而自由的空间布局。他为我端来了一杯咖啡，然后轻松地谈了起来。正如有媒体报道的那样，迟宇宙“说话慢条斯理，轻言细语，时不时会看起来‘艰难’地‘回忆’一下，字斟句酌。和想象的长期在社会新闻报道和财经专栏里纵横厮杀的记者形象完全叠不到一起”，这个描述在我们的访谈互动中得到印证。作为知名的商业史写作者和商业写作导师，现实生活中的他和媒体形象不太符合，他随和、率性。

2017年，迟宇宙创办了商业报道平台“商业人物”，发刊词《有些事情悄悄地开始就好了》在媒体圈广为传播。“商业人物”的定位是“关注中国商业力量，讲述原创商业故事，提供商业人物特稿”。他的理想是做一家像《福布斯》一样的媒体，以“扎实的采访、优雅的文本、正向的价值观”，理性和建设性的态度，对互联网时代的企业家进行准确、清晰、优雅的定义。

访谈实录

问　你的写作爱好从什么时候开始?

迟：纯粹的个人的写作，我大概在七八岁的时候开始，因为我们村是最穷的地方，因为没有书，所以见到带字的东西我就特别着迷。那时候家里面也没有其他书，只有《毛泽东选集》，到十岁左右的时候，我把它反反复复地看完了几遍。我大概真正开始有意识地去想、去写东西是九到十岁那会儿，应该是小学三年级，我们学校订了两本杂志，一本是《红蕾》，另一本是《小葵花》，都是少儿读物。

那时候，我开始有意识地去写，正好也在那段时间，碰巧我又翻到两本书，一本是1952年繁体版的《封神演义》，另一本是《京华园》，这两本书我也是反反复复地看，翻了两三年，基本上把繁体字的基础打下了。除了偶尔有一些生僻字之外，我现在看繁体没有问题，常用字书写也没问题。当时，家里糊窗的纸是1974—1975年的《人民日报》《大众日报》。我印象比较深的有中国的万吨轮下水、邓小平副总理跟田中角荣等相关文章，我就读这些东西。

初中之后，我阅读的东西就多了，也比较杂，开始读武侠小说。我读的第一本武侠小说是《鹿鼎记》，但当时还没全看，后来才全书阅读完。也算是运气比较好，《鹿鼎记》是金庸的巅峰之作，相当于一开始我就读到了最好的武侠小说，从文本上来说它是最纯熟的。中学的时候，我就跟大家一样，把所有能找到的武侠小说都读了。后来有一段时间，我回老家整理我的一些东西时，想起自己大概在初中二年级的时候开始写诗。虽然写得很烂，但也是开始写一些东西，放在今天来看，无非就是一些比作文更往前推进一点点的东西，或者在写一些童话故事、武侠故事，但都不是有价值的写作训练，我觉得更多是无意识的写作。

有意识的写作大概还是到了高中之后，初中时，我接触的整个世界最大的边界就是我们市，当时刚从一个叫掖县的城市改成莱州市的一个县级市。初中毕业的时候，我去了一趟莱阳，因为当时要考中专，有一门课的考试在莱阳，那便是我出得最远的门了。不过，初中时有一个经历对我蛮重要的，我去参加了华罗庚金杯少年数学邀请赛，拿了一个二等奖，在县教育局进行了集训，在那前前后后住了将近一个月。后来我也没上中专，但还是有点不甘心，就跟爸妈说想试一试考大学，然后就去读了高中。

高一的时候我各门功课都挺好的，到了高二的时候，要分文理班了，我就想了一下，我物理、英语两门课都不好，要是去读理科班的话，肯定考不上一个好大学。如果我去读文科，就英语一门课不好，我还是有可能考上一所好大学的，于是我就这么去选了文科班。在那时候，我觉得我的心智还比较成熟，就只做了这一个理性的判断。后来跟我老婆聊的时候，我老婆说她那时候还跟个孩子一样，根本什么都不知道。我读了文科班之后就如鱼得水。我开始肆无忌惮地写作，在一些中学生刊物上发表一些文章，在一些报纸和杂志上发表诗作。而有意识的写作是从高中二年级开始，我每天中午从三楼的窗户爬出去，走大概两公里到邮局那儿看看一些书、文学刊物来了没有，如果来了就买，没来的话，往回走会路过县城里面一个城关镇的社区阅览室。阅览室里书刊很多，我在那里看看报纸，看看杂志。时间快到了的时候，我就回学校，因为教室中午会关门，宿舍为了不让学生跑出去会锁门，所以我就爬窗户进去。也因为在中学生杂志上发表了一些文章，所以我在同龄人里产生了一些影响，个人的虚荣心也满足了。而且，我一个月生活费三十块钱，那时候收到的稿费可以补充我的生活费。

后来，我考上了北京大学中文系，读大学之后，写作就变成一个常态了，因为自己本来就喜欢，大一的时候我们在昌平校区，还是第一批在昌平读书的学生，那时候昌平的环境比较封闭，也没什么事干，我们有本院刊《世纪风》，我们老师知道我比较喜欢写作，就问我："两个你选一个，一个是电台的总编辑，另一个是院刊的主编。"我最后选了去做电台的总编辑，我还做了院刊的文学编辑，也开始系统地进行写作训练，尤其是诗歌训练，还会写一些小说，也会在一些文学杂志上发表文章。当然也会在《北京晚报》副刊、《大学生》杂志上发表文章。

我认为形成我真正的个人风格和熟练技术是在大学二年级，我到现在都比较满意的文章和诗歌，全部是在大学二年级的时候写的，一个是一组诗《秋兴八首》，我认为我很难再超越，因为那时候每天都在进行这样的写作训练；另一个是一组散文《迟家庄记事》。基本上是这两组作品完成了我的写作训练，对我来说很重要。那时候在外面刊发的一些东西也比较多，有一些稿费收入，基本上可以不用花家里的钱了。我一直开玩笑说，从那时候开始知道，祖师爷赏了口饭吃，就是饿不死了！

大二的时候，我开始在《中国青年》杂志实习，也跟一些期刊建立比较好的关系，写了一些比较好玩的东西。当时看完了王家卫的《东邪西毒》，我就写了一组文章《寂寞洪七》《桃花岛主》《我是西毒》……这几个我都还记得。然后寄给了一家杂志社，结果原稿丢了，我当时觉得还挺遗憾的，很难受，因为那时候是激情式的写作。1999年《南方都市报》开了一个专栏，我就想写写，就匿名给专栏版的编辑发了一封邮件，然后就根据我的记忆，根据专栏版的字数要求，重新写了《寂寞洪七》《桃花岛主》《我是西毒》，大概三篇。后来在《南方都市报》开了专栏，我周一到周五每天写一篇。专栏就叫《笑傲江湖》，《南方都市报》的专栏版应该是国内的第一批的日更专栏。我们那一批人成了第一批职业的专栏作家。大学毕业后我就去了《南方周末》，平时出差写报道，每周定期去财务处领稿费，每个月能领到六七千块钱，生活还是很舒适的。当时我在《南方周末》正常的收入（大概那时候《南方周末》收入在媒体里面是非常高的）平均一个月能有一万块钱，稿费都花不完。

问　你在《南方周末》受到写作理念、写作实践的训练是什么?

迟：我其实没有进行过任何新闻写作训练，对怎么写新闻一窍不通。1998年我大学毕业，《南方日报》到北大招聘，当时《南方日报》来了一个副总编辑，我在面试的时候提出我只想去《南方周末》。后来3月底4月初的时候，我就已经作为新加盟的成员去《南方周末》，参加了《南方周末》历史上的中山会议，那时候我还没毕业，去开会时见到传说中的那些人。当时还有一个人——秦朔，我们两个在南方日报招待所住一个房间。我印象比较深，我去之前还花四百块钱买了一件西装，想穿得正式一点，去了之后发现根本穿不了，广州正好是梅雨季，只能穿短袖。

在《南方周末》的第一次外出采访是在湖南江永，一个关于制毒贩毒的案子，其中有一个人已落网，我们要去采访。当地县政府知道这个事情自己比较理亏，因为是他们招商引资引过去的，所以他们在采访上也很配合。我感觉县里面几套班子就跟过堂一样，他们还给台商配了一辆警车，结果这辆警车变成了一个运毒的工具。他们采访很配合，这就给我造成了一种错觉，觉得采访都是这么容易，这种错觉后来让我遭遇了很大的挫折，到处采访碰壁。回去后，按理说这个稿子应该由我来写，但我当时没有任何经验。

1998年大洪水，编辑部让我去，我那时候胆子比较小，也没经验，就没吱声。然后沈颢说新人没经验就别去了，我抬头一看，江艺平用那种很失望的眼神看着我。大家肯定是希望一个年轻记者主动请缨，她那种挺失望的眼神对我刺激特别大。之后很长一段时间，我都不在状态，后来我就被调到副刊部，做《百姓茶坊》的编辑和人物版的记者，开始慢慢地接受一些训练，写出了几篇稿子。到了1999年初，沈颢把我调回新闻部，花半年时间把我训练成一个职业记者。报社对我还是寄予一定的期望，我个人也比较要强，大家也都愿意帮我，我有一个题目，老记者就带着我一起做，去福建平潭做的一个"蛇头"的文章，整个过程对自己的训练特别大，在大家的帮助下，我慢慢成长了。差不多三个月的时间，我成长为一名比较合格的《南方周末》记者。到了1999年11月，我拿了一个"优秀记者奖"，突然觉得自己训练成功了，得到了很大的鼓励，"优秀记者奖"的奖金是工资的两倍，所以我就更努力。我父亲在那一年的10月离世，我在外面跑采访也是一种对自己情绪的排解。到了元旦，著名的《总有一种力量》栏目做了一组"记者回家乡"报道，我写的就是《父亲的死与之后的两个月》。半夜在办公室，我写到了清晨五点钟，一边哭一边写。第二天一早，我乘八点钟的飞机去烟台采访海难，这组专题很顺利地做出来了，最后我拿了一个策划奖。

那是我在《南方周末》写作状态最好的时候，我会寻找一些比较好的文章，像普利策特稿奖的文章，把它复印下来装订成册随身带着，反反复复地看和学。《南方周末》的人会有意识地从西方报道中汲取经验。那时候互联网也不像现在这么发达，也就是说是否能接触到更好的文本，就决定了你的上限，在当时这是严重的信息短缺、信息不对称造成的。后来我们说特稿写作、非虚构写作的崛起，其实是因为信息不短缺了，大家都能够去接触到最好的那一批特稿文本，所以全国各地都会出现一些比较优秀的特稿作者和非虚构作家。

2000年秋天，我从《南方周末》辞职回到北京，第二年春天，《经济观察报》创刊，我就改行去做经济报道了。方三文（"雪球财经"的创始人）是我的师兄，还有刘洲伟，我一直说，我改行做经济报道是受到了这两个人的影响。偶尔我会去跟他们聊聊天，他们会给我讲一些商业上的、经济上的经验知识。我当时住的地方正好能买到一些《经济学消息报》，他们也会做一些这样的启蒙。方三文原话说："做社会新闻没前途，做经济新闻才有前途。"这句话他是随口说的，但对我影响蛮大，我是受了这句话的刺激才转行的。但是后来，方三文说他不记得自己说过这句话。有一次，我们出去喝酒，他就跟我说："这句话害了你。"

这句话对我影响深，其实有两个原因。一个原因是我觉得做社会新闻每天都在重复，会觉得缺乏创造力。另一个原因是我认为很多做社会新闻、时政新闻的人，到现在为止看问题的视角是二元，很难看到事物的本质。一个人不是好的就是坏的，一件事不是对的就是错的，一个东西不是黑的就是白的，都是这样的。但是做商业、经济报道是不一样的，会多一个分析问题的视角，而且也更理性。做社会新闻的时候，往往通过受访对象得出判断，让记者写稿时容易去同情弱势群体，从而会被导向一个错误的方向，这是因为我们不知道一件事情最后的获益者是谁。但是，经济学的一些东西就会让人根据博弈论等推导出真正的获益者是谁。找到真正的获益者，就找到了很多事情的源头。世界上所有事情是围绕着利益的，是非对错是围绕着利益的。有了利益才会涉及公平，要分配才会涉及公平，生产利益产生的速度和分配的速度才涉及效率。

2001年《经济观察报》创刊的时候，我担任首席记者，当时没有具体的工作，有什么就写什么，想写什么就写什么，状态比较闲散。我当时做了一组南水北调的调查，后来写了几篇稿子，其中一篇是关于柳传志的稿子，这几篇稿子我还比较满意，于是写了一些评论，算是完成了包括商业经济新闻写作方面的一些基本概念的训练。

正好在那一段时间，我有机会去写一本关于联想二十周年的书。2001年底，联想邀请了三个人，另外两个中途退出了，就剩下我一个人。我就去看联想的整个档案，联想所有重要人物，我都采访了一遍。为了写这本书，我先写了一本《海信史》，整个2002年夏天我都在青岛海信那边度过。2003年初写完，那是一本完全按照西方的商业史模式来写的书。大概到2004年春天的时候，《联想局》的初稿写完了，当时我已经在《新京报》工作，整个人重新有了点野心，要写商业史。

在《新京报》，我主要负责管理，分管经济新闻，先是做总编辑助理，后来做副总编辑，被调去分管其他部门，但主要还是做管理。自己偶尔会写点东西，其实那时候我状态也不好，后来我提出了辞职，就引用了两个成语：每天走进报社大楼的时候，我就感觉自己像行尸走肉；坐在办公室，我觉得自己是尸位素餐，光有身子在这儿，没有心，所以我要辞职。那一年我满三十岁，元旦那几天在KTV里开了一个房间，自己一个人在那号啕大哭，我觉得自己三十岁了，却一事无成。当然，外界看来也不是一事无成，做《新京报》的副总编看着挺光鲜的，但确实是距离我对自己的期望太远，写了很多东西，却没什么值得留下来，寄予很多期望的《联想局》也遇到了跟联想的纠葛。

人要做出选择的时候，总是要强调外部的一些原因，其实真正做出选择的是自己，决定选择的是自己内心的感受，一定纯粹是个人的原因，而不是外部的原因，因为外部的事件只有反映到内心感受上，才能影响到你的选择和判断。春节辞职，我辞职之后开始写专栏，然后就什么也不干，我都感觉自己是在颐养天年了。

快到30岁生日时，我就想自己是不是得给自己一个交代？因为之前我一直有一个写作计划，于是再读书，如《史记》《论语》，并想着要不要写点东西。当时我在读《哈德良回忆录》，想要不要写一个类似子贡回忆录来呈现《论语》，因为之前阅读的素材、收集的资料还是比较完备的，想写就可以写。于是，从10月8日开始，前言和尾声是两章，《论语》二十章，一天一章，一共二十二天，到10月底完工。我是11月过生日，真的是按照这个节奏，一天都没有拖。每天早上起床，上午在家里写，中午去咖啡馆写，晚上回家喝酒。写完了那本书，叫《孔曰》。

《孔曰》那本书对我自己的影响蛮大，第一是我觉得那本书可以拿得出手，给自己的三十岁有个交代。第二是我可以比较有纪律地、高效地去完成一件事。我的效率最高的时候是读大学的时候，我有过坚持每天要写一定字数的阶段。在写《海信史》的时候，我一天最多写过三万字。但是，写作有时候是需要纪律的，一天写三万字和十天每天写三千字是并行的，不是说我要坚持每天坐在那，一定要完成这一章的写作。所以我觉得最后形成一种纪律，完成这样一件事情，对我非常重要。《孔曰》写出来之后，我就比较从容了，开始想做什么就做什么。后来我又回到媒体工作，人还是社会化的人，需要一个社会身份，于是我就去了《京华时报》，做一本杂志《投资家》。2007年至2008年的时候，我开始有意识地去做一些比较深度的企业家的人物写作。在一个更开阔的分析维度里面，不仅用企业、商业的角度来看人，而是把人放在一个更大的维度里面，从人的本身来看这样一个人，就开始做这样的一些尝试。

我自己写了上百个人物，其中比较深度的有几十个。我写先秦商业的一些东西，后来出了一本书，其间给一个杂志写了好几年的专栏，后来就出了一本书《大贾传》。2014年的时候，还做过一本杂志《中国企业故事》，等于重新回到文学写作。《中国企业故事》是纯文学，在那时候，我开始重新回去写诗，偶尔还有首诗发表在诗刊上，小时候梦想在诗刊上发表首诗没实现，反而人到中年什么都有了，却觉得这些东西已经不重要了。

做完了《中国企业故事》之后，大概2015年，我开始去做"商业人物"，那时，我的状态已经发生了比较大的变化。如果你知道事情很重要，你就会全力以赴去做，但是你也不会跟自己再去较真，不会跟自己过不去。我三十岁的时候会号啕大哭，四十岁的时候会跟自己和解，我会接受现在的自己，觉得自己已经尽力了。我的能力可能还会提高，也许还会下降，这就是一个最真实的我自己的状态，我要跟自己和解，全力以赴去做好这件事。当然，还有一个很重要的原因是2010年我女儿出生，她让我的心态也发生了非常大的改变。以前，年轻的时候一个人，追求成功欲的野心很强，比如我们在写作方面有一个成功的标准，追逐权力的人对权力有个标准，追逐财富的人对财富有个标准，在本质上都是成功欲。但是有了小孩之后，我会觉得对成功欲的追逐没那么强烈，觉得更重要的事情可能是陪伴，跟小孩一起成长。我们做"商业人物"，现在状态就比较从容一点，整个过程差不多是这样。

问　你怎么理解商业价值、商业观的问题?

迟：我研究过先秦的商业史，还写了一本小册子，商业可能是人类在这个世界上最伟大的创造之一。中国第一个商人叫王亥，他是商朝的始祖，商朝其实就是以商立国。中国商业文明对中国整个社会进步的推动作用是非常大的，中国的企业家，尤其是民营企业家应该在未来中国社会进步里发挥更大的作用，做出更多正向的贡献，发挥更多正向的作用。但是财富分配不均，导致民间有普遍的仇富情绪。另一个是民营企业家，可能涉及一些原罪的问题，就否定和自我否定。其实需要重新定义他们，鼓励理性地去看待他们，建设性地去帮助他们，让这样一个拥有很大能量的群体做更多好事，而不是把他们推向对立面。

问　你认为商业报道，包括过去《财经报道》《福布斯》，包括你现在做的"商业人物"，从传播的角度来看，它的功能是什么?

迟：它的功能其实跟《南方周末》在那个年代做的事情是一样的，就是启蒙。1998年前后，甚至更早以前，大家对社会的复杂多样是没有意识的，所以需要像《南方周末》《北京青年报》等很多报刊媒体去呈现社会的多样性，有好的有不好的，有光明的也有阴暗的。后来，如《21世纪经济报道》《经济观察报》，其实它是在呈现商业社会的复杂性和多样性，因为大家对商业是没有直观概念的。以前大家会觉得这是一个政治文明的世界、精神文明的世界，但是突然从2000年前后开始，大家意识到这其实是一个商业文明的世界。只有当它是商业文明世界的时候，我们每一个人作为一个独立的经济体，才可以平等地进行交流、碰撞、沟通，所以我觉得它真正的价值是启蒙。更多时候它是帮助工商阶层，而不是普通老百姓，普通老百姓在当时还是没有意识到是这样，后来，普通老百姓真正关注起商业经济是因为股市。

问 “商业人物”的定位在哪里？想达到什么样的目的、宗旨，以及专业传播书写的动机？

迟：我们想跟其他媒体有一种差异化的定位。我们内部有一个口号：我们想做一本线上的《福布斯》。我们肯定不做纸质的。另外一个要做出来的原因是，《福布斯》的宗旨是要做创新价值、创富工具。我们其实更关注的是移动互联网时代在重新定义中国的这批企业家，外部环境已经发生了巨大的变化，就意味着这批企业家需要被重新定义，这要给他们准确、清晰、优雅三个层面的一个定义。这要做到准确、清晰，因为记录他们不只是为了记录个体，更是要记录剧烈变革的时代和世界。从本质来说，我们还是想追求传统的特稿写作，我们内部的操作流程也是按照传统媒体的操作流程来做的。

问 “优雅”这个词怎么理解？是指文本本身要优雅吗？

迟：对，文本肯定要做到优雅，更重要的是对一个人的定义。打个比方，我们说“你是一个好人”，我们只做到了准确；“你是一个有良知的好人”，做到了清晰；最高境界是“你疾恶如仇，扶危济困，是一个有良知的好人”。就是怎么样对一个人进行更丰满、更丰富的定义，当然我只是打了一个粗浅的比方。

问 你觉得一个写作者跟他们的采访对象，特别是跟商业社会中的人物，是怎样的关系？

迟：平等。我觉得平等分两种。一种是身份上的平等，如果我们理解这是一个商业世界的话，那么我是一个经济体，你是一个经济体，你只不过比我大一点而已，但还是两个独立的经济体。另一种是心态上的平等，我做媒体管理这么多年，一直告诉记者不要去仰视一位企业家，那样你看到的一定不准确；也不要俯视，那样你看到的绝对是刻意矮化的一个人物。你就平视他，你有七情六欲，他基本上会有；你遇到的各种问题，他基本上会遇到。以你的心去推测他，以己度人，十之八九是准确的。

柳传志的父亲是在柳传志六七十岁的时候去世的，他哭得很厉害，有人也许会觉得哭泣是年轻人的权利，但我就特别能理解，因为我有过我父亲去世的经历。一个人在社会上扮演的身份、角色，在家庭里他所承受的，在另一个人身上、另一个家庭中也同样会面临。所以，用同样的心态去跟企业家交流，就会沟通得比较顺畅。比如你对孩子的教育遇到了问题，其他人难道没有吗？也会有的。但有的记者最大的缺陷就是缺阅历。如果你没孩子，就没法跟别人谈孩子。

问 我发现20世纪90年代之后，畅销的传记全部集中在商业这一块，你怎么看待这个现象？

迟：这很正常，缺什么就要补什么。20世纪90年代之后，图书缺的一个是市场空间存在，另一个是巨大的需求——人心里的刚性需求，中国改革开放了，很多人要去创业，总要找地方学点东西，这才有了这些书。以前你跟谁学？只能是通过商业书籍去学企业家的经历。早期学日本的比较多，看看松下幸之助怎么干的，看看盛田昭夫怎么干的，后来也有学美国的。市场肯定是被大家的需求推动出来的，如果你说要去看看克林顿是怎么样的，那纯粹是为了猎奇，因为对于大部分人来说，终其一生，连成为一个军事家、一个政治家的零头的机会都没有，所以就只能看看，看看一些巨人在关键时刻是怎么做的。如果你没有想法的话，你也不会把企业家的传记当作一本实在的工具书来使用。

问 国内外，有没有你比较推崇的做商业报道的媒体，或者一些记者、作品？

迟：媒体的话，推崇《财富》《福布斯》做过的一些报道，《经济学人》《纽约客》做过的一些报道，还有各种独立媒体做的一些报道。

问 你认为故事的本质是什么？故事有哪些构成要素？

迟：实际上故事就是冲突，故事一定是发生在人身上的，冲突其实是人在压力之下做出的选择，就这么简单。因为你的选择不同，你的路径就完全不一样，这么一看，故事本质其实就是人的选择。能碰到一个好故事并写出来，是运气好，但是若要写出一个自己很满意很兴奋的东西，那可能是我们说的“狗屎运”。我这两年有一个比较满意的作品是写马云湖畔大学的稿子，听说“钉钉”的CEO在湖畔实习过，我就很兴奋地去找他，问他：“我听说你在湖畔大学实习过？”他说：“没有，我没有在湖畔大学实习，我是在另外一个地方。”但是他们的CTO（首席技术官）是在湖畔大学实习的，我采访了这个人。一聊完，我就知道这个稿子一定是一个让我很兴奋的稿子，一定是一个好稿子。这个故事牵涉到了两个人，这两个人曾经有过交集，然后各自开始往外走，后来突然又回到阿里巴巴的原点上，但是两个点一直没有重合上，因为当时阿里巴巴要做社交媒体，当时叫“来往”，“来往”失败了，他们就做了“钉钉”。

故事需要一条主线，通常会用时间来作为主线，但仅仅用时间又是不够丰富的。有时候故事是碎片，人都是普通的，但当一个故事变成一个片段的时候，时间作为一条主线是不能够承载起丰富性的，所以要寻找另外一条线，主线是什么？曾经主人公们有机会聚到一起，后来各走各的道路，但最终还是会聚到一起。

问 在动笔写前，你会先列一个提纲，或者事先确定文章的结构吗？

迟：我会做。我会画一条线索，就是树状图，然后大概分成几部分，但首先我要把主线设计出来，主线旁边我会画比较粗的“树干”，相当于分几部分，然后一定要有关系图谱，对于十个我认为比较重要的故事或者细节，我要逐一把它们标上，决定要放在哪一部分。这样做就会提高效率。

问 前面说的那篇文章的树状图还在吗？

迟：没在，一般都是在纸上画，因为我当时是在宾馆里面画的，我们画树状图，目的是把驱动主人公、驱动故事向前迈进的因素呈现出来，而不是完全靠我们自然的写作去驱动。但是有的人可能会做到目标驱动，或者做到动机驱动。

问 有时候企业会邀约写作者进行有偿写作，这个问题你怎么看？

迟：我们只有两种形式，一种是广告合作形式，另一种就是独立写作。广告合作的我们就按照广告合作的模式来做，但是我们所有东西都有核对数据，不接受结构性的改稿，若要跟我们合作，就要相信我们的专业。独立的写作就更不用说了，纯粹是我们自己生产内容，但是我们希望跟对象达成一个共识——我们正常地操作一个文本，目的是客观地呈现事实给对方，这是我们追求的。我们现在无论是否合作，首先看重的是文本，我们觉得如果一个文本做得好，是可以当一个传播工具的。

问 我经常觉得其实动笔写字不是最重要的，前期的分析过程才是最重要的，包括对故事架构的搭建。你怎么去分析企业、商业和人物，有没有一个框架？

迟：很简单，就一点，因为我们主要做人物报道，所以所有故事都是围绕人的。你跟我说清楚了，这个企业家是个什么样的人，能不能更丰富地去定义他？就像我们刚才说的，更准确、更清晰、更丰富地去定义他，当你觉得定义得差不多的时候，这个稿子基本上就完成了。

问 比如说他是个企业家，然后你在他的前面加很多定语，是这样吗？

迟：不只是定语，还要重新定义。你要跟他原来的定义不同，要契合时代精神。你加完了，这个人就出来了。

问 写商业人物包括写传记，你可能面临大量的采访数据，比如说写联想，需要采访那么多人，联想还会给你一些内部信息。面对海量的资料，你一般怎么来消化和处理？

迟：首先你肯定要过一遍。采访的录音整理完了，都要重新梳理一下采访的速记，这其实是为了把一些无效成分清理掉了，例如口头禅或者是中间讲的一个闲话。这是清理过程，也是重新梳理、阅读速记、进行回忆的过程。真正到写作的时候，是根据你的需要来使用，而不是所有数据和事件都要用上。细节本身不重要，被用到什么位置上才重要。我们经常会看到一些人写着写着莫名其妙地加了一个细节，不是说细节没有意义，重点在于细节用在什么地方。我有时候写稿子，先访谈一个企业家，访谈完了之后便速记。我速记的每一句话的顺序都不同，这个稿子就是从头写到尾，这是因为懒，也是因为想做一些尝试。为什么说因为懒？就是说我不想把速记的内容挪来挪去，这个问题用一下，那个问题用一下，我就想看看自己有没有能力建立起我的写作逻辑。如果能做到这一步，就意味着我这篇文章是能以我的逻辑、我的意志来完成的，而不是采访资料。当你能够以自己的逻辑来使用素材的时候，写作会变得很从容，变成一件很舒服的事情。

问 你们会有意识地将商业人物写得富有趣味吗？会有一些什么样的手段或者技巧？如果简单地讲谁挣了多少钱，生意做得多大，可能大家也不感兴趣。

迟：其实还是来自故事、细节本身。这又要回到我们刚才的话题——细节用到什么位置？我举个例子，朱立南请郭为何、杨元庆吃饭，这个细节放在今天毫无意义。但是朱立南在联想分拆的时候，请郭为何、杨元庆吃饭，就很有意义。因为郭为何、杨元庆要分家，两个人矛盾已经激化了，他们吃的是淮扬菜，而杨元庆是安徽人。

问 你认为新闻写作中的背景资料的功能是什么？

迟：从新闻上来说：第一，新闻背景是一个很重要的；第二，所有写作都是为“我”所用，并不存在真正的上帝视角，所有视角都是“我”的。

问 “商业人物”有采编规范吗？

迟：我们内部有一个编辑大纲，会按照编辑大纲来要求，对报道的对象会有明确的定义，主要是对体量有一定的要求。因为我们还是想报道大点的公司，原因在于大公司是相对安全的。我们要去定义一家公司、一个人的时候，这个定义是长时间的，但如果是小公司，可能今天还在但明天就不在了。当然，大公司也有这样的问题，只是相对来说风险小一点。本质是因为我们不想犯错误。

问 “商业人物”衡量一篇好稿子的标准是什么？

迟：我们内部有一个理念：扎实的采访、优雅的文本、正向的价值观。我对之后的传播数据一点都不关心，我只关心这个东西是不是真的有价值。

问 写文章的时候，你怎么把握故事的结构？怎么写开头和结尾？

迟：结构有多少种，我很难一下子说清楚，每一篇文章的结构都是不同的。结构一定是根据你获得的信息来设计的，如果你获得的信息没有那么丰富，但现实要求你必须写出来，则需要设计一种结构去弥补它，结构不是用来呈现，而是用来跟材料配合的。如果你获得的信息足够丰富、足够精彩，就可以设计一种结构，让它的效应放大。

至于开头和结尾，做商业报道的时候，通常开头会用一个故事，《华尔街日报》经常这么干。有的时候用悬念，《华兴风云》初稿的开头比后来的好得多。它加了一句话，大致是说：如果我有一个水晶球，我一定不会选择在这时候上市。

结尾的话，我比较喜欢用带有一定隐喻性、总结性的句子作为结尾，让读者慢慢琢磨。《华兴风云》的结尾是："潮流已至，你只能选择随波逐流，或是屹立潮头。"这种东西确实是个人的感触，任何一篇文章，你总需要给它点个睛，点个题。从技术上来说，也要想办法引发读者的共鸣，因为不管特稿也好，调查报道也好，都不是单纯的一个消息，只呈现出时间、地点、人物、事件就结束了，特稿是一种带有文学性的、带有丰富情感的文体。

问 **一般来讲，不管特稿还是深度报道，实际上都是新闻的延伸。你怎么看在特稿和深度报道写作中作者个人的情感因素？**

迟：这个真的没有办法，从逻辑上来说，肯定是介入得越少越好。但是每个人会做出一个自己不同的选择。普利策新闻奖对特稿的第一个要求是文学性，文学是什么？文学也只是一个辅助手段，所有辅助手段、所有技术，所有工具都是为了达到一个目的，就是呈现更贴近真实的真实，你也会用各种技术、各种工具去往更真实的方向延伸。如果用了个人的一些情感，却不是朝着那个方向的话，那一定会出问题，走弯路。

问 **"商业人物"是一个自媒体，在字数上有要求吗？**

迟：没有要求。我跟同事说："你们想写多少字就写多少字，只要写得好。"我前两天问他们："写个十万字的行吗？"我们经常会有一两万字的，还有更长的。

问 **你有过那种写不下去的情况吗？如果写不下去，会怎样调整？**

迟：肯定有写不下去的时候，我昨天还在跟他们说："我写不下去的时候只有一种办法，自己坐在那，每小时必须写一千字出来。"先把东西弄出来，你再去精化它。

问 **写作这么多年，有哪些对你影响很大的虚构作品和非虚构作品？**

迟：一是博尔赫斯的《恶棍列传》。我们说《恶棍列传》是小说，其实它是传记体小说，它对虚构和非虚构有双重的借鉴价值。它是博尔赫斯早期的作品，写得非常漂亮。二是安妮·普鲁的《近距离》。三是奈保尔的《米格尔街》，从小说里面，我获取的主要是写作技巧。

问　你刚才说到《近距离》《米格尔街》，当时你看这两部作品的时候，它们给你在写作技巧上、叙事上带来的冲击大概有哪些？

迟：安妮·普鲁是《断背山》的作者。每个人的感受都会不同，对我而言，他会把怀俄明州的风土人情、各种往事、不同生活本身的残酷性，浓缩在一起呈现出来，丰富多彩。《米格尔街》就更好玩了，它其实写的就是一个街道上的事情，是一个短篇小说集，我写《大鼓传》的时候有一组就是写甘露园，甘露园是个开放的社区。发生在这里的一些人的故事合在一起就是一个长篇小说的结构，无非是缺一个主角，所以我会再看一些作品，看能不能从别人那儿真正学到东西。

问　你有哪些修改习惯？

迟：我基本上是一鼓作气，不修改。除了改错别字，其他东西已经是最好的了，有时候写完了我觉得不是很满意，但再也没有力气去修改。

问　最近几年你经常会参加一些非虚构写作的沙龙，谈一下你对非虚构写作现在的趋势和潮流的看法。

迟：我觉得没有虚构写作、非虚构写作之分，所有写作无非就是你觉得有趣吗？值不值得去做？你是通过想象来获取资源，还是通过真实生活来获取资源？你呈现出来的方向是想逼近一个事情的真实，还是要走另外一个完全的架空？我认为虚构和非虚构的作者可以随时转换角色，海明威不就是这样子吗？无非是一个人写作时在某个时间段的偏好而已。

问　有对你产生了深刻影响的同行和编辑吗？

迟：《南方周末》那批老同事都对我的写作产生过比较大的影响，我从他们身上学到了很多东西，譬如陈菊红处理稿件的细腻、方三文的逻辑能力等等。对我写作影响最深的是文本，主要是西方那些优秀的特稿文本。

问　企业传记写作和商业人物报道，是不是研究分析先行？面对一个企业、一个企业家，你有拆解分析的框架吗？经验是什么？

迟：首先是对整个背景有一个深入了解，找出企业的特质，然后通过深入的访谈、档案资料的阅读，进行梳理。所谓框架，无非就是“剥洋葱”，由外而内，层层剥开，在采访的过程中交叉印证。

问 你曾经说过，这是一个讲述中国故事的年代，中国故事在你眼中有着怎样的精神气质？

迟：中国故事，在我关注的领域是中国人创造和创新的故事，尤其在商业与科技领域，他们通过自我奋斗实现了梦想。

问 你的采访一般如何启动？会经历怎样的流程？有哪些常用的搜集信息的方法与手段？

迟：采用常规采访手段，约访、写提纲、交流。至于搜集资料，我会给我所关注的企业和企业家建立"档案"，并且随时更新。

问 你在采访时会借助哪些工具，如记录本、录音笔，或其他？

迟：笔记本、手机（用于录音和拍照）、电脑（偶尔使用）。

问 怎样和采访对象相处，特别是在触碰隐私和敏感信息的情况下？

迟：平等交流，以同理心度人，保持善意与耐心。真正优秀的采访者，会与采访对象推心置腹，并且就某些敏感信息（譬如商业机密等）达成默契，这是相互尊重。

问 商业故事能不能类型化，在你阅人无数之后？

迟：的确存在分类，如果我们将每个商业故事当作电影来看，它们就像类型片——商业+爱情、商业+伦理、商业+警匪、商业+黑帮……整体来说，是故事片和传记片两种类型。

问 你钟爱什么样的标题？

迟：我喜欢简洁、清晰、大气又带有一点儿隐喻的标题。

问 面对大体量的文章，你怎么进行分段、分节？

迟：分段要根据叙事的节奏，所以段落长短并不重要，重要的是节奏。分节很重要，因为每一节之间要有关联，不只是时间上的。这就是所谓的铺垫、伏笔。

从玉华

没有什么能比真实更重要

从玉华，毕业于武汉大学，现为《中国青年报·冰点周刊》主编，资深记者、编辑，代表作品有《湍流也卷不走的先生》《獾的礼物》《中国最倒霉的家庭》《二元女子宿舍》《一个母亲最后的力量》《多余的十五年》。

《中国青年报·冰点周刊》是我国新闻特稿最早的“生产基地”，“冰点”的记者们喜欢将自己称作手艺人。“冰点”不同于“沸点”，选题的人物、事件往往埋藏在人们难以发现的社会缝隙里。从业十余年，从玉华深度报道了众多“冰点人物”，许多稿件被知名大学新闻系拿来用作非虚构写作的范例。即便在新媒体掀起巨浪的今天，《中国青年报·冰点周刊》依旧遵循着严格的新闻生产流程。“剪掉那些线头，抚平那些皱纹，要像做香奈儿包那样去写文章”——这是从玉华的写作追求。她对她笔下的人物充满人道主义精神，这种情怀来自对她影响最为深刻的法国文学家雨果。“无论你的采访对象是什么样的人，写作者的目光都是平的，既不俯视，也不仰视。”无论是优雅了一辈子的女科学家，还是蜗居在宿舍的弱势女性，因奶粉、疫苗患病的孩子的母亲，从玉华总能将他们写得足够立体，也足够多元。

我们的访谈于2018年夏天进行，在北京东直门海运仓胡同中国青年报灰白色的老楼里。“坐在这儿吧。”她温和地对我说，在《中国青年报·冰点周刊》选题会的会议室，某著名记者曾经坐过的专用座椅上。在访谈过程中，“真实”二字也被反复强调，那是从玉华认为的能够赋予新闻永恒魅力的关键，她否认文学和新闻之间的微妙联系，坚持“文学性”与“新闻性”一定是冲突的，但同时，她也认同没有绝对的真实。“真相是什么？真相是一个无底洞。”记者得到的真相往往只是“局部的真相”，但——“我不能容忍那些假的东西，虽然说没有绝对的真实，但总要明白，对于写非虚构的人来说，没有什么能比真实最重要。”

访谈实录

问　你最早的写作始于什么时候？

从：算上实习的话，应该是在1998年，那时候刚到《中国青年报》经济部实习，就有种“啊，原来在这里受到的写作训练会胜过我在校园里学到的专业训练”的感觉，就像眼前呈现一片花海。当时我们所有实习生都住在一起，大家就比着写稿，看谁发稿多、发稿速度快。我的实习老师对我说，他认为我写的稿子是最有逻辑的，我也是最能吃苦的。现在想起来，当时我自己其实都不知道什么是非虚构写作，在经济部实习时，我写的是泛经济、大经济，到现在，我觉得要把真正的经济稿写好是很难的。

问　有观点认为，价值观会决定一个人的写作，那么有没有人给你带来这方面的影响呢？

从：刚刚入行的时候，我的价值观还没有形成，还是会受到各种思潮的影响，但如果要说谁给我带来了最大的影响，应该就是雨果吧。他对笔下的人物怀有一种无限的慈爱，比方说他写《悲惨世界》里大主教的仁爱——有人偷了银器，大主教还帮那人脱罪，就说“这个银器我送给那人的”。每次读到这里，我就会觉得，雨果不是在写教堂，不是在写经书，而是在写一个人的行为。他笔下的这个大主教其实本身很穷，也很老，但他就是这样爱着每一个人，他的这种行为，我觉得比宗教的力量还更伟大，当然，大主教这种思维在雨果身上也表现出来了，就是那种强烈的人道主义的东西，这一点非常影响我。我也是后来才发现的，在看问题的时候，我首先看到的是人，这个人的根本在哪里？哪怕他低到尘埃里，我也能看得见他，从来没有俯视，人真的都是一样的，没有三六九等，所以我觉得这一点雨果对我的影响特别深，是他让我理解了人道主义。

问　所以写作的人大概会有那种人道主义的东西，你认同吗？

从：这种认识是会越来越强的。刚入行的时候，你也很年轻，也会很“愤青”，觉得自己身上背负很多的正义，会有一些很偏激的认识，看到高官，会自然而然地对他持批判态度，看他是不是贪官。久了就会发现，这种视角其实是有问题的。做批评报道，下笔应该冷静，我们“冰点”有个记者，刚入行的时候，去采访艾滋病人，跟病人一起哭得很凶，这样的姿态和悲悯其实是不正确的。前两天，我的朋友在电梯里面看见一个快递员，穿得有点破，她就说“我家有些衣服，你上我家去拿吧”，那个人头都没有回，就在电梯里说“我不用”。我朋友后来跟我说，她突然觉得自己伤害到那个快递员了。现在大家都在谈阶层固化，当一个写作者看待这个世界的时候，他的视角一定是平的，我真正悟到这一点其实还是雨果启发我的，他启发我一种方法论和价值观。

问　你是从什么时候开始接触非虚构写作的？

从：最早的时候，我们看的是张建伟的《深呼吸》，20世纪七八十年代中国最早的深度报道，但那时候写作者其实并没有意识到自己写的是非虚构，那时写的深度报道还带有一种浓厚的消息体风格，没有特稿细腻的感觉，但我总是能察觉到我有一种能力——我能看到那些零零碎碎的、散落在各处的东西，我能够感觉到那种绒毛般的细节感，而在消息体那么小的体量里，我是没有办法展示它的。我想既然我能看到这些细节，为什么不把这些细节放大去做呢？《中国青年报·冰点周刊》就是能够承接我的这些想法的容器，后来我当了妈妈，我也很希望自己活得有精神气儿，要告诉我的孩子我不是灶台边的妈妈，我就从经济部的编辑岗转来“冰点”，从最小的稿子开始写。

问　你说你是在生了宝宝之后开始写特稿的，现在有一种说法，也不限于新闻界与文学界——女性结婚生子后事业的进取度不如男性了，我想知道你的看法是怎样的？

从：相比男性，女性做记者的优势在于比较令人没有提防感吧，女性看起来更容易亲近，当她出现在采访现场的时候不会显得那么锐利，在和采访对象沟通的过程中也会聊得更深一点，但我看性别不是最大的问题，一流的写作者能用尽全力地做事儿，到这一层面也就无关男女了。不久前我们（《中国青年报·冰点周刊》）有个男记者写了一篇《重生》，讲的是一场大脑手术，医生要把患者脑部的肿瘤摘出来，这个手术动用了医院五个科室十一名大夫协作，我们的记者采访这个事情之前，做了很多相关的准备。他研究了大脑的结构，研究了手术的流程，还研究了每一把手术刀的型号及其功能，所以他采访起来就毫无障碍。这样的记者是靠近一流记者的，到了这个程度，你觉得他是男是女还重要吗？一个记者成为顶级写作者，一定是由他的思想方式决定的。

问 还记得你的第一篇非虚构作品是什么吗？

从：我都不记得第一篇是什么了。但是我记得第一篇应该是“大冰”，也是最大的稿子。“冰点”的稿子分为“大冰”“中冰”“小冰”，“小冰”大概一千五百字，“中冰”三千至四千字，“大冰”八千字。现在转到编辑岗，我要编差不多十个记者的稿子，每周四个版，写得就比较少了。

问 一般情况下，“冰点”怎么找选题？

从：在历史的大事件中找个体的故事是“冰点”的风格。比如林天宏[①]的《回家》和赵涵漠[②]的《永不抵达的列车》都是个体的故事。一些宏大的东西需要有载体，最终要落到个人的肩膀上，所以我们一般写个体比较多。

好选题与更多人的利益相关，它本身表现出来的事件又足够的丰富、多元和复杂，这就已经很好了。我很多年前写过《最倒霉的家庭》，讲的是一个家庭的两个孩子，第一个孩子打了假疫苗以致智力受损，然后妈妈就生了第二个孩子，第二个又碰上了三聚氰胺，变成了结石宝宝。这个妈妈现在生了第三个孩子，总体还是健康的。你看，这虽然是某个家庭里发生的事，但它完全是一个社会的、人为的事件，这样的故事就比较有公共价值。

问 你的写作速度快不快？

从：越写越慢。刚开始写消息体的时候特别快，但真正开始写特稿的时候，文章中的每一句话都是凝练的，所以你一定会反复想某个地方是否还能

① 林天宏，《中国青年报·冰点周刊》前记者。
② 赵涵漠，《中国青年报·冰点周刊》前记者。

够有更好的表达，还有没有更好的词来形容。所以就越写越慢，慢到一定的程度之后，或者说写得多了，就会培养出个人的写作习惯了。

问 你有哪些写作习惯？我看到很多作家会画逻辑图以更好地梳理写作逻辑，有些是一定要把几十万字的采访录音整理出来才开始写。

从：包丽敏[①]说过她在写之前要把所有材料都“吞”下去，这句话我印象特别深，你要把所有素材都“吞”到自己肚子里，再用自己的唾液、自己的胃把它消化，这些东西最后就是你自己的了。

我每次采访都会录音，但更重要的是用笔记本记各种各样的重点，开始写之前我会在脑袋里过滤一遍所有采访内容，再去看我的采访本上记了什么。录音我基本上是不听的，录音一般是在最后一个环节中作为证据的核实去听的，如果要用直接引语，也会去核实。如果我要写一篇“大冰”，那我的采访本最后写出来就有六十多页，写之前我会在脑袋里想，采访过程中哪些细节是我印象最深的，我就在采访本上用彩笔画出来，确定哪些是要写进稿子里的，哪些是可以用在转折处的。用彩笔做完标记后，拿一张大白纸出来，像一棵树一样写我的主干，中间要呈现哪些细节，如果我突然想到一个很好的过渡，就把它添在里面，最后弄出一个树状图。然后，我就开始盲写了，到了这时候，我的每一句腔调都是我自己的了。

写完之后，总会有一些年代等细节记不住，这时候才回去看采访本和录音。我为什么强调要盲写，因为这可以培养你的语感，培养自己对于长稿子的驾驭能力。

问 那么你写作的时候会用到一些技巧吗？

从：写作技巧有时会对你的文本产生很大伤害。我刚才说的那个东西不是说想炫技，而是要清楚文章的整体逻辑是什么。“冰点”走过二十多年了，有相对成熟的方法论，写作技术其实练一两年就可以达到比较好的程度，但最终一定是你的思想、你对事物的理解，以及事物本身的分量决定你的稿子，而不是技巧。我经常告诉记者要忘掉技巧，在刚入行的时候，是需要技巧来锻炼写作的，再过两年我就会让他们抛掉过去的套路，将所有东西都忘掉，怎么爽就怎么写，这才是新闻本身的魅力。

非虚构写作里的每一句话都是真实的，技巧是让这些事实有效地进行排

① 包丽敏，《中国青年报·冰点周刊》前记者。

列。有些冲突会让读者更爱读你的故事，但是如果这个事情本身没有发生冲突，故事的张力不够，难道还要去制造它吗？制造它的起伏感，把钝角拉成锐角，这是绝对不可以的，真实才是最重要的。现在很多公众号都用自述体做特稿，据我了解，那已经不是新闻了，而是一个产品。他们会从很多人那里收集素材，比方说每个人都说一段自己的经历，为了制造冲突，他们把三个人的事合并成一个人的事，变成一个戏剧的冲突叠加。这时候，文章就很好看了，但它根本不是新闻，没有进行一个专业的核实过程，又何谈非虚构呢？对于写非虚构的人来说，还有什么能比真实更重要？我就很不能忍受这种东西被称为新闻。这种风气一旦形成，当虚构与非虚构在模糊的边界融合的时候，新闻就会走向非常可怕的境地。

问　那么你觉得新闻有没有所谓的文学性？

从：我不这么认为，新闻一定是真实的，（它的）生命就是真实。若它们脱离真实就不复存在了。我理解你说的文学，如果放在非虚构里，那只能说它是一种写法或是技法。我有这么多素材，怎么表达出来？开头写什么，结尾写什么，怎样让这个故事更吸引人？我觉得这个叫技法，而不是文学，文学和新闻一定是冲突的。

问　我们聊了很多与真实相关的话题，其实，没有绝对的真实，对吧？

从：是的，没有绝对的真实，就像人不可能两次踏进同一条河流一样。比如说记者采访，我采访的这个人他今年是这样的，过几年就发生很大的改变，他身上的真实性其实是一个连续的过程。新闻有没有这种纯粹的真实，这个问题我觉得是一个哲学话题了，作为一个记者，你其实最需要考虑的是怎样靠近真实。所谓真实，是一个主观的认知，所以写非虚构的人只是说贴近真相，而真相是什么？真相是一个无底洞。

问　你如何理解客观性？

从：我拿《惊惶庞麦郎》那篇文章举例吧，记者在开头写了庞麦郎在上海快捷酒店里逼仄的生活，写他希望获取成功的心理状态。对于这样一个人，如果你站在高处，会看到他如蚂蚁般使劲挣扎往上爬，但是你稍微调整一下视角，就感受到他在掂着每一寸力量往上走——一个从农村来到城市的年轻人，用摆脱秤砣的力量在挣扎。如果你平视，就会用更加没有情绪的笔触去写了。我觉得那样的稿子写出来会更漂亮，更贴近真相。

问　你会怎么写庞麦郎这样的人物？

从：我觉得我们“冰点”去写的话，相对会做一个更广阔的呈现，不是简单地局限在一家快捷酒店里，我们会把他放到更大的环境里去写。我们总说写一个人是在写环境，写人与环境的关系。如果你写庞麦郎，你会觉得是在写很多个像他一样的年轻人，他在这么大的国家里、这么大的土地上，追寻着他的梦想与欲望，他希望更成功一点点，这也无可厚非。

之前，我们做了一个《三炮们不想打工了》，讲的是广西那边一群网红的故事，这些网红大概就是一群在社交媒体上比较火的年轻工人。我们的记者去了大概两个星期，进行沉浸式采访，跟着他们，他们干什么记者就干什么，一起下河摸鱼。记者把自己完全放进去了，每天就跟网红聊天，他们每个人都恨不得把自己的故事全部倾倒给记者。等到记者最后走的时候，有一个人还说：“啊，你要走了，采访不是还没开始吗？”在这样忘我的状态中聊天，他们反而会觉得采访还没有开始。所以我们也在讨论，采访中的距离感要不要这么近，会不会影响文章的客观性。

我们的记者也看到了很多不好的一面，比方说这些网红抽烟抽得非常厉害，或是老婆怀孕后出轨。这些不好的事情其实她都看到了，但她没有写进去，因为她不想伤害他们，她没有写出非常残酷、非常肮脏的那一面。在最后，文章里的网红还是相对比较阳光的，当然也很真实，那篇文章没有一句话是假的，这是我们一直守住的。但她为什么就过滤掉不好的一面了呢？那是因为她理解这群人，一点都不觉得我们的生活方式比人家高级，不觉得我们拿的学历更高就比人家更优越了。我们接受了创造性的思维训练，但那些网红拍一些短视频还更有想象力呢。

问　采访前做足准备是非常重要的，你还记得你做过最久最长的准备是哪一回吗？

从：最近几年应该是采访李佩先生那一回，采访之前大概有个几十万字的阅读量，我把她生平的资料全看了，再去找她谈。其实那时候她的年龄已经很大了，沟通不是特别通畅，所以我需要大量的外围采访来支撑。

问　什么样的主题会让你觉得很有书写价值？

从：前不久我采访一个工匠，他是行业内很顶尖的焊工，要知道在一个很狭小的空间焊接的难度是非常大的，我很想知道他是怎么干活的。他是趴着的还是平躺着的还是怎么的？这样一个顶级焊工每天面临着多么大的挑战，它挑战的是人的心境。那位焊工跟我说，他每次做工的时候，心都非常平静，因为一旦不平静，手就会抖，光是看到钢铁上的瑕疵和裂缝，就好像看到自己内心不平静的情绪一样。他对我说当焊到三百摄氏度时，会出现一种淡淡的黄色的光；到六百摄氏度的时候，它就变成朱砂红；到一千摄氏度的时候，它会出现一种白色的光。这样的画面特别适合用特稿的语言去呈现，其实就是一个特别值得去书写的主题。

问 那么你怎么对特稿下定义？

从：特稿是没有定义的，现在有很多媒体声称自己写的是特稿，其实是借用了特稿的技法，或者说用特稿的手法讲故事，故事、细节、画面当然都是特稿必备的东西。

问 非虚构的概念是随着社交媒体兴起来的，现在很多素人也开始写非虚构文章了，你觉得这个现象背后的动因是什么？

从：最主要的原因还是现在平台变多了。其实以前很多人也有这样的表达欲望，只不过没有平台去展示，20世纪80年代还有诗歌热、文学热呢。素人写作，如果文章中还是有一些虚假的成分没有被编辑查出来，那就不算是非虚构了。但你对真实的追求又不能是绝对的，只有抱着很强的信念写作的时候，你才是你自己的法典。

问 能不能讲一讲写李佩那一篇《湍流卷不走的先生》，当时是怎么发现这个选题的？

从：我最早是从中科院一个老师嘴里得知李佩先生的，当下就决定要做这个题。我刚也提到了，老人家的年龄很大了，表达能力也不是很强了，所以我就用了很多外围采访撑起来。接着就发现每一个认识她的人在讲她的故事时都会很深情，我就越来越被打动，我不知道你有没有这种感觉，现在社会很浮躁，有时候会有那种很虚无的感觉，但我采访李佩先生的时候找到了一种精神气儿般的东西，让人感觉“噢！原来人也可以那样活着”。你看李佩的一生，她无论处在什么样的境遇里都特别淡定，就算在废墟里头，她还能保持一种优雅，那样的姿态是很美的。

问 这篇文章写出来后有修改过吗？

从：有修改过，如果我觉得稿子写得不顺，那就得推掉，重找叙述的调子重写。之前写过的彻底毙掉不看了，写到最后一口气时再收笔。

问　那么你会怎么给文章起标题，是写之前起还是写之后起？

从：一般是动笔之前就应该想好的。如果是写完后起，却发觉自己提炼不出标题的话，那就说明你写得太散了，没有重心。

问　文章的细节是海量的，你是怎么搜集这些细节并运用的呢？

从：比方说《湍流卷不走的先生》里有一句“周培源他只有洗碗的份儿”。这几个字是我从周老的回忆录里发现的，其实是他自己在怀念郭永怀先生[①]的时候写的一篇纪念文章，我把这些相关人物的回忆录全看完了。我刚讲过，你要把材料都“吞”下去，然后消化成自己特有的东西，这样用起来是不是就得心应手一些了？很多的细节都零零碎碎分散在海量的资料中，你“吞”下并消化了后，就可以开始写了，这时候你用的就是自己的语言了。

问　那么你一般会怎么给文章做结尾？

从：我举个例子吧，前两天我们一个实习生采访清华大学一个心理学教授。在采访的过程中，那位教授聊到一个细节——他的一个学生自杀了。后来他独自到那孩子跳楼的台子上，他发现栏杆边上有混乱不堪的、来来回回的脚印，他就判断这个孩子在自杀之前一定是非常挣扎、非常痛苦和犹豫的。他对我们的记者说，看到这些脚印，他突然明白自己为什么一定要去做帮助人们心理康复的事业。这个脚印就可以解释他的动机，这也是一个很点题的东西，我们的记者就把这个点放在文章最后。

一般来说，一定是把最亮的东西放在结尾，就像赵涵漠的《永不抵达的列车》。事故发生的时候，那个女大学生在火车上用尽力气给她妈妈打电话，她妈妈当时正在家里做菜，接过电话却没有听到任何声音。她妈妈后来推测孩子拨这个电话一定是用尽了最后一丝微弱的气息，这是这孩子人生当中的最后一个动作，就用来做结尾了，很漂亮的结尾，让人不忍心再看第二遍。陈默也写过一个妈妈，她的两个孩子都得了肾病，她不知道自己到底该把肾给哪个孩子。结尾就是她在农村家里剁菜，这时候她已经把肾切了，剁完菜她就贴着墙慢慢撑着站起来，因为她的身体那时候已经很差了，这个用作结尾更能体现主人公的境遇。

---

① 郭永怀先生，李佩先生的丈夫，著名科学家，1968年为国捐躯。

何　瑫

太聪明的人写不了特稿

何瑫，1987年生，甘肃张掖人，毕业于北京大学中文系。2010年7月至2011年6月，就职于《中国青年报》；2011年7月至2012年6月，就职于《21世纪经济报道》；2012年7月至2013年6月，就职于《人物》；曾任《智族GQ》编辑副总监、报道负责人。著有代表作《喊麦之王》《帝吧风云》《风口上的孙宇晨》《裸奔者范美忠》《消失的煤老板》等。

我们的访谈在2018年7月末进行，在北京CBD（中央商务区）的一处咖啡馆，何瑫准时赴约了，和两年前第一次见面一样——他穿着白色的T恤衫，整个人清爽整洁。同为记者的我们跳过了寒暄的环节，直奔主题开始了采访。

我不得不坦白，我“发散式的提问风格”曾让整个采访过程停滞不前，几番沉默之后，他笑着安慰我：“记者采访记者，是不是心理压力可大了？”而我，也并不觉得脸上无光，他是讲究逻辑的记者。他要求，文字的每一个生产环节都在自己的掌握之中。列提纲，他会分四个步骤，确保扫清一切疑惑的死角；整理采访资料，他会将信息切成豆腐块进行排列，确保逻辑通顺；写作时，他没有拖延症，定时、定点、定量。他所关注的领域也往往令人意想不到，“没有浅薄的现象，只有对现象浅薄的理解”是他的价值观。“小三劝退师”“爱情猎头”“选秀明星”“粉丝文化”在人们看来偏向媚俗的话题，在他眼中反而成为值得反复挖掘和深究的社会现象。

早年在《新京报》实习做突发报道时，为了能够拍到一张满意的黑天鹅的图片，何瑶曾在冰冻的河床上来回踱步数次。在北京大学做学生记者，为学术会议撰写普通的新闻稿件时，他也曾为了核实一个细节而整夜在图书馆查阅资料。现在，他保持着自省——“不把平台当作自己的实力，要更加知道珍惜机会。”

访谈实录

问 你是从什么时候开始进行真正意义上的非虚构写作的?

何：开始写应该是2012年6月底去《人物》杂志的时候，但当时我的主要工作是编辑，负责短报道版面的编写，如果说真正全身心投入特稿采写的话，应该是2013年夏天到《智族GQ》之后。

问 你为自己的职业写作道路规划了多久?

何：我的经历说起来相对曲折一些，我在北京大学转过一次专业，并且在原来的专业读了两年之后才转（通常转专业是读一年后转）。所以我大学多读了一年。我由原来的微电子专业转到了中文系。大二下学期，我开始做学生记者，觉得每天能写些东西很有趣，自己也喜欢，从那时起就觉得以后要做记者了。

问 你在很早的时候就发现自己在写作上具有一定的能力吗?

何：写作能力是需要去界定的，如果是非虚构写作能力的话，我觉得从事它不需要多么超人的天赋（能力），我不太想把这个东西说得很玄乎、门槛很高。

而且在我看来，太聪明的人是写不了特稿的。因为聪明人的习惯性思维模式是看一件事情要直击本质，一眼看穿。而一旦看事情一眼就能看明白，就不愿意在上面多花时间琢磨了，缺乏探究细节的热情。我认为好的写作者要具备一个特质：自己一定是对这个东西非常喜欢的，自我驱动力非常强，不需要任何人来教，也不需要别人来督促，自己脑子里会自发地成天来来回回就琢磨这个事，这样的人很有可能就能写好。

一个作者写一篇文章到底花了多少心思，只有作者自己心里最清楚。如果一个选题的操作周期是一个月，不同的人投入时间和精力的差距会非常大。如果是漫不经心匆忙赶出来的东西，编辑一眼就能看出来。但一些优秀的作者随时随地都在操心选题，中午去吃饭、晚上在家洗澡，或是其他一些时候，只要有空，他脑子就一直在琢磨——“这个人我该怎么采访，那个小标题我该怎么组织素材？”

问 你平时会焦虑吗？有过找不到选题的时候或者是写不出文字的时候吗？

何：肯定会焦虑，每天都会焦虑。适度的焦虑感是必需的，它会使人保持心理的饥饿感和思维的活跃度。但有个前提，必须是适度的焦虑感，不能任由焦虑蔓延。在我看来，自我调节能力是一个特稿记者的必备技能。

在日报的工作经历，对我后来从事特稿写作的时间节奏安排和写作状态调节起了很大帮助。我当时在《21世纪经济报道》工作，节奏是很紧凑的，每天需要很早起来找选题，然后报选题，中午下午采访，晚上交稿。有很多记者晚上写稿白天睡觉，昼夜颠倒，但《21世纪经济报道》当年那种工作节奏从发稿时间上就杜绝了记者晚上熬夜的可能性。所以我的工作作息时间一向非常规律，这能帮助我以比较稳定的生理状态和心理状态面对工作。我没有拖延症，因为原先日报的节奏很快，容不得拖延，有事情必须马上去做。

问 你怎么安排你的写作时间？

何：我从来不熬夜。熬夜本质上是晚上干活，白天睡觉，有效工作时间并没有增加，反而因为生物钟紊乱，效率和状态都会下降。我在写稿期通常是早中晚各安排三个小时，定时定量完成。

问 一般你是怎么找选题的？

何：我比较关心的选题大体上可以归为同一类型，它们都有一个共同的母题——人与他所处的环境之间的相互关系。一个个体不管是在具体的生存环境中，还是在大时代背景中，他所处的环境体系对他所进行的塑造、影响和改变，这都是我一直比较关心的问题。

某种程度上，多年来，底层生活、乡村社会、边缘人群……“苦大仇深”型的选题类型，一直是中国非虚构写作的“主旋律”。当然，我不认为这有任何问题，这些故事当然值得被观察、被记录。但我想说的是，特稿写作某种程度上是在书写当代史，既然是历史，就应当要有一个更完整、更宽阔的路径和图景，将触角伸向更多角落。

过去几年间，我一直保持对一个主题的关注，就是互联网对人的影响。这是一个不应忽略也无法绕过的庞大母题，但在我看来，还远远没有得到充分的挖掘和书写。从某种意义上而言，早些时候，中国人的生活是被政治主导，到后来是被商业支配，到了90后、00后这一代年轻人，互联网很可能是一股更加值得关注的力量。甚至可以说，互联网将人变成一个新的物种，人们的生活方式、思维方式、价值观都发生了很大的变化。而显性差异背后的隐性因素，则还没有得到充分的挖掘与记录。

举几个具体的例子。拿GAI（周延）和杨超越的选题来说，造星工业的力量在于在短短两三个月的时间内去改造一个人，在他缺乏方方面面准备的情况下把他丢到一个巨大的造星机器中进行加工改造，两三个月前从一个端口进来时，他还是个普通人，从另一个端口出来之后他就是个所谓的明星了。这实际上隐藏着一些巨大的隐喻。

我认为这样的选题没有得到充分书写，受众只能从被剪辑过的碎片中去了解事件主角。你也看到了2018年《创造101》节目上的杨超越，比赛期间，网上有无数篇写她的文章，但都是基于二手视频素材的分析评论，真正的一手信息为数寥寥。而这正是特稿写作应该去填补的缺口。

问　是的，写作者要对自己文章的主角有一个切身的了解才行，如今很多记者都是打电话进行采访的，跟面对面采访有很大差别，你会坚持对每个采访对象都面谈吗?

何：我是必须面谈的，哪怕是主角的一个周边采访，我都觉得跟这个人见一面很有必要。我认为存在一个规律：对于采访这件事来说，只要愿意多花一份精力，多跟对方见一面，就一定会有新的收获，甚至是惊喜。我协助同事操作杨超越那篇稿件时，她的父亲是一个非常重要的外围采访对象，我们非常幸运，找到了她父亲，幸运到什么程度？我们在进行前期摸底的时候非常艰难，因为之前已经有几家媒体去进行了一系列破坏性的采访，这让她的父亲非常抵触媒体。

当时我们只知道杨超越的老家在一个叫作“王岗乡”的地方，不知道她的父亲叫什么，也不知道他住这个乡的哪个村，去之前同事心里没底，觉得去也不一定能采访到，我就安慰她，去了总会有收获，肯定比不去要好。果然到了乡之后，我们碰到一个小卖部的店主，他之前在乡上供销社工作，对整个乡每家每户都认识，这些人也都很给他面子。在他的协助下，我们不但采访到了杨超越的父亲，还采访到了她的小学校长、老师、同学、亲戚等一系列人。如果不坚持做当面采访，只满足于在房间里打电话，这一切都无从谈起。

问 这篇文章发出来后也引起很大的反响，但当时怎么想到写这样一个选题？尤其还挖到这样的深度，这对于娱乐新闻来讲是非常难得的。

何：前段时间我发过一条朋友圈——没有浅薄的现象，只有对现象浅薄的认知和理解。对，你刚才说的流行文化、明星等，听上去会很浅薄，但我认为它一点都不浅薄。恰恰相反，我认为流行文化是一门非常深的学问：你如何去赢得普罗大众的心？如何去掌控、主导大众的心理？《中国新闻周刊》的杨时旸老师有句话我非常认同，他说："某种程度上，娱乐新闻潜藏着人们的潜意识以及一个时代的病理。"

问 你之前做过煤矿商人的选题，那篇报道受到很多关注，当时为什么想以这一群体为写作对象？

何：《智族GQ》报道的slogan（口号）是"记录人物的浮沉和时代价值的变迁"，我觉得这句话完全回答了你提的问题。煤老板这一群体命运的起落，可以说是随着时代的更迭而变迁的，他们的命运与时代变化紧密相连。我曾经听说过一个有点惊悚的比方：我们每一个人来到这个世界上，身边的环境其实就像一把把刀一样，最终，我们能成为什么样的人，不是我们自己决定的，而是被那些从不同方向飞来的刀一刀一刀削出来的。这也牵涉到前面所提到过的我一直很关注的写作母题——人与环境是如何相互作用。人会对环境产生影响，环境也会对人产生影响。

问 你采访过很多人，你一般怎么处理跟采访对象之间的关系？

何：一些节奏较为短、平、快的新闻报道，记者和采访对象往往是构成一种"短期关系"，甚至是"一次性关系"，见面聊一次天，甚至打半小时电话，这种短暂的沟通关系便随着稿件的完成而解除。而特稿不是这样，记者需要和采访对象建立一个相对持久、对等的关系。这并不容易，但同时又是必需的。

而一个能够持续的人际关系，本质上需要对等。如何才能做到对等？双方需要"各取所需"甚至"相互利用"。注意，这里的两处用词都是打引号的，并无任何贬义，是中性的描述。这样的字眼听上去确实会有些刺耳，但本质上的确如此。你必须有能力满足对方的某种需求，让他在与你的交流中有所收获，双方关系才能持续、深入，他才有可能打开心扉，让你窥探到人性的深邃之处。

在实际操作过程中，对方的需求可能会有多种可能性，如何满足对方的需求？对方的需求我们是否必须满足？边界在哪里？这些涉及非常复杂的新闻伦理问题，这里就不展开了。

问 你怎么设计采访提纲？

何：我一般把它分成四个步骤。

第一个步骤，我叫作“零信息基础阶段”，当我确定要做一个选题之后，我不做任何的信息搜集和了解，直接就去做一个提纲。为什么要这样操作？原因在于这时候我设计出来的问题会比较粗浅、比较愚蠢，甚至不构成一个问题，但我仍然认为它非常有必要，因为很多时候读者读你的文章的时候，就是基于一个“零信息基础”的状态，他要通过你的这篇文章产生认知和理解。当你跟读者站在同一起跑线上的时候，你所涉及的问题往往就可以满足读者最本能的好奇心。

第二个步骤，在看资料的过程中，只要是我感觉会困扰到我的问题，我都会随时把它列下来，这时候我不考虑任何的逻辑层次。我的习惯是在电脑打开两个窗口，左边是资料，右边就是我有疑问的文档。

第三个步骤，我把材料全部看完了，会有一个整体的把握和理解，这时我对事物的看法会和之前有一些差异。基于整体的认知，我再去列一遍提纲，会发现列的问题越来越细化，越来越具体，也越来越深入，呈现一个逐步深入的过程。

第四个步骤，前三个环节全部做完之后，把所有问题再进行统一的归纳整理，在这个过程中会发现有些问题其实已经不构成问题，就可以进行一个删减，整理出最终的提纲。

问 在经历过一段密集的采访之后，你怎么整理和处理所有资料？

何：我的习惯是当天采访当天整理，不推到最后时刻。素材出来之后，先不考虑它们之间的逻辑关联，把所有认为有价值的点一条条往上堆，这下就可能堆出很多很多条。在这个基础上再整理素材，就能在脑子里对文章的整体脉络形成一个基本设想了。接下来，就可以开始细致地整理了，可能画一个图画或是一个趋势图，这样，对故事梗概、重要节点就都能弄清楚了。

画好图之后就可以列文章的小标题了，接着编号，就是1、2、3、4、5、6、7……这么编下来，再回过头去看素材，比如说这条素材适合放在第一个小标题里，下一条适合放在第三个，就在素材上标“1”“3”字样，这样就是一个非常有体系的素材库了，后面要写东西的时候，照着这些序号就可以找到需要的东西了。在这个过程中，你也许会发现有的地方是突然接不上的，这个地方就是你没采访到的，你可以回去补充采访或者是做些别的工作。

问 **写作者会掌握海量的资料和信息，有的写作者会被素材淹没，你是怎样在海量素材中把握最核心的信息的？**

何：这涉及一个非常重要的点，首先，为什么会出现被素材淹没的状况？你要去思考这个问题的本质是什么。我认为原因并不是素材过多。特稿写作是一个系统工程，如果你被淹没，只能说从一开始你就不明白你到底想写什么。

我每天都会记录我的采访要点，并在上面做清晰的标注。比方说，我今天总共采访了五个点，那我会详细记录这五个点分别是什么，每天都这样整理，到最后组织在一块，就形成了一个条理非常清晰的大纲。这时候再去看素材，你看的就不是所有录音资料或是搜集到的资料，而是大纲，这种条理相对来讲更加可控。

问 **你曾谈到过一个分层概念，这个概念应该是在周边采访过程中需要把握的，能否展开讲一下这是什么意思？**

何：特稿需要多角度的视角，而不是主人公的单一视角，所以需要写作者进行一个立体式的写作。你会发现，所有人都强调要多做周边采访，但我发现很多记者的周边采访做得不是非常到位。这涉及一个问题：如何选取周边采访对象？我觉得记者应该进行更精细、更具体的梳理和把握。而分层，其实是两个层面的分层，一纵一横，有横向的，也有纵向的。

横向的分层，指的是分析主人公人际关系网络的构成。比方说他的家人，这是血缘层面的人际关系；比方说他的朋友，这是一个友情的概念；比方说在职场，每个人都是带有职业属性的，这就是另一种概念里的了；比方说有时候还涉及他的敌人。根据他的人际关系，可以梳理出一个横向的分层概念，接着进行分类。如果主人公是一个圆心的话，你的视野应该是一个环绕式的圆形结构，从不同视角去看这个人。如果你的周边采访有残缺，是没有办法构成一个闭合圆形的。

纵向的分层，指的是周边采访对象和主人公之间肯定存在一个远近亲疏的关系，就需要将这种由近及远的关系梳理出来。比较近的，比如一个人的配偶，或者他的父母，这样的人其实离他是非常近的，可以看到这个人最日常的细节。拉远一点，比方说他的同事、他的朋友，或者一个同行，这个同行可能跟这个人没有打过太多交道，他用远距离的视角去观察、去判断、去感受这个人。有时候，两个人是站在对立面的，这时候感受会更不同，如果你离得近，拿到的就是第一手的信息；离得过近，看到的这个人可能也不够完整。比方说用手机拍照，如果你离这个人很近，就只能拍到他的一个局部，这个局部的细节非常丰富，照着他的脸去拍，可以看到他脸上细微的毛孔，可以看到毛孔粗细不均的分布状态，但是没办法看到全貌；相反，如果拉开一定距离，就能更加清楚地看到全局的状况。

如果是跟采访对象比较亲密的周边人物的话，可能会出现这种情况，他太了解这个人，就会有意识地说一些他愿意跟你讲的信息，因为他跟主人公之间存在一个强利益关系，他给你讲一些话的时候是有所顾虑的，但又可以提供一些别人都提供不了的信息。离得比较远的人，可能没办法提供非常具体的细节，但他的观察相对会更理性。

我们之前说的横向，是一个观察视角、角度的问题，而纵向是一个距离的问题，不同距离的感受是非常不一样的，这时候你综合起来写，人物的层次感才能显出来。有的时候我们没有明确的分类意识，看起来觉得做了很多周边采访，但是这些周边采访是有缺失的，是不均衡的，写作视角也是不均衡的，这就是我一直强调分层意识多重要的原因。

问　与其他新闻体裁相比，特稿写作往往会要求记者与采访对象产生更长久、更深入的接触，你怎么理解二者之间的关系，你是怎么处理的？

何：我给你分享劳伦斯·赖特[①]在《巨塔杀机》里的一段话——

最有价值的谈话都是在记者与消息来源建立起一定程度的信任之后。这种关系存在着许多问题，因为信任与友谊往往相伴而来。消息是极具诱惑力的，记者则想要知道消息；而他知道得越多，对消息来源也

① 劳伦斯·赖特（Lawrence Wright，1947—），美国作家、编剧，普利策奖获得者，《纽约客》撰稿人，纽约大学法学院法律与安全中心研究员。

就越感兴趣。在人类的天性中，“被人理解”这种渴望的强大力量罕有其匹；如果没有它，新闻业就不会存在。然而，因分享秘密和吐露深切情感而生的亲近之意，会让人相应地产生一种友好的保护欲，而记者不是总能提供这种保护。在采访时我会把录音机放在显眼的地方，以此来提醒自己和采访对象房间里还有第三个人——最终的读者。

我给你简单介绍一下这个背景，这是美国的一部非常伟大的非虚构作品，当时这个作者做了海量的采访，去讲“9·11”恐怖袭击。他在序言里面谈到了他对记者和采访对象双方关系的一些理解。其实我看了之后非常感同身受，因为他说的这种问题在我们的日常操作中也会经常出现。双方的关系有时候是一个动态的变化过程，一开始都需要去建立一个彼此的信任感，但其实此时双方都是有所提防、有所戒备、有所试探的。相互熟悉之后，对方就可能在你面前比较放松，甚至在他看来，可能会理解为你跟他之间已经产生一种友情联系，这时候他的状态会很不一样，一开始不会展现给你的那一面，这时候他就会展现给你。就好像谈恋爱，如果你爱上了对方，那么实际上你就把伤害你的权利交给了对方。

但采访是很“残酷”的，因为谈恋爱是一个双方的事情，它是相互的，两个人都把这种伤害权彼此交付了。但你是记者，你拥有的话语权和采访对象是不对等的，你掌握着公器，掌握着一个有更大影响力的表达渠道，而这些你的采访对象是不具备的。那么这时候我们经常会产生一些伦理上的困惑，甚至是挣扎。记者会陷入一个两难的处境：一方面，主人公是基于对你的信任从而告诉了你一些事情，你会考虑要对得起对方的信任；另一方面，你又觉得他跟你说的东西是具备公共价值的，但写出来之后对主人公可能是不利的。这时候到底怎么取舍？你现在问我有没有标准答案，其实我也很难得出答案，这个东西写还是不写，或者写到什么程度，都是一念之间的事。

问　那你觉得记者跟采访对象之间会产生友谊吗?

何：我认为至少在稿件操作期间是不可以的，这是一个明确的界限，但并不意味着你是一个冷酷的人。文章发表之后，某种程度上你跟采访对象的职业关联已经解除了，此时如果双方有相互欣赏的意愿，想要成为朋友，我觉得是可以顺其自然的。

问 你如何定义“非虚构”？

何：什么叫“非虚构”？非虚构的边界太宽了，你自己写的日记也算非虚构，书信、作文、口述史都是非虚构。我今天有感而发，写了一篇文章，这也叫非虚构。好的定义一定是非常清晰可见的、易懂的，你一看就知道它的意思，不了解特稿、不了解非虚构的人，看了所谓的定义，也不一定能懂什么是非虚构。它是一个需要二次解释的概念，而需要二次解释的定义并不是一个好的定义。

问 在你看来，特稿和其他新闻体裁主要的不同有哪些？

何：有很多方面的差异，我想让大家注意到的是特稿对于人物的处理和其他新闻体裁的不同。特稿非常强调对个体命运的描摹。在特稿里，个体的命运是排在第一位的，是浮在最上层的。对于其他很多新闻体裁，你会发现里面往往是见事不见人，人物面目非常模糊，看不到人物的性格特征，看不到人物的情绪起伏，看不到人物的命运变化，甚至人物在某种程度上是以一种工具化的面目出现。人物不重要，逻辑重要，人物是为逻辑服务的。而特稿恰恰相反，一切都在为描摹个体命运服务。这是现在我最想去谈论的一个差异。

问 你从事了六年的特稿写作，在这个过程中，你的写作风格发生过变化吗？是什么样的变化？

何：我认为变化还是非常显著的，而且这是一个主动的、有意识的变化。刚入行的新人一定会经历一个模仿的过程，会不停地去看各种范文，琢磨方方面面的东西。在职业生涯初期，我看美国的特稿作品，到了后期我逐渐意识到它们对我的某些影响应该剔除掉，因为英语写作组织语言的方式和中文写作有很大的差异。简单来说，英文句子往往都比较长，结构也比较复杂，含有大量的复句、从句、倒装句、被动语态等等。这种写作方式用在中文写作里会有很重的翻译腔，我早期的文本呈现出来的质感就是这种感觉。后来，我主动对文风进行了一些调整，例如多用一些短句，多用常见的甚至是浅白的词汇，让文章的语感流畅自然。

蒯乐昊

演歌半晌，就为了那钟磬一声

蒯乐昊是《南方人物周刊》总主笔。踏入新闻业之后，她先后从事过经济、时政、社会、文化等领域的报道，直到近年来逐渐深耕在泛艺术领域记录和观察，作品《萨顶顶：我是个朴实的野孩子》《寻找阿加莎的蛛丝马迹》《20年前——现代艺术“七宗罪”》等展示了她对文化艺术领域人物的独到观察和理解。

除了作为主业的新闻写作，蒯乐昊还利用业余时间从事文学作品的翻译，她和著名翻译家马爱农（《哈利·波特》系列译者）合作翻译过杰奎琳·苏珊的作品《纯真告别》《迷魂谷》，独立翻译过英国作家约瑟芬·铁衣的《时间的女儿》《歌唱的沙》等，对外国文学也有独到的研究。2018年，在从事多年非虚构写作后，蒯乐昊调转笔头，从非虚构走向虚构领域，在《单读17：人的困境》发表了自己的小说处女作《无花果》，开拓全新的创作可能。

在丰富的社会现实面前，新闻记者，尤其是调查记者的大量退场让蒯乐昊感叹，她曾遗憾自己在汶川大地震中的采访，“我曾那么近地切身站在一个巨大的灾难里面，却没有看清它”。也许更遗憾的是，在“我们的社会现实比小说、剧本、想象、幻觉都还要更加拍案惊奇”的时代，每天那么多惊鸿一瞥的碎片化新闻背后隐藏着的大故事被作家们忽视和遗忘。

访谈实录

问 你在《我的金中情结》中谈道：“在我幻想母校中挂起我的肖像时，我早已是一名文科生了，我清楚自己不可能成为中国科学院院士，我也知道那第十位院士的画框已有其主，可是心里的这种梦想是不可以放弃的。”如今距离这段往事已有很多年了，成为文科生，也从事着文科生最能发挥价值的工作之一，没有学习理科，而是从事文字工作，你有遗憾吗？

蒯：惭愧惭愧，那应该是某次校庆文章矫情的说辞。人小的时候总觉得自己有无限可能，年龄越长越认识到自己的狭窄。我这几年发现自己似乎只适合从事文字工作，我只会干这个。作为职业记者，以文字为媒介，表达对世界的观察和理解，并传达给公众。

问 在开始职业写作之前，你与文字的“史前史”是怎样的？小学、中学阶段，你的阅读与写作是什么样的情况？

蒯：“史前史”听起来很有趣，好像很重大，或者很久远，但其实都是一些琐碎的小事。我一直很喜欢写作文，小时候父母也不太管我们，家里有很多书，就自己翻着看，半懂不懂的，那时候也没有什么可玩的，不像现在儿童的生活这么丰富。我小时候玩具都很少，相比之下，书本可以提供的乐趣就比较多。比较值得一说的是我在很小的时候，五岁之前吧，托爷爷的福，受过一些古诗词的训练。我爷爷教我背诗词和古文，那时候我记性好，背了不少，常常被大人拎出去献宝，他们扔给我一个关键词，我就鹦鹉学舌地往下背，其实意思也并不明了。那应该是我文学上最初的启蒙，现在想起来，领略汉字之美是从唐诗宋词开始的。我初中时写诗，写得挺差的，但是自己很臭美，弄了好几个漂亮本子抄来抄去，有时候还被同学抄去当情书追女生。学生时代我的作文还可以，但是校园作文其实也有一种八股套路。我很快摸清了那个路数，应付考试作文常常可以得满分，也容易拿奖，现在回想起来写得也不算好。在正式开始写作之前，阅读很重要，如果你有志于写作，一切阅读都是准备，都是偷师学艺，而且不妨读得杂一点。

问 你在南京大学的学习经历对后来从事新闻业有什么影响？大学时期里，哪些作品对你产生了影响？

蒯：没有特别直接的影响。大学里读过的书太芜杂了，到现在还在影响我的作家可能是王小波吧。写作者刚开始可能什么都写，后来逐渐分化，形成自己的兴趣点和关注领域。

问 我阅读你的作品，此前也写过不少社会新闻，如《郝劲松：不服从的公民》，后来偏向艺术报道领域，怎么定位成了艺术报道的记者呢？

蒯：对，我一直是那种万金油式的写作者，哪里突然发生了什么需要写就顶上。经济、时政、社会、文化方面都写过，但因为都是为《南方人物周刊》写，所以都还算人物报道吧，万变不离其宗，还是对人的观察。这几年写艺术其实是特别个人化的选择，因为这几年自己兴趣集中在艺术领域，新闻时政和社会题材现在的写作空间也非常有限，所以不如做点自己感兴趣的东西，虽然有时候艺术也显得有点小众。谁知道呢？也许哪一天兴趣转移了也会去写写其他东西。

问 你说过，不是所有故事都能变成特稿。特稿很挑剔，喜欢细腻和复杂、纠结的矛盾和戏剧性。你能展开一下你对特稿价值的更多思考吗？

蒯：我们入职之初发过一本普利策新闻奖的特稿集，算是入职培训的一部分。我读里面很多作品，感觉都像在读剧本，或者压根就是在看一部电影，连开头都是那种长镜头式的。

电影虽然通俗，但是一部好电影确实是集人类观看心理的大成：悬念、矛盾冲突、戏剧性、表面的热点（性、暴力、金钱、阴谋、帅哥靓女、权力）、内在的深意或哲思、社会价值……具备这些要素的往往是好电影，具备这些价值的往往是好特稿。只不过电影的语言是镜头和声音，特稿的语言是文字。

问 你提到特稿的很多母题问题，非虚构作品和小说、戏剧、电影一样，实际上存在很多的故事母题——永恒的母题。只不过，非虚构故事的母题必须由一个完整的真实人物和事件去承载那种戏剧性母题，而不能像作家和编剧那样，把不同的碎片化的真实嫁接到一个人或事上，也就是说，特稿要追求文学母题的水平，但材料更为苛刻和严格，因此选题可遇不可求，是这样吗？

蒯：道理上你说的没错，但是当下的现实情况是好选题遍地皆是啊！仅过去的一周里我就可以列举出不下五个即使放到普利策新闻奖中去甄选都不逊色的新闻题材来，我每天被手机自动推送的短新闻惊得目瞪口呆，但是这些新闻都是只言片语，没有一个长成了特稿。我们的社会现实比小说、剧本、想象、幻觉都还要拍案惊奇。可惜在丰富的社会现实面前，新闻报道和新闻记者，尤其是调查记者，却在大量萎缩，而这一切也并不是因为从业者不作为。

问 “基本上，记者的工作是这样：前期焦虑，害怕约不到采访；中期焦虑，担心和采访对象没有火花；后期焦虑，恐惧自己没有能力搭建结构文本来呈现。最后总是羞于将稿子见人，决心装作不认识它。”你曾提到一位同事说过这样的一段话，我就沿着这段话追问几个好奇的问题。第一个就是，当我们对一个人物或事件感兴趣的时候，采访是怎么启动的，你在采访之前做的功课一般包括哪些？

蒯：现在因为主要做文化方面的报道，基本上就是案头功课吧，采访作家最好把他的书都看过，包括重要的评论家文章；采访导演起码要看他的电影，了解来龙去脉；采访艺术家以来，看展览和看艺术史书籍几乎是我的日常，看多了自然融会贯通。笨办法就是所有跟采访对象相关的资料都找来看看，不过有时候采访紧急，时间不允许，所以还是得学会选择：重要的信息、可靠的信源、对采访中最有针对性的话题有用的资料等。

其实对于文化类的报道，事先功课不难，无非是花时间和认真。对于社会新闻，尤其是突发新闻或者调查新闻，那种事先功课才叫性命攸关，我虽然零星做过一些，但不专精，不敢擅谈，如果有调查记者分享这一块内容，我非常有兴趣听一听。

问 《王朔：撒旦就是我的宿命》中提到：“第一次我们聊了三个多小时，从历史不存在处聊到时间不存在处。笑语晏晏，录音笔忠实地走着。然而回家一看，一向靠谱的录音笔诡异得空无一物。就好像他不该说，我不该听。唯有记忆能证明这场对话真实存在过。”你在采访时会借助哪些工具，如记录本、录音笔或其他？

蒯：我有过短暂的一段，自负记性好，就靠笔头速记和记忆，还扬言说，精彩的部分自然会记得，忘记的说明不精彩，也就无所谓。现在不敢了，全部依赖录音笔。录音笔出过两次状况，简直五雷轰顶。

问 你说过，采访能力本质上不可教，它几乎是天生的：比如细腻，比如敏锐，比如观察力和天然的代入感，比如轻易获得他人信任的天赋。这个观点怎么理解？能谈谈你切身的采访技巧吗？

蒯：嗯，这个话题有点为难，挺难说清楚的。我好像没有碰到特别难撬开口的采访对象。一般来说，我倒是比较容易让人敞开心扉，我也听了很多不能写的秘密。我不知道诀窍，记者要懂得跟各种人打交道，但最终取信于人也不是靠技巧。我可能靠的是“无害”吧。

问 怎样和采访对象相处，特别是触碰隐私和敏感的信息？

蒯：相处的时候降低提问的攻击性，但对于隐私问题和敏感信息，提问的方法要看采访对象的性格和情况。我一般是选择直接问、不躲闪。当然这种直接问是在前期聊天已经营造起了互信、放松氛围的前提下。我曾问过一个职位很高的官员：“你和你太太都这么忙，那你们的婚姻很危险啊？”这个话题我想一定是他从来没被问过的，所以他愣住了，想了好一会儿，然后说：“你说得很有道理。”他发愣的时候，我觉得触碰到了一个平时正襟危坐者很私人的一方面，会对这个人有多一点的理解。但是隐私问题也看跟采访主题有没有关系，如果没有特别大的关系，也不是非问不可，而且提问方法也因人而异。

问 采访的最好状态和体验是什么？能结合自己的采访经验谈谈吗？

蒯：我自己最好的体验是宾主尽欢，一次采访之后，跟被采访者成为终生的好友。不过也许调查记者最好的体验是不欢而散，跟恶势力正面交锋拿到了关键的证据。

问 你职业经历中，耗时最长、难度最大的采访经历是什么？它引发了你怎样的思考？

蒯：就访谈时间来说，王朔那个采访应该算是耗时最长的了。因为我的录音笔坏了，我们不得不聊了两次，一次三个多小时，一次将近七个小时。不过那个采访难度并不大，朔爷其实挺能聊的，出于好意，他不会冷场。王朔在各种语境里被塑造成一个挑衅的、横眉冷对的文化叛逆者，其实他生活里是一个挺随和的好人，不忍心让任何人感到别扭或为难。

如果不算访谈时间，耗时最长、难度最大的应该是2008年在汶川的采访，当时我们很多记者第一时间申请入川采访，但是领导考虑到安全问题，第一批让男记者去了，我是第二批进四川的，没记错的话好像是5月15日。灾后三天了，采访难度挺大的，交通中断，余震不断，很多情况无法预估，每天都要判断自己接下来要去哪里、能不能去、采用什么交通方式、有没有电、有没有水、晚上能睡在哪里等。我去了聚源中学、绵阳、都江堰……虽然我做了大量的采访，但是资料非常琐碎，我也很难判断自己是不是了解到了全貌，整个过程人都处在惊悚和悲伤之中，晚上在地震和暴雨中睡在泡了水的睡袋里。那不算特别成功的采访，我回来后虽然也写了稿子，但很不满意。我曾那么近地切身站在一个巨大的灾难面前，却没有看清它。

问 通常采访回来有一大堆材料，怎样选择和取舍？怎么处理大量的素材？多年的工作经验给你什么方法论呢？

蒯：我们以前有个很有趣的同事，摇滚歌手吴虹飞，她也是个段子手、冷笑话专家，她曾经说过如何当一个好记者：首先，你要有新闻理想；其次，如果没有新闻理想，那起码得会整理录音。

我的方法论是这样：如果你明确知道自己要写的是什么，那么就把你需要的素材填进你的逻辑大结构。如果你不确定自己要写成什么样，那么就把最精彩、最打动你的素材全部保留。这有点像做衣服，重裁剪的师傅，随便什么布料都能立体裁剪。但是如果布料本身就特好看，那么随便裹裹也是一种设计风。

问 写作是一种思维活动。你采访到大量扎实的资料后，怎么进入材料，形成对材料的分析视角？

蒯：这个很难一概而论，逻辑很重要，首先要建立逻辑。实在没有逻辑，就要尊重秩序，比如，时间顺序就是一种秩序。如果以上规则皆不适用，那么请相信你的直觉和情感，让它们引导你。能打动你的一般也能打动读者，人心本质上还是差不多的。

问 在《一个真实的蒋勋》中，你写道：“为了验证感官的天然丰沛，蒋勋带着学生，蒙着眼睛在夜间空旷的菜市场凭嗅觉而行，先后找到了鱼摊、肉摊、蔬菜摊。”你也说过，特稿实现了用最单一的文字形态，达到了多媒体般的效果。人的视觉、听觉、触觉、想象力和好奇心，统统被唤起。你也翻译过很多文学作品。你有思考过“五感”在记忆、写作、感染力方面的功能吗？那么味觉呢？

蒯： 我还真没思考过这个问题。“五感”应该是同时存在并且互通的吧。中学时学修辞手法学过“通感”，我倒很希望写作能够跟味觉发生一点关联，写作的时候总是很饿。

问 一个好的写作者，后天学会了叙事结构，懂得了故事冲突的本质，但很多人还是会受到基础教育时期作文遣词造句的影响。你在写作中，对词语和句子层面的运用有过思考吗？

蒯： 我尽量想让自己忘记基础教育时的作文方式，比如三段论、义理考据辞章、中心思想、文末点题……我觉得这些简直是文章恶俗之源。写报道我对自己有一些遣词造句上的要求，但是未必适合所有人，只针对我自己。我希望自己多写短句子，减少使用关联词，可还是使用得太多；我希望句子不但看起来不累，读起来也能比较顺口；我希望尽量避免罗列辞藻，不用过于现成的形容词，不说太绝对的话，注意分寸和节奏，在引用和信源上尽量明白晓畅，诸如此类。

问 你说过，对特稿的开头来说，最重要的三个素质是质感、节奏、悬念。我想问前面两个概念追求文字营造的质感，文字流淌的节奏分别是什么，能结合具体的作品解析一下吗？

蒯： 我的前同事马金瑜写《两个矿工的生还奇迹》，导语是这样的：

挖煤是人间最苦最累的活，可是村里的人没有别的出路，不去煤窑，靠什么挣钱呢？

开头是这样的：

初秋的中午，还有那么闷热，风从路两边的玉米地吹过来，也是热的，玉米叶子扑簌簌地响，仔细听，却什么也听不见，只有秋虫在起劲地叫着。67岁的贾文举磕磕绊绊地走在通往镇上的土路上，正是中午太阳最毒的时候，路上没有什么人，他也没有叫车，12里的路，转眼就到了，还花那钱干啥？

他在镇上买了8挂鞭炮，两盘21响，又挑了糖和烟，别人家结婚也没买这么多鞭炮，顶多也就放两挂。一下子花了200多块钱，老板问他：“要给孙子办喜事啦？”贾文举说：“姑爷本来死啦，头七的纸都烧了，人又活啦！”

真是精彩。完全是电影长镜头式的开篇，有环境和人物，并留下巨大的悬念。生活的苦热、农人的忍耐、死而复生的大逆转，全有了。玉米地也不是闲笔。何谓质感？如果删了玉米地这几句，你再读，那种意味深长就几乎全部消失。何谓节奏？如果不用玉米、秋虫、太阳、磕磕绊绊的贾文举的行走、购买、老板的问话，来拖沓一下关键情节的放出（死而复活），读者的阅读欲望会大打折扣。文章就像音乐，演歌半晌，就为了那钟磬一声。

问 **你写过大量的人物稿，你觉得人物写作的关键、难点和诀窍是什么？怎么写出人物不同的个性？记者在把握人物、吃透人物方面有方法论吗？**

蒯：人是复杂的动物，尤其是在接受采访的时候，人或多或少都带有一些表演性，所以记者会看人是挺重要的，透过现象看本质，透过说辞看心理。这个可能还真没有速成的方法论，阅历很重要，年龄到了、经历够了，自然就有了。一定要说诀窍的话，就是时刻记住一点，语言是不准确的，不要太过依赖采访对象的陈说。当你能够自发地先审视对方说的每一句话，而不是第一秒就直接相信的时候，你就会慢慢地形成你自己的态度、你对这个人的看法。

问 **你提到过，必须格外精心留意架构的方法。真正从事过写作实践的人，都会发现结构真是衡量一个业余写作者与专业写作者的标尺之一。你的文章一般如何形成结构？常见的结构有哪些？分别有什么特点？在你的文字生涯里，在文字叙事成长的过程中，你曾经从哪些艺术或者作品中汲取过叙事结构的启发和灵感呢？**

蒯：短新闻短报道在结构上有很多范式，什么倒金字塔啊，“五个W”啊，一般到了特稿长度，这些结构统统失效。文学性、电影性的结构开始入侵，各种顺序、倒叙、回忆、蒙太奇、意识流全来了。

按我自己的模糊定义，我一般觉得有三种结构：逻辑结构、时间顺序（包括各种时间上的排列组合，倒叙、插叙，总之是以时间为维度的顺序）、松散结构。我比较信奉逻辑结构，在逻辑大框架内，可以局部使用其他结构。这未必代表逻辑结构就是最优的一种结构，只不过比较适合我理性拘谨的思维方式而已。我看有些天马行空的写作者用松散结构照样写得杂花生树，风生水起，比如吴虹飞写郑渊洁的《一个著作等身的文盲》，全篇都是乱问，各种胡说八道，可是好看得不得了。

哪些作品在结构上启发过我？我其实挺想列出一堆范文跟大家分享的，

但我真的忘记了。我不是一个勤奋做读书笔记的人。原则上你读过的一切好东西都会成为你的老师，前提是你自己的消化吸收功能正常。但我真的无法说出我是吃了哪一块肉，才长成我现在的腹肌。

问 **你曾经提到过，有深度的特稿不但要求写作者有相应的学养，还要求写作者有同样经得起考验的价值观。一个写作者的价值观怎么对他的作品发挥了作用？你的价值观有着怎样的脉络和背景？**

蒯：价值观如何影响写作，其实在中国#MeToo#事件里面表现得很明显了，当时有很多人写了文章，比如鄢烈山老师和刘瑜老师，然后大家都开始站队和互喷了。虽然他们写的不是特稿，但是从这个例子可以看出，价值观的流露是多么难以掩饰，又是多么泾渭分明。

我自己的价值观，如果一定要简化的话，在社会学层面上应该是人道主义和保守自由主义，文学层面上可能是悲观主义加浪漫主义。我从来没有试过给自己加这么多主义，感觉标签总是不准确的。形成这一切的最重要成长背景就是我是在改革开放中成长起来的70后，我们享受了相对平等、自由和安稳的时局，本质上依然相信秩序和公义，相信理想，相信善良。小环境是南方报业也鼓励和成全了我的价值观，把我的天性保护得比较好。

问 **你如何处理采访和写作中的细节问题？在你的采访、阅读和写作史里，有哪些细节给你带来了触动和震撼？**

蒯：好的细节胜过千言万语。还是以上面那篇矿工求生记为例吧。孟氏兄弟在塌方的矿下面，当他们听到外面救援挖掘的声音停止的时候，他们就猜想救援的人去吃饭休息了。可是后来挖掘的声音四五个小时完全没有再响，他们很难自我欺骗了，这时弟弟对哥哥说了一句话：“嫂子得走道（改嫁）了。”

他们这时应该都想到了自己会死，但是没有说“死”这个字，还在惦记活人。弟弟说嫂子得改嫁，听起来像在给哥哥添堵，但其实话外之音是：哥哥还有个孩子，孩子将来谁养？嫂子改嫁对孩子是个活路。在生存面前，谈不了恩义。这些都没有明说，也没有展开，就这一句话，读来辛酸。

包括之前贾文举去买鞭炮喜糖，买完之后还有细节。他去照相馆退遗像，照相馆的人只肯退镜框的钱，相片已经冲洗放大了，钱不能退，接着贾文举又去退寿衣钱。“寿衣店老板倒没说啥，反正那些东西也都卖得出去，倒是问‘人咋又活了呢？’”寿衣店老板的爽快，“反正那些东西也卖得出去”，其实也是在暗示：在这样一个靠贱卖劳力维生的地方，人命危浅，死亡事件随时都会发生。

问 作品有两种，一种是作者在里头，另一种是作者在外面。你的很多作品都有代入，比如汶川地震的一些作品。也有很多作品没有自己的影子，代入或者不代入，在写作上的衡量标准是什么？

蒯：我以前曾经特别谨慎，不要在文章里出现“我”，因为新闻科班出身，所以我一直强调客观真实，文章里出现“我”仿佛是一种太个人化的、不成熟的表现。就像纪录片，假装上帝之眼扫视一切，仿佛镜头背后没有人在选择和操控一样。从业没几年，我就越来越懒得进行这种假装了，有时候我甚至觉得加入一点主观的东西挺好的，很真实，比假装自己不在更真实。那就是你看到的、你问到的、你听到的、你感受到的，你自己知道，读者也知道。点明了这一点，我写作就没有负担了。

问 你提到过，媒体写作者不得不调适自己的写作来适应阅读心理的变化，在不放弃深度的前提下，缩短句子，减少关联词语，制作夺人眼球的导语或小标题，增加段落和分行，争取每过五分钟就设置一个阅读的高潮点。媒体写作要有明晰的读者意识和市场意识吗？

蒯：要！一切忽视读者的写作者都是反动派，除非是写日记。

问 你写过那么多文学界、艺术界的人物，他们与一般的人物区别之处在于有投射其精神世界的作品。你在写作的时候，会对其作品和人物进行互文性的理解吗？

蒯：这是必须的。我会根据作品来判断一个艺术家。因为作品不太会撒谎，起码是要撒谎比较难，人要撒谎可太容易了。

问 你写了那么多文化人，我以为是对文化人价值的发掘和传承。你对文化人的社会功能和个人意义有过思考吗？文学家、艺术家在当前的中国社会语境下应该扮演什么角色？你把他们从作品背后带到公众中心的意义是什么？

蒯：在不同的社会环境和历史阶段，文化人扮演的角色也不太一样。如果我们想一想春秋诸子、魏晋竹林七贤、大唐诗人、宋明理学家、明末东林党人、清末戊戌六君子、民国左翼文人……我们自然会理解，在中国，文化人的价值、地位和处境是如何因时而异的。

在中国当前的社会语境下，文学家、艺术家算是个守望者吧，当然我说的是我心目中比较优秀的文化人。往进了说，他们还是在用作品影响社会，传递文化价值；退一步说，起码他们还是比较大地保持了个体和真我，还在坚持创造之力。我不想放大他们的公众意义，只是想让公众知道还有这样一些人，在做这样一些事。

问 你的那篇《毛焰：隔岸开出古典主义的花朵》的开头非常震撼："如果你并不在毛焰熟知并认可的体系里，请谨慎表达对毛焰作品的喜爱，这会让他感觉不适。'我甚至有时候很讨厌我自己的有些作品被很多人喜欢，这里面肯定出了什么问题。你不能依附别人的眼光来判断自己的作品，但是那些买卖、收藏、贩卖，市场那一块的反应，我特别讨厌这种信息，会有强烈的失落感，这种困扰与日俱增。'"直接抛出了一个矛盾，我就想跑题一下，问你如何看成功艺术家具有的困境，也想问你如何设定作品的开头和结尾?

蒯：艺术家每天都面临困境，不管成功不成功，成功艺术家固然有这样那样的困扰，但失败艺术家困扰更多。我还挺喜欢写耸人听闻的开头，因为可看的东西太多了，总想一上来就把人抓住，吸引他们往下看。如果纯文学这么写可能显得不太高级，不过媒体写作这样做还挺有效的。结尾的话，我个人偏爱开放式结尾，尤其喜欢戛然而止的那种，好像还没写完，但是突然就没了。读者会在心里惦记嘀咕很久，想半天，一口气没完似的，吊在那里一会儿。算是我常耍的几个不太高明的小花招吧。

问 在《陈丹青：一切影像作品都是娱乐》中，你写到一句："但对美的理解，终归是个人的旅程，沿途的感受，你也大可以有你自己的胸臆。"我推及艺术报道上，对艺术家的报道也是你个人的旅程？如何才能具备行走艺术旅程的素质呢？一个优秀的文化记者应该是什么样的?

蒯：是挺个人的，明显体现在写艺术报道之后，新媒体的阅读量下降得厉害，远低于我写导演或作家。我写艺术是出于自己的兴趣，一开始也是半吊子，很多知识都是采访里得到的口耳之学，不过因为喜欢，听到一句半句就会去查，去找书来看，慢慢地也就开了窍。我挺羡慕那种专家型记者的，比如罗伯特·休斯[1]，在《时代》周刊写艺术评论的，完全写成了艺术史专家。中国好像不太鼓励有这样的记者。所以记者有了这样的能力之后也就不做记者了，转而去做学者或者策展人，挺可惜的。

问 **你写蒋勋、赖声川的稿子，都有佛教的信息，你让赖声川说说学佛的经历，而写蒋勋的文章是用佛教的教义分小节的，这有特别的深意吗?**

蒯：我并非刻意，但我确实发现，一个人的信仰会对他带来很大的影响，尤其是对那些从事创造性工作的人，信仰几乎决定了他精神层面的底色。所以我有一个常备的问题，问一切文化类的采访对象："你是绝对的唯物主义者吗，还是认为世界是心物二元的呢？"

问 **我读过你写乔治·德·基里科[2]和乔治·莫兰迪[3]的那篇短文，对两人画作的分析非常到位。艺术也许在本质上是相通的，绘画、音乐和写作有时候会相互影响。你从事绘画，对文字的风格有什么影响吗?**

蒯：我是一个素人画者，半路出家自己画画自娱，我觉得画画是另一个表达渠道，跟文字互相补充。自从开始画画，形象化思维更强了，我写作时也经常有画面感。我以前采访过一个画画的诗人严力。他说自从开始画画，他发现他多余的诗歌素材可以入画，多余的视觉素材可以写诗。他说他曾经想画一个鱼钩在池塘里游了起来，最后一口吞了自己，可是怎么也画不出，最后就把这句写成了诗。反之亦然，他也把很多没办法写成诗的意象画成了画。

问 **《陈丹青：一切影像作品都是娱乐》："在陈丹青工作室里，预先设置的灯光渐次亮起，逐步照亮圣母怜子的木雕、书桌、堆积的画册，烟灰蓝和鲑鱼粉的墙壁因为有预谋的灯光，被极富层次地烘托出质感。巴赫G大调第1号无伴奏大提琴并无侵略性，却在每一方寸空间里无处不在，陈丹青坐在古旧的皮椅里，慢慢地抽烟，翻书，弹烟灰。"我觉得观察细腻，文字精准而斑斓。一个写作者必须是一个生活家吗？我意思是说，他必须什么都懂吗?**

---

① 罗伯特·休斯（Robert Hughes，1938－2012），澳大利亚人，当代著名艺术评论家、作家、历史学家。他曾任美国《时代》周刊首席艺术评论员，并为该刊撰写艺术评论长达三十年之久。著有《绝对批评》《致命海岸》等。

② 乔治·德·基里科（Giorgio de Chirico，1888－1978），希腊裔意大利人，形而上学画派创始人之一。

③ 乔治·莫兰迪（Giorgio Morandi，1890－1964），生于意大利博洛尼亚，是意大利著名的版画家、油画家。

蒯：当记者最好什么都懂一点，就算不精通，起码能感知吧。人是各式各样的，人的生活也是各式各样的，知道得多一点，跟他人之间相通的可能性就大一点。不过当作家可能未必，卡夫卡据说是极少社交的，也不像个生活家，但他写得也挺好。

问 你在写作中怎样处理写作者情感因素？记者能摆脱情感对作品的投射吗？

蒯：以前写其他领域的新闻，处理得还可以，一般不太投射，尤其写时政或社会新闻，不偏不倚还挺重要的。没什么方法，硬性规定，写的时候自我审查，发现投射了就马上删掉。写艺术之后就放松了这一项要求，艺术还是得有点主观好恶，不然没人味儿了。

问 每个领域都有站在最高峰的思考者和著述者，你能介绍一些对你产生重要影响的艺术方面的书吗？

蒯：有点多。我列几本好读的吧，不是专门搞艺术的人也可以看着玩玩。

罗伯特·休斯：《绝对批评》

塞巴斯蒂安·斯密[①]：《竞争的艺术》

罗兰·巴特[②]：《明室》

卡尔·梅耶[③]、谢林·布里萨克[④]：《谁在收藏中国》

徐小虎[⑤]：《画语录》

米歇尔·福柯[⑥]：《未竟的往昔》

问 你调转笔头，从非虚构领域走向虚构领域，《单读》发布小说处女作《无花果》，是对非虚构写作的局限不满意还是其他原因？

---

① 塞巴斯蒂安·斯密（Sebastian Smee），《华盛顿邮报》艺术评论家，曾获普利策评论奖。

② 罗兰·巴特（Roland Barthes，1915—1980），法国文学批评家、文学家、社会学家、哲学家和符号学家。巴特的许多著作对于后现代主义，尤其是结构主义、符号学、存在主义、马克思主义与后结构主义思想产生了很大的影响。

③ 卡尔·梅耶（Karl E. Meyer，1937— ），美国记者。

④ 谢林·布里萨克（Shareen Blair Brysac），作家、制片人、导演，曾获艾美奖。与卡尔·梅耶是夫妻关系。

⑤ 徐小虎，艺术史学者、牛津大学东方研究所博士。

⑥ 米歇尔·福柯（Michel Foucault，1926—1984），法国哲学家、社会思想家。

蒯：我写小说跟外界关系不大，只是自己内心的写作愿望。我一直希望自己能写小说，已经算是开始得非常晚了。在当下，非虚构写作受到很大限制确实是事实，同样的题材，也许虚构反而能够展现得略微充分。上星期我采访金宇澄老师，他还痛心疾首地对我说："现在到处都是好的新闻素材，写作者为什么不写？"

问 非虚构和虚构两者的品质有高下之分吗？与非虚构相比，虚构文学创作的魅力有哪些？

蒯：品质没有高下之分，难度还是虚构更大一点，起码对我来说是比较难，毕竟要凭空构建一个世界。不过非虚构有实地卧底调查的难，劳心劳力，有时还有危险，那是另一种难度。虚构的魅力就在于假吧，似幻似真，就像《红楼梦》里那副对联："假作真时真亦假，无为有处有还无。"我对溢出真实边界的东西抱有兴趣。就像绘画，在照片已经可以真实还原一切的时候，画画还可以画一些超现实的东西，例如凭空想象的东西、拍照拍不出来的东西。

问 你的写作速度和周期是怎样的？一般会怎样安排时间？

蒯：想清楚了之后就会写得很快，如果能提前构思好结构和角度，再想到一个好开头，就可以飞快地写下去。以前喜欢熬夜写东西，夜里安静一些，好像思路也更清晰一些，还有一些挑灯夜战的自我感动。现在年龄渐长，不太熬夜了。朱学勤老师说，要像个军人那样写作，黎明即起。

问 你的写作习惯有哪些？有特别个人化的写作习惯吗？

蒯：比较糟糕的习惯是我对写作状态略挑剔，还是希望能有整块不被打断的时间，但是现在想要有整块时间是越来越奢侈了，正在培养自己学会利用碎片时间写作。

问 你的稿件一般会修改几遍？你有特别个人化的修改习惯吗？

蒯：不是特别急的稿子的话，几乎看一遍就会修改一遍，如果不交稿，我会一直修改下去，每次读都会觉得有需要改的地方。有时无所谓的地方我也会强迫症般地改来改去。我以前采访韩东，他说他特别炼字，曾经写过一篇小说，写完以后全部删掉再写一遍，如果第二次还写得跟第一次一模一样，才能说明每个字都改无可改，这个细节给我留下了很深的印象。我可没有那么苛求完美，如果是职务性的写作也没有那么多时间供你反复修改，一般交掉之后我就不再看了。为了防止自己改无止境，我尽快交掉。

问 **非虚构写作的理念在中国方兴未艾，特稿也被归入非虚构范畴，你个人是怎样理解非虚构写作这一概念的？**

蒯：“non-fiction”（非虚构），其实是特别简单一个概念，就是都是真的，我觉得只要完全没有虚构成分的写作都可以归入这一阵营吧，不管写作方法、体例、题材如何。我相信任何人的真实经验都是意味深长的，都是新鲜的，都不会成为蓝调。即使是一位专写fiction（虚构）的作家，也会相信non-fiction的魔力。

问 **你个人怎样看待非虚构写作在国内的兴起？你个人觉得促使它兴起的背景有哪些？**

蒯：非虚构写作本身是一个舶来概念，在西方已经有比较长的传统，也有很多相关的奖项。它在中国其实也不是新生事物，只不过以前被叫作其他名字，比如“新闻特写”“长报道”“深度特稿”“纪实文学”“报告文学”……现在换了一个洋气的名字，听起来跟国际接轨了而已。

我对非虚构的“兴起”不太在行，其实也没觉得有特别明显的兴起，无非是大家爱拿这个说事，是个时髦的标签。至于为什么时髦，可能就是我们这里一说新闻就诸多局限，换个名字似乎空间大一些，现在社会现实这么丰富，很多非虚构的特稿很容易跟影视接轨，出版书、卖版权、翻拍成影视作品都更有号召力，仅此而已。我个人并不觉得在中国当下非虚构写作有多大的兴起。从事非虚构写作的人总体上还是那么多，写作难度还是那么大，他们的生存环境也并没有因此明显变得更好。谈兴盛似乎为时过早。

雷　磊

非虚构的价值更在于普通大众

雷磊，陕西安康人，2007年毕业于平利县中学，之后就读于华中科技大学新闻与信息传播学院，大学毕业后进入《南方周末》，担任调查记者，在《南方周末》期间，采写了《不存在的村庄》《天亮前死去》等优秀新闻作品，并三次获得南方周末新闻奖。2014年进入优酷《侣行》担任策划和制片工作，在此期间曾深入亚马孙丛林四十天，寻找食人族原始部落。2015年进入GQ中国，采写了《张小龙的性暗示与孤独华科男的创造力》《希望的囚徒》等流传较广的非虚构作品。2016年创立非虚构写作平台“真实故事计划”。

大三那年，雷磊认识了后来创业的合伙人雷军，二人同在南方报业实习，在雷军眼里，雷磊是一个温和并且谦逊的人。某一次，雷磊做调查报道时遇到危急情况，一路奔波找雷军。雷磊脚底磨破了，腿也一瘸一拐的，胡子拉碴，他见到雷军的第一句话是“终于见到亲人了”。这件事一直提醒着雷军：“从大学时代、调查记者时代一直到现在的创业，我们的初心一直都没有变过。后来我们还一起经历了一些非常艰难的时刻，但我总会想起那时候雷磊的模样，一想起这件事，我就觉得应该咬牙坚持。”

“真实故事计划”是在这样的决心下成立的，带着“使所有人都能表达与写作”的愿景，雷军、雷磊等五位媒体人在2016年创立了“真实故事计划”。创立之初，“真实故事计划”的工作环境相当艰苦，雷磊和伙伴们大部分时间都在咖啡馆办公，每天都会为找不到好故事而焦虑，“真实故事计划”的公众号在一年多的时间里收获了近一百万的粉丝，获得了千万级别的A轮融资。现在，“真实故事计划”每天能收到四百到六百封来稿，文章的平均阅读量稳定在九万左右。

“推动非虚构文学的大众化，让非虚构能够突破小圈层，真正在大众范围内流行起来。”他这样解释自己的想法，从传统的非虚构写作者到创业公司的CEO，雷磊花了不到十年的时间。2018年7月，他入选了2018年“福布斯中国30位30岁以下精英榜”。入选后，他在朋友圈写下“希望能把真故做好，能做一家厉害的版权文化公司，配得上这份荣誉”。

访谈实录

问　在你有记忆以来，你最早写的是什么？

雷：我最早的写作是在QQ空间里记录一些自己的生活日常，还有社会上的一些话题，因为当时大学学新闻，也就会对外界所发生的事情好奇一些，但那时候的写作是一种没有目的的写作。我是在华中科技大学念新闻的，在一个工科学校里读这个专业，其实会感觉自己很不合时宜，我本来想学历史学，在上大学之前我甚至对新闻是什么都不太懂，后来受新闻系教育了几年，觉得好像写新闻也挺不错，就从那时候开始确定了职业理想。

问　你毕业之后去了、《南方周末》（以下简称《南周》）工作，你在南周写的第一篇真正意义上的非虚构作品是什么？

雷：我记得第一篇是一个深度报道，写的是云南曲靖那里发生的一个重大工业污染事件。那时候我是见习记者，在那篇稿子之前我从没写过两千字以上的文章。那个事情当时闹得比较大，全国至少有一百家媒体都去报道了，所以我就在现场遇到很多媒体老师。他们带着我去采访，我当时只是跟着他们，看他们是怎么操作的，但自己也思考：《南周》的角度应该是什么？《南周》应该写到什么样的深度？当时曹筠武给我打了个电话，跟我说：“你什么时候可以用一句话讲清楚你要写什么，你就可以开始动笔了。”我跟他总结：“这是一个长期污染的企业，不可避免地发生了重大污染事件。”文章最后写出来有六七千字，但是没有发表，也就是说，我人生的第一个稿子是被毙掉的。

问 那时候，你有意识到自己写的是非虚构的内容吗？

雷：那时候是2011年，就叫深度报道，“非虚构”概念一下子为人所知应该是2014年，梁鸿写了梁庄，拿了“非虚构作家”的这个头衔，之后才有一些以前写特稿的记者和编辑发觉“原来我写的是非虚构啊”。当时我见过一个十八九岁的少年，他杀人的原因是他觉得自己很困，就是很想睡觉。那个少年后来在法庭上还一直做鬼脸。我当时就是一个刚刚入社会的小青年，看到他这个样子还是比较震撼的。法庭上他最后就说了一句话，他说请法官尽快判他死刑，他就是不想活了。我当时感觉他是一个非常具有文学意义的人，这也是我第一次自己找选题，我就想弄清楚他是一个什么样的人，为什么他和我们生活中的人不一样？然后我就到北京来，那时候他还没有被枪毙，我很巧合地遇到了他的母亲，了解到他杀人的情况确实就是因为他很困，很想睡觉，他很不耐烦，然后就把人杀了。

问 这类比较处于社会边缘的题材会引起你强烈的书写欲望吗？

雷：我最早看到他在法庭上的那张脸我就有很强的书写欲望，这个故事如果我不去讲也许就没人讲了。我以前很关注这种和我命运很不一样的年轻人的题材，但现在发现有的人有勇气奋力去捍卫自己的尊严，或是遇到了人生难题的时候可以迎难而上，尝试去改变自己的命运，在堕入了一个无底深渊的时候，懂得去救赎自己。我不喜欢那种一直朝下的状态，我喜欢遇到一个问题积极向上的那种状态，现在的话我比较关注这样的书写题材。

问 你平时很喜欢阅读文学类作品吗，你的知识结构来自哪里？

雷：其实我们大部分写特稿的人都是被那些普利策特稿写作奖作品影响了的，知识结构的话，我觉得在我大学时就形成了。我会经常泡在学校图书馆看一些自由主义的书，有很多关于自由主义的论述，大概是从亚里士多德那个时代开始，自由是如何实现的一些理论，这套理论就像一个方法论一样，帮助你分清很多社会问题。

问 我前两天看到美国非虚构作家特立斯说，他采访的时候从来不用录音笔。这种工作习惯放在当下是不是无法满足我们的写作需求？

雷：我习惯把录音弄出来看，我的核心引用语句和我的录音要对得上。说从来不用录音笔，我觉得其实是很不负责任的表态。

问 那么你采访的时候有没有一些个人习惯？你用不用纸质笔记本？

雷：我都是用我的本子记，我尽量使我的字写得又快又好看，这样的话在写文章的时候真的省了好多功夫，因为在重新听你的采访录音的时候，也许是圈不出重点的，甚至会不记得当时采访对象跟你说某句话时他给你带来的那种触动，而勤看采访本会加强你的记忆。

问 你之前说过意象是赋予非虚构作品深度的重要条件，能举几个简单的例子吗？

雷：老杨[①]写过一个年轻人之墓的文章，写墓上有一朵自己长出来的小花，他解释这朵花就是跟那种冰冷的东西对比起来很有生机的东西，这便是一个贯穿全篇的意象。我以前写过《天亮前死去》，里面有很多意象，最核心的意象现在看来是那条手机线，主人公的那条手机线是支撑他们一家人打电话寻求援助的续命般的东西。最后，主人公就是用这条手机线将自己吊死在车上的，这条手机线其实是一个很像生死线的东西。

细节意义重大，前一阵子我也一直在想，为什么近年戛纳奖没有授予国内的导演？但到了是枝裕和[②]这里就不一样了，他的电影其实没有大的情节，没有强的平台，东方人就是这样，靠细节，靠他们的语言、他们生活的一茶一饭，切入完全东方的情感，进行一种纹理的写作，这种东西是很难得的。

问 那你是怎么理解非虚构的意义的？

雷：非虚构是什么呢？我一直觉得它是可以出作家的，它还是适用于大众写作的一种体裁。我经常有一种感觉，就是中国人都想说点儿什么，但是又写不成一个完整的作品，因为他们不懂得怎么表达，但又充满了表达的热情，这是我最初做“真实故事计划”的核心源头之一，要实现非虚构的价

① 老杨，《南方周末》前记者杨继斌。
② 是枝裕和，日本著名导演，风格曾受侯孝贤影响。

值，不仅要服务特稿写作者，还要服务普通大众。我最怕的是现在每个人都去写特稿，但写出来的东西又四不像。我会经常问自己，有没有去写传记的人呢？传记文学在美国的非虚构领域里是很大的一块，一写就十多万字，有的传记写得很棒。我希望非虚构平台存在的价值是推动所有人去写，还要提供一种新的价值观，不仅仅是媒体的价值观，还要更加丰富一些——每个人都可以通过写作去认识自己的人生，重新梳理自己的人生。

我认为新闻只是非虚构所涵盖的一个部分，我一直也在讲这个东西，但就抵不住大家都觉得特稿写作就是非虚构写作，不是说这样不好，起码让所有人认识了非虚构。但你会发现中国到现在都没有由很好的人物传记改编成的电影，我们现在核心做的就是运营，我理解这块的内容，并且也知道怎么使影视化变得更好。我现在很少去谈写作的原因，是我已经是一家公司的CEO，我和公司的使命是通过商业的途径，去解决非虚构生产的问题。

问 你认为你的哪篇非虚构作品可以称为自己的代表作？

雷：我想是《缓慢但终将抵达的那一程》。其实它不是一个完全意义上的非虚构故事，它讲了一辆绿皮火车从广州开到重庆的那36个小时，有点像体验式纪录片。我很喜欢那种风格自然的感觉，那一车厢的乘客都是我的采访对象。你知道K字开头的这类火车票价都是最便宜的，也代表了这一车厢的人的生存阶层。那篇文章2012年发表在《南周》上，到现在看，我还是很喜欢。

李鸿谷

提供自己比别人更深入的认识

李鸿谷，现任《三联生活周刊》主编、三联生活传媒有限公司总经理。《三联生活周刊》前身为邹韬奋先生在20世纪20年代创办的《生活周刊》，创刊目的是“每星期乘读者在星期日上午的闲暇，代邀几位好友聚拢来谈谈，没有拘束，避免呆板，力求轻松、生动、简练、雅洁而饶有趣味”，以“供应特殊时代的特殊需要的精神食粮”。一份杂志和一个人一样，也有自己的性格与调性。1995年，《三联生活周刊》在原《生活周刊》传统基础上复刊，继承了以往的情调与脉络。

1995年复刊之后，《三联生活周刊》（以下简称《三联》）以“一本杂志和他倡导的生活”为口号，通过追踪热点新闻的方式关注新时代背景下的新生活观，为读者忠实记录世界和中国发生的变化。纸媒时代的《三联》以文字文本立足市场，服务读者，它的封面故事、文化报道、特稿特写是杂志的核心内容，其一直以来拥有两个特点：一是视角新颖，将新闻、文化和生活融合观察，以新闻与文化双视角的解读方式关注当下中国人与自然、社会、他人甚至自己之间的新型关系；二是故事性强，文本具有很强的叙事意识，在大框架下有细节，有《三联》范儿的叙述腔调，文字生动有趣味，具有浓厚的书卷气息和中产意识。

2015年10月29日，《三联》主编朱伟在微博上宣布自己拿到了退休证，主编一职由原执行主编李鸿谷担任。执掌《三联》航行方向的李鸿谷在《与时代同行》的文章中表示会“朱规李随”，在新的竞争生态下继续遵循、强化和锐化杂志传统内容和知识生产优势。李鸿谷2000年加入《三联》社会部，现为《三联》主编和三联生活传媒有限公司总经理。在记者和执行主编的位置上，他前后共完成封面故事一百二十多个，配合纪念抗战胜利六十周年、新中国成立六十周年、汶川大地震、北京奥运会、辛亥革命一百周年等完成一系列重要报道，在社会上引起广泛反响。作为资深记者，李鸿谷以采写硬质地、分析性强的深度报道和调查性报道见长，尽管他本人并不赞成以“深度报道”来标榜自己的新闻作品。此外，他还出版过《失权者》《国家的中国开始：一场革命》《联想涅槃：中国企业全球化教科书》《普京政治——俄罗斯：民主与权力》等著作和作品集。李鸿谷对好作品的理解是硬采访、有见识、好故事。《三联》的记者招聘广告里写了这么一句话：成就一篇稿子，往往需要全景式的观察、细节的挖掘、事件的剖析、人性的洞察以及逻辑叙事与情感叙事的时刻碰撞与平衡。以采访与写作为基础的文字作品是杂志的核心生产力。

交接不久，《三联》即面临着移动互联网浪潮挤压得纸媒生命不断萎缩的事实，转型升级已成必由之路。知识升级的路径是什么？怎么完成媒体融合时代的《三联》转型？李鸿谷认为，《三联》取得成功的原因不是生产信息，而是生产知识，知识生产是传统媒体与新媒体对接的端口。“我们面对的是需要升级的知识，阅读本身也需要升级。音频、视频、知识付费产品背后都包含一个核心动力，那就是知识升级。”李鸿谷很快就找到了突破路径和创新阵地。2017年，《三联》推出了将知识付费与深度阅读相结合的“中读”App，开启了传统媒体的知识升级之路。2018年7月，推出音频专栏《宋朝美学十讲》，解读宋式生活美学。8月推出《声音纪录片》音频专栏《中国群星闪耀时——成为大师第一季》重现大师们的故事、学识和思想。无论传播业态如何转型和变迁，原创、系统、潮流的深度内容和知识生产始终是《三联》的焦点所在。

李鸿谷曾经说：“我们要做的不完全是信息梳理，我们要做的是去生产知识，如果说我们的报道能够超越一般的报道，是因为我们是用深度打败时间、速度，我们要去做足够深的、能够进行到知识层面的报道。”

访谈实录

问 从小到大，有哪些人或事对你的写作产生了影响?

李： 我是湖北人，1983年在华东师范大学读大学，我读体育系，运动成绩很好。大学毕业后我意外到了报社，在《长江日报》做了十三年。2000年到现在一直在《三联》，现在已经十八年。

我做记者不是命运中的自然选择，而是一个意外。在最初的职业生涯里，我并没有文字的信心。但到了《三联》之后，我建立了阅读的信心。阅读能力是一个人非常重要的能力，阅读量、吸收量、再现量是一个记者的功力所在。所以不是哪个人、哪件事影响了我，而是阅读，当你建立阅读自信、写作自信后，新闻所有边界就会慢慢消解，不再那么约束你。

问 一般什么样的选题会打动你?

李： 媒体的变动是巨大的，我无法在我三十一年的新闻行业经验中进行具体的概括。每个阶段的社会环境都大相径庭，读者的趣味偏好也会有所不同。如果要总结一下，那么我认为重大、高传播度、安全是我选题的重要方向。我们《三联》与时代是同构的，每个阶段我们都会跟着时代的趣味而变化，这种变化才是真正媒体的常态，真实的职业状态。

问 如果剥去束缚，你个人会更喜欢做哪些选题?

李： 犯罪问题是一个比较吸引我的选题。诺曼·梅勒[①]的《刽子手之歌》是比较深刻警醒我的一个作品，它将人性撕裂给我看，让我开始思考人的边界在哪里、人性的边界在哪里。一般情况下，我们每一个进步都是正向的，但这个作品并不是这样的。认识人的负面可能会比认识人的正面更能认识人。这个对我有强烈的吸引力，于是我做了很多贪官、毒枭的报道。你怎么解释他的行为、动机，给自己找什么理由，如何面对自己的理由，这些是最初能够激发我好奇心的东西。

2006年，我们做了一个刑警队长的杀人案的报道，还有一个毒枭的杀人

① 诺曼·梅勒（Norman Mailer，1923—2007），美国著名作家、小说家。作品主题多挖掘剖析美国社会及政治病态问题，风格以描述暴力及情欲著称。代表作是他1948年出版的第一部著作、以第二次世界大战为背景的小说《裸者与死者》。

案报道，做了封面。后来就不做了，我觉得这对我没有吸引力了，我面临一个职业的“天花板”，如果要深入去做，我需要更专业的探索，用十万至二十万字来完成，但没有这样的机会了。

问 你刚谈到好奇心，那么你是如何认识好奇心的呢?

李：从事跟思维活动相关的工作，好奇心都是背后最深的动力源。就像没有好的身体条件就无法成为好的运动员一样，好奇心也是一样的。你的问题是包含着你满满的疑问、好奇心的。但是我们的教育，都是任务教育型。真正成为一个了不起的人应该是欲望驱动型、自我驱动型，好奇心是那种自我驱动背后更恒久、更有价值、更纯洁的一种。好奇心应该是一个“发动机”，点燃你写作最初的激情，如果缺失了会很可怕。

问 你一般如何启动一个采访?

李：首先，找到关于这个问题的所有材料，阅读它，不是理解它，而是提出自己的疑问。阅读得越多，越能提出问题，越能在现场最大量地拿到信息，找到或者推翻之前的问题答案。所以，阅读能力是一种很重要的能力。好奇心是一个动力，但阅读能力决定你能否走到终点。所有采访都是一个沟通交流、打开、让对方说话的过程。说什么不重要，但是开口说话之后你要能跟上他，这样才能不被他蒙蔽，才能从容不迫地跟他沟通，成为和他平等的交流者。这就需要你做充分的准备，穷尽所有材料。

所有采访都是一种交流和沟通。听他讲什么，跟着他，产生疑问，这样就有了交流，然后才能得到你想要的东西。在采访之前，你可能准备了一些问题，看了很多材料后你会有一个基础认识。材料积累后，你会有更多疑问。进入现场后，一种情况是这个对象回答了你所有疑问，还有一种更为可贵的情况是，你的所有问题无法和你的对象接轨，所有预设和准备踩空，你通过别人构建的这个“对象”被对方打破，这时候上帝给你打开一扇门，让你可能有机会接近真相了。这是这个行业最具荣光的时刻，是非常了不起又罕见的时刻。我的很多同行、同事从来都没有经历过这个时刻，这是很可怕的。我们大多数人没有勇气去面对这个事情被打破的现实，没有勇气去重建它，而最终还是按照自己的想象完成它。

问 在方法上你如何处理大量的材料，把它们消化?

李：在某种程度上，你的所有采访会形成你对这个事情的基本认定或判断。这个判断有可能验证你之前的想象，也有可能打破它。所有对材料的处理都是线性的、历时的，是时间辅助你完成，你才能处理的。不是采访完了再回头处理，你采访完了，能记住的就是重要的，因为你寻找材料的过程本身就是对材料的处理。阅读材料，是时间、精力、好奇心共同参与的，寻得真相、获取真知的过程，是不停地问问题、一步一步找答案的过程。

问　如何处理拒访以实现采访突破？你有什么个人经验吗？

李：没有。这个行业本身就是仰仗陌生人的慈悲的职业。如果你只是一个一般的媒体记者，别人没有义务回答你的问题。它基于我们共同去寻找一个共识、一个真理，我们相信交流、沟通、舆论会带来美好生活。大家在这个前提下跟你交流沟通，这就是媒体的公共性。别人拒绝你是很正常的，你的职业就是让人家张口说话，将信息传播。如果你能充分准备，就能打开对象的口。因为每个人都有交流的欲望，特别是有特殊经历的人，但问题是，你是不是他愿意倾吐的人？所有事情都靠真诚，没有技巧。

问　你怎么看周边采访？

李：关于这个事情，我过去会列一个问题清单，将它作为理清思路的过程，化为自己对这个事情的深刻疑问，在采访时使之辅助你的交流。其次，你要了解需要采访的每个人，你对他都会有一个“等级想象”，你对一个人有一个基本判断，谁掌握核心信息，谁次之，谁边缘，谁外围，这就是等级想象。但这可能出错，和你预想的不一样，有些边缘信息源有可能是核心信息源。所以，第一，你要准备好所有问题，但这些问题不是平行的，是有结构的，你需要找到你的核心疑问。第二，找到核心信息源，但最开始的时候，没有任何事情是重要的，找到谁，谁就是最重要的。继续慢慢找下去，你的信息会越来越多，你会更清楚信息源提供信息的能力。

问　你对现场的把控能力、呈现能力是如何理解的？

李：现场不是单纯的事件冲突现场，它是一个和事件冲突相似的，又比单纯事件冲突范畴更大的一个概念，它与我们的认知和表达相关。如果我们用新闻的方法去穷尽所谓事实、真相，有三个要素是核心的：一是冲突，没有冲突就没有办法记录、寻找、证实事实；二是人物，没有人物就没有冲突；三是现场，现场就是舞台。我认为新闻是认知事物的手段，如果用新闻方法论来认知采访，那么相对应的就是认知矛盾、人物以及现场。现场是和矛盾、人物同步的一个要素。狗咬人不是新闻，人咬狗是新闻。它的前提是，狗咬人是常态，是背景。但是，我们改革开放几十年，常识本身也在重构，这个舞台、背景和一些不变的东西也在变化，记者要抓住这些变化的东西。

问 **《三联》的成功经验，是否意味着记者将转型为专家型或学者型记者？**

李：我们对自己的要求，首先是原创，其次是系统，最后是潮流。在我看来，我们集合了这个国家最好的写作者，他们生产的就是知识，而不是信息。知识是经过系统化处理的信息，它经得起时间的考验而不过时。我们用新闻来认知世界，这个过程是有价值的，而这些“学者型”或者“研究型”的称号，都是一些外在的东西。

学者提供的观念是比记者高的，作家提供的文本的缜密性以及完整性是比记者高的。但无论是研究者、记者，还是作家，共同的目标都是求知、求真，把未知变成已知，把未知的探索逐步变为个人的经验，最终成为大家的共识。好的作家、记者、研究者其实很难分出真正的高低。每个行业最伟大的人都能创造属于他们那个时代的高峰，整体上的结构性差异又不能阻止他们完成他们的高峰，这不是一个系统对另外一个系统的蔑视。作家和研究者面临很多共同的任务，我们总有求真的公约数。如果以求真为一个比较的标准，那么每个行业里完成这部分的人都是那个时代真正的精神来源，是同等重要的。

问 **你写作时会写比较细致的提纲吗？**

李：一般写封面故事，三五万字的话，我不会做这样的准备，想清楚了就写。但是开头很重要，开头顺了后面都顺了。你在每个采访过程中都在积累对这个文章的结构、对这个事情的认识，你的认识完成了，你的文章也就完成了。认识决定结构，结构决定表达。但是我后来写了一本二十六万字的书，我把每一章都当成一个封面故事来写，每一章之间又有逻辑关系的连接。写书的时候，我不断看整理的文字或听音频，即回到采访现场，重组对这个事情的认识。不断地回顾这些采访，不断重复去看去听，在脑子里重新组合这个事情。重组本身就是一个形成逻辑关系的过程。

问 **你认为什么样的结构才是合适的结构？**

李：如何形成自己的判断，这个很重要。所有认知活动都是基于个体的习惯、经验、学识、判断力，甚至资历。每个人都有他的差异，总体上大家的差异不会太明显。最好的结构是个人的产物，个人的认知能力越高，越可能产生更好的结构。但这两者不互为充要条件，结构本身不能让你达到认知的彼岸。

问 对于文章头尾的写作，你有没有个人的经验可以分享?

李：我写作都是内心里面产生出来的，没有经验可循。因为我从事这行是一个偶然，我们老师给的教育在我这里是比较淡薄的。我觉得作文里面有两个东西是很重要的，第一个就是作文里面有“自己”。这个“自己”可能是隐含的也可能是显性的。这个“自己”不是用来显摆的，而是承载着你对这个事情的判断。第二个就是要有理论。这个理论不是论文的理论，而是你对这个事情的认定，这个认定可能是一个结论，也可能是一个疑问。有了理论，你才能形成你的结构，才有可能找到你的开头。

开头怎么写？结尾怎么写？没有这回事。只有你怎么写这个事件、这个报道，才会有你的开头、你的结尾。我们往往将写作肢解，似乎我们开头有个技巧、结尾有个技巧很重要。但是如果没有自我，对这件事情没有一个坚定的、强悍的认识，那些东西都是虚张声势。

问 你对《三联》的文章的追求是不是它要具有史料价值?

李：《三联》的文章是否应该具有史料价值或历史价值，它不是我日常考虑的问题。因为这个问题比较虚幻，我们可能会追求它，但是它不会决定我们的日常工作。我们的日常工作，是对一个问题提供独到的、有价值的、比别人更深入更深刻的认识。达到了它，你就比你的同行认识更深，自然也就有历史价值了。但这是由一定具体手段完成的，是我们每天每周磨砺、思考的结果。

问 你在写文章时会不会有一些自觉的节奏感?

李：我没有明确的读者诉求意识，或者自觉的节奏。但是职业写作者要让自己的文章流畅、传播力更强，使人阅读起来亲切，可感可知。你写得多就会自觉不自觉地完成这个事情，这是在写作积累过程中自然完成的。就像一个运动员，你训练够了那你就是第一名。如果你写一百篇文章，那么写的过程中所有问题都会解决。因为每一次写作都会对前面的写作有所提升，写作本身的训练和积累会帮你完成沟通、交流、文章的结构。

问 你会对自己的写作提一些伦理要求吗?

李: 我没有想过这个问题。对我而言，做新闻采访时，我不是采访对象的朋友，更不是敌人。我是去倾听对方的解释，认识这个事情的真相。我们要表达的是“你是什么”，而不是“我们认可你”或者“别人认可你”。求真要求写作者的情感是克制的，你传递的是对这个事情、这个人的认知，而不在于好恶。公共性在于认知，而不在于好恶。我们强调文章要有个人特色，但这个特色背后的出发点应是公允的认知，而不是情绪化的表达。

问 你对叙事新闻、长报道的命运前景是如何看待的?

李: 长报道没人看有两种可能性：第一种是它的样式过时了，现在出现了一些新的载体，我们竞争不过新的业态。第二种是我们本身写得不好，这点往往被我们忽略了。我们很多同行哀叹时世不再，这固然是一种现实，要么你就改行，要么你写得更好。新闻行业可笑的地方在于遭受挫折的时候，写作者总是自怨自艾、自我贬损。

我们做《三联》的公众号，从来不去讨论这样的问题，而更多地关注写得好不好。因为受欢迎是无法绝对去比较的，你是否掌握手机、微信阅读的传播节奏，这个更重要。我们过去写作的结论是比较隐蔽的，但现在可能要轻快、直接一些。面对不同的载体，你的写作肯定是要调整的。好文章跟长短没有关系。我2000年做《三联》，人家说好的文章不能超过五千字，但事实证明不是如此。有话则长，无话则短。你写得好，人家愿意看，就行了。只有好的产品，没有长的产品。如果你的品质远远超过体量，把你的生态阶级放在最高阶那一层面，体量问题就不存在了。

问 你有没有认可的记者或作家?

李: 没有怎么想这个问题。更年轻的时候，有一些我比较欣赏，比如诺曼·梅勒、华盛顿邮报记者伍德·沃德、意大利记者法拉奇。还有黄仁宇当时给我的印象比较深。他的自述里讲到每周看一本《明实录》，看了两年。我当时觉得这才是做学问，如果你要认知一个事情却不能穷尽它的材料，你的认知都是可疑的。那时候真正开启了我对新闻的灵感，教给我学问之道、认知之道。你要知道关于这件事已有的认知是什么、边界在哪里，知道了就可以有所突破。之后的阅读我有几段比较大的高峰，具体读了什么也不太记得。现在基本要求自己每周看一本书，看完写一篇小书评。随着阅读量的增加，你会更加公允地看待一个作者，自己对世界的认知也会越来越有自信，你会醍醐灌顶。

问 你是如何有效地汲取书中信息的?

李：阅读也有一个阅读之道，你上道之后就会比较快。每个领域都有两三个天才，他们的光环笼罩了一代甚至几代人。最初你阅读他们是一个非常艰难的过程，但如果真正进入他们的思考，你看其他人的书就会很快，因为其他人都在回答他们提出的问题。当然这是功利性的阅读。现在我在一些非功利性阅读中发现，还是要写要练，走出自己的舒适区。比如我当时到北京读得最多的是博士论文，尤其是优秀的博士论文。博士论文有一个绪论，其中的论文综述、研究脉络以及结论部分对我都非常有用。

问 年轻人如何培养好记者的能力素养?

李：我的建议是多读书，没有太多功利性的答案。人生都是尝试性的，没有谁找到一个金钥匙给你点石成金这一说，找到自我最重要。找到自己，找到自己的欲望，找到自己被欲望驱使的方向。付出五分得到一分才是常态，这四分是你为未来做的投资。你的人生或者做这个职业不只有二三十年，你现在还能往前走多远，在于你过去的积累和投资。如果你的投入全部用于产出，那你未来还怎么走远呢？这都是常识，没有花哨的东西。

问 你谈到《三联》始终在追求优质的内容，用深度打败速度，这是否意味着无论传播业态如何转型和变迁，你都坚信优质的、原创的深度内容和知识生产始终是《三联》的核心竞争力?

李：对于我们来说，所谓的转型、融合、全媒体……其基石是自我的升级。知识生产要升级，唯有升级，才有进入新媒体平台的机会。路径是将周刊中最受欢迎、最容易IP化（品牌化）的内容，升级为音频节目，然后做成书，最后出售知识产权并做成视频。

目前成功的案例是我们第一门音频精品课“我们为什么爱宋朝——宋朝美学十讲”。我们做了两期杂志的封面，然后中信做成了同名的书，我们又做了同名的音频课，之后三联书店又将音频课的内容拿过去做成书，同时我们与优酷合作，做了一款同名的收费视频节目——有一个较大额的保底收入。同时，各地产商也想与我们合作开发宋朝IP。这就是另一种生态的建构了。我们目前开发了四门音频精品课：“我们为什么爱宋朝——宋朝美学十讲”、“中国群星闪耀时——成为大师”、“学会幸福——人生的十个基本问题”、“了不起的文明现场——跟着一线考古队长穿越历史”（考古课），这四门课都在做书，以及做其他开发。

问 在媒介融合的时代，你提出阅读本身也需要升级，做出这个战略判断的依据是什么？

李：知识生产在不同媒介上处理与应用，不同媒介要求的知识是需要升级的，不可能是平移的。但无论什么形态，周刊之本是原创、系统与潮流的生产之道，不会改变。如果你还是“得到”的用户，比较两者，就更清晰了。

南香红

非虚构写作可以达到文学一样的境地

南香红，著名特稿记者和非虚构作家，曾任《新疆日报》记者、《南方周末》高级记者、《南方都市报》首席记者。除新闻作品外，她还著有《王选的八年抗战》《巨灾时代的媒体操作》《众神栖落新疆：东西方文明的伟大相遇与融合》《野马的故事》等。

在任《新疆日报》记者时期，南香红就在《南方周末》上发表了《楼兰：一个百年未解之谜》《梦幻尼雅》《交河故城：大地上最完善的废墟》《吐鲁番——世界上最大的露天博物馆》《营盘：发现第二个楼兰》等报道，受到读者的欢迎。2001年她应邀加盟南方报业，担任《南方周末》的记者。其时，调查性报道和解释性报道被引入到《南方周末》不过数年，"特稿"作为一种新闻文本范式才刚刚出现，南香红的写作天然具有特稿的特质，呈现出一种创新的文本特征与阅读体验，引起业界和学界关注。江艺平女士在《野马的爱情》序言中提到，她的文章"总能给这张报纸的读者带去不一般的阅读体验"。这种体验的主要因素是其写作中细腻的文学性，南香红开创了南氏风格的"中国式特稿"。

从2001年到2005年，南香红发表了上百篇稿件，共计一百多万字。《三峡，无法告别》《大鱼之死》《极罪》等作品，让“中国式特稿”的面目逐渐清晰。她的北京旧城改造、细菌战诉讼、三峡工程、自然环境与人的生存状态等重大题材影响巨大，而写作风格也逐渐成熟。关于特稿写作，她曾提出“不仅要精准，而且要精彩”的看法，从事实和文学性两个方面抓住了特稿的两个核心要素。

与南香红老师的访谈是在一个茶馆进行的，那阵子她在家里沉浸在日军细菌战的写作当中，还要照顾她年迈的父亲，过着深居简出的生活。之前我读过她的《常德1941—1943：鼠疫围困的城市》一文，很是为残忍的细节所震撼，其时以为是单篇文章。当她告诉我那只是一小部分，她目前正在写作更多内容时，我才了解她在进行更艰辛的非虚构写作的掘进。

南香红曾经说过：“细菌战是2002年南方周末报社派给我的一个任务，没想到这个任务到现在也没有完成，如今，我早已离开了当年派任务给我的报纸，细菌战成了我自己的一个任务。”辛勤笔耕细菌战，她把写作细菌战当成自己的一项使命。写作是一件耗费精力和体力的事情，她过着有规律的生活，不能熬夜，否则第二天就精力不济，以推动这个写作使命的完成。这让我想起江艺平女士对她的一句评价：“我一直执拗地认定，南香红固然具有观察事物的敏锐直觉、捕捉细节的超常能力、力透纸背的写作才华，不过，比起这些优异的禀赋，埋藏在她内心深处的敬畏和谦卑，更值得我们珍重。”

访谈实录

问 在《南方周末》工作之前，你曾经在《新疆日报》供职，可以聊聊这段经历吗？

南：在《新疆日报》时我是跑时政新闻口的记者，那时候《南方周末》这种类型的媒体已经比较多了，《新疆日报》也搞了一个周末版，我就在周末版做编辑，在那会有更加轻松的写作空间。其实我本身对于消息体类的语言还是比较拒绝的，早年看欧美媒体的文章会比较多一点（那会儿其实也没什么好的书），比如说新华社编的书，《美国新闻作品选》等。写作方法之类的都是美联社采访那种很薄的小册子，有时候是内部发下来看的，有时候可以买到，但规模都很小，我就学那上面的，就看那样的书。

到《南方周末》工作之前，我就已经在上面发表过一些文章了，例如《野马的故事》《塔里木河，在一节节消失》《交河故城——大地上最完美的废墟》，我记不清具体发表了多少篇，那会儿会用到“观察法”，“观察法”要求文章有现场感，《南方周末》有一个观察版，我就给这一版投稿。我与编辑相互不认识，都是用版上印的电话交流稿子的，就这么建立联系，后来就到《南方周末》工作了，

一开始，我是那种要跑新闻现场的调查记者，我做过几篇报道，但觉得这工作并不是特别适合我，后来正好《南方周末》要搞城市版，我就提出来能不能进行特稿写作，领导当时不同意，觉得特稿时间长，花费精力大，报社不具备这个条件。但是城市版上的那些稿子是有特稿风格的，都在讲故事，我就觉得我在《南方周末》找到自己的位置了。如果要一直搞调查新闻，我可能就做不了，它有任务要求，要求记者多长时间要完成一个稿子，完成不了就有制度惩罚。

问 **什么样的选题能够引起你的书写兴趣？**

南：偏人文、文化一类的，很多人说我是一名文化记者，其实在《南方周末》，我一直在新闻部，从没在文化部待过，人们觉得我的稿子有一种文化的气息吧。比如说像三峡、旧城改造、新疆系列等等，都是有这种感觉的，我对新闻之外的东西关注得比较多一些。

问 **你的文章总是带有文化的底色，就好像浸泡过一样，特别好看。**

南：对，他们就说我是文化记者，我认为这是一种潜意识：除了告诉读者新闻，还想告诉他们更多东西。我写过塔里木盗墓的一篇稿子，按道理来说那应该是一个调查报告，但你看过后会觉得它不像一个调查报告，更像一个故事，它不仅是一个盗墓者偷窃的故事，还可以引出那种历史文化的价值。如果你不讲这些，我觉得你是没有真正地讲一些东西的，只是在干巴巴地交代事实。

问 **是不是可以理解为你会用文化的角度来看待那些政治的、社会的或者其他类型的题材。**

南：也不能完全说是文化的角度，我觉得对一个记者来说，不管写什么，都应该站得更高一些，看得更远一些，而不局限于新闻事件本身，因为每一个新闻背后都有一个很宏大的背景、宏大的历史，要挖掘这些东西。

问 **你的这种视角是不是跟你在新疆的生活有关系？我觉得地理环境是可以塑造人的。**

南：我在新疆的时候写了一篇获得“中国新闻奖”的稿子《寂寞的冰雪文化》，讲的是新疆的冰雪很丰富，但是当地没有资源搭台来挖掘。我写这样的作品，也跟自己是学文学的有关吧。我觉得学文学出身的记者和学新闻的记者还是不太一样的，学文学的记者文化底蕴会深厚一些。我上学的时候特别喜欢古汉语、古典文学、外国文学，也热爱这个专业。工作以后，特别是当记者以后，我心里一直有个想法不敢说出来，就是当作家，20世纪80年代那会儿作家不是很火吗？只要能发表个东西简直都不得了。

问 你做采访前一般会怎么搜集资料？

南：每一个年龄阶段都是不一样的。年轻的时候可能不知道要准备哪些东西，遇到了什么就去写什么，自己感兴趣就往下钻研。到了《南方周末》之后就会搜集一些资料，把背景整理出来。现在的话，我肯定是各种准备都要做，细致到把整个历史背景都搞清楚后，才能知道自己要采访什么。

问 你刚做特稿记者的时候有没有碰到过那种很艰难的采访？主要是指那种比较难以攻下的采访对象。

南：采访的情况各种各样，我觉得还好，没有特别为难的时候，但也会有采访不到东西的情况。

问 你在采访的时候用速记还是录音笔？

南：我做速记，以速记为主，录音笔为次，做备案用。一个采访下来，我会有一个本子的记录。

问 如果采访对象语速特别快呢？

南：我也差不多能跟上，虽然写得很乱，但我能看得懂。现在的小孩，新闻学院没有训练他们做笔记也是一个问题，好多人都全程依赖录音。我觉得这样不好，因为重听录音太浪费时间了，在笔记本上不仅可以扼要记载，还可以把想问的问题在旁边做标记。如果你在记录的过程中发现他说的有问题，前后对不上，还可以在笔记本旁边做标记，等采访对象讲完后再翻回来问。

有一些特殊人群，像专家的采访就不同，需要你把每一句话都记下来，这就需要录音了。但大多数采访是不需要录音的，不记笔记是一个懒惰的、不好的习惯，我首先还是要鼓励大家记笔记。

问 你现在在写细菌战需要搜集大量的材料，很多人面对大量材料的时候都不知道要怎么办，你有没有自己的技巧？比如说这个材料应该怎么处理一下，弄个逻辑出来，再深入。这个问题特别具体，初学者很容易碰到这样的问题。

南：我觉得要消化，要慢慢看，理解这些材料，并凌驾于材料之上，千万不能混在材料里，到最后你也成了材料的一部分，这就麻烦了。完全消化和理解材料之后，再梳理主题和线索，心中差不多就有谱了：要说什么，要怎么安排结构，应该用哪些细节，不该用哪些细节，用哪些材料，不用哪些材料，就已经很明确了。

问 在下笔之前这些问题就比较明晰了吗？

南：对，差不多。不明晰你写什么呢？瞎写那不是浪费功夫吗？

问 但很多初学者面对大量材料的时候会陷进去，很容易顾头不顾尾，那应该还是没消化。

南：对，没消化。没有从材料里头抽出一个主题、一条主线。写事和写人还是不一样，你看到常德细菌战的事，里面有对现在活的当事人的采访，有档案资料，有书面材料，这些材料是很杂的，有那时候国民党的历史资料，有当年国民党卫生署的报告，还有日方资料，很多写作者不能把资料消化掉，他为了证明自己，就把很多东西都堆上去。但你要真正地写作，尤其是新闻写作，你的对象是普通读者，不是学者，你要做的是把这个东西写得能让普通读者读懂。

对于素材的选取我是比较节制的，我会按时间顺序理出来，理出来后我可能不会都用，我会挑最重要的、最突出的。比如说第一次老鼠染疫率的报告会议是非常重要的，因为它是预警，预警后政府采取的措施是什么。到第二次报告的时候，可能就出现死者了。到第三次我可能就会挑肺鼠疫出现的情况来写，因为肺鼠疫是鼠疫传播中最烈的一种，肺鼠疫传播的时候，就表明情况非常危急了，肺鼠疫是谁先发现的？这时候就要详细记录了嘛。后来，军队要到外面驻扎，要封城。把事情的发展过程理出来，不就把素材化解开了？要不然一大堆防疫材料怎么用？很多人不会消化材料是因为他们没弄明白自己要写什么。

问 他们可能没有耐心去消化材料，这也是一个耐心的问题，因为要反复去看。

南：有耐心，也有各方面的因素。他们可能也发蒙，也不知道应该怎么用。

问 写细菌战这个题材，心理上会艰难吗？

南：写什么题材都有。

问 我不是说写作的技术层面，我突然想到张纯如写《南京大屠杀》，会接受很多令人不适的信息。

南：是。我现在比以前好多了，我2005年的时候还是挺消极的，现在心理强大一些了。

问 《野马的故事》特别生动。采访人，写人会比较容易，因为人可以交流，但是写马也能写得这么生动，是不是有什么同理心？你会进入到马的世界里去，包括马的精神世界，一些人是没有这种渗透能力的，你是怎么做到的？

南：我也一点不奇怪，以前我在新疆接触哈萨克的马，但我从来不知道马的家族和生存是怎么样的。我跟养马人聊的时候特别震惊，比如说公马的统治地位、母马的跟从，公马要首先征服一匹母马，才能征服其他母马，而且公马要保护马群成员的安全。知道这件事后我还是挺震惊的，像BBC（英国广播公司）拍的《地球脉动》，它呈现出一种动物的秩序。当人类真正去了解的时候，会觉得人都做不到的事情，动物却做得比人好。

问 你这么一说我也挺震惊的，马跟人类一样，也有它们文化和制度的传承。

南：动物的秩序是自然法则，人要保持敬畏，我很反对那种“人定胜天”“改造自然”的观点，大自然有着你不了解的能力。

马在自然的环境之下是能征服多少就征服多少，在人的圈养之后就没有自我选择的权利了。一匹公马要征服一匹母马，首先就是要把母马之前所生的马驹杀掉。公马的杀婴行为出现时，饲养员就慌了，看着小马驹好好的，但那匹公马以极快的速度冲上去咬死，咬死后甩起来扔在地上，母马打不过它。公马杀婴之后，母马就会归顺；如果公马不杀婴，母马就不让它靠近，要去做抗争，人只能在旁边看着，它站起来倒下，倒下站起来，挣扎着死了。你看到就会觉得它作为一个家长太不容易，比人不容易，我觉得这种故事是能打动所有人的故事。2005年在中国人民大学开研讨会时，我就提出寻找永恒意义。新闻是速死的，写永恒意义的东西，若干年后再看，还是可以打动人的，是有意义的。

问 **找到了这个东西，非虚构写作和虚构写作的水准也就差不多了，有那种意义的探索。**

南：所以，我觉得新闻不能局限于新闻本身，特别是特稿写作和非虚构写作，如果只是写事情本身的话那就没有意义。事情之所以值得写，肯定是有一种公共性，有人类的共情，或者是关系到更多人。有命运、意义、前途这样一些重大的共性，你才要写。

问 **现在我看到很多新媒体也在做类似非虚构的写作，但我感觉他们的问题在于猎奇的角度。事件是偶然的、突发的案例，本身就很曲折，再加上写作技巧就更猎奇了。**

南：可能会有一些，因为新闻本身就是要追逐它的离奇性，“狗咬人不是新闻，人咬狗是新闻”，这样理解的话，它就是要追求特异，追求离奇，追求个案的典型性和鲜明性。但是你写一个人的命运，并不意味着不能从这个人身上找到所有人的命运，你要建立起一种联系。比如一个人遭遇了众人不可能在正常生活中遇到的境遇，别人去看待他的时候，可以从中找到一种同理或者共情，把这种东西写出来后才会有典型意义和公众意义，需要去建立的是这种联系。

问 **你认为什么样的事件才能称得上是一个故事？**

南：平时我们给小孩子讲故事是这样讲的，从前有一个什么样的人，他们生活在什么样的地方，过着什么样的生活。但是突然有一天，一个事情发生了，然后这人怎么面对这个突发的事情，接着就是事情的发展。这个事情之所以值得写，是因为它成为一个新闻，成为新闻的原因是这个事情打破了我们的日常生活。大街上天天人来人往，这是新闻吗？不是。只有当一辆车冲向了马路，撞死了人，或者每天早上熙熙攘攘的人群突然出现了某种变化，跟以前不一样，这才是一个故事的开始。

很多人遇到巨大的改变以后就蒙了，蒙了以后缓缓神，就会想，我要怎么样让这个局面过去，回到我以前的那种生活？房子倒了我要怎么样才能让它重建起来？我平静的生活怎么样才能再回来？他就开始选择。不同的人有不同的选择：有的人勇敢面对，有的人逃避，有的人拿出很大力气来重新建设，有的人哭泣、束手无策。或许他以为会恢复到以前那样，但他没有想到的是，更大的困难在等着他，更大的阻力让他不能够实现他的想法，这个人可能就会迎难而上，进行搏斗，最激烈的时候就是故事的高潮。高潮后有可能是主人公失败了，甚至死掉，或者从此再也没有信心和力量重建了；也可能他顺利战胜了困难，然后调动所有力量与困难进行最后的一击，高潮后收尾，这就是一个故事。故事情节从开始走到结尾。要从结尾再走到开始是不可能的，它是时间线上的发展过程。到结尾的时候，再回头看，这个主人公已经不是开始的主人公了，他以前的生活、他的方方面面都得到了改变。这就是一个故事，一个波浪也得有三折。不曲折，不复杂，没有波澜，就不是故事。

问 在写作过程中，你是怎么运用细节的？

南：细节和场景都是为还原现场而服务的，它是一种手段而不是目的。作者不能跳出来告诉大家“主人公很崇高啊，对某件事情很热爱啊”，作者只能用细节和事件来说明，让读者自己得出结论。读者看了细节，看了整个故事构成之后，就会觉得主人公很了不起，主人公对某件事情是热爱的，这才是对的。

问 你怎么观察采访对象的心理活动？

南：聊天，跟当事人聊，跟当事人周边的人聊，跟相关的人聊。

问 你怎么组织文章的结构？

南：写的时候也没有想过，吃透材料后就开始写了，大多数是这样，我没有太多去思考结构，想的只是“我怎么样才能把这个故事表达清楚，要分几块来表达”，大概就是这样。有时候在电脑上写几个关键词，也就写下来了。但我还是有一个经验，作者要有一种“读者意识”，想象读者坐在你面前，你要给他讲故事一样，你讲故事的语言和节奏对不对，对方会不会走神，你得去摸索这种感觉。如果我用了一个很长的开头，那么读者肯定早就烦我了。你心里要有底：读者想知道什么？被你调动起来了没有？你的节奏是快了还是慢了？装着这些“读者意识”的时候，你就知道自己该写什么、不该写什么，该详该略，就会有把握。

问 **你刚才提到了一个“文章节奏”的问题，能解释一下你对节奏的理解吗？**

南：我觉得节奏是作者内心掌握的一个东西，体现在文章里就是阅读感，文章读起来不那么沉闷，不那么拖沓，就是好的节奏。我觉得这个还是要注意的，现在很多写作者也挺嚣张的，就像“我就要写成这样，你爱看不看”，虽然是有个人风格，但你要考虑照顾到普通大众。文章是要传达你的思想、认识、想法，如果你的文章别人读起来都很困难，你要怎么传达这些东西？我认为文章的第一要义是传达，而不是把文章写成什么样。新闻最主要的是要让大家知道发生了什么、如何发生，以及背后复杂的情况和原因。

问 **一般情况下，你是怎么起标题的？**

南：标题有的是编辑起的，有的是我起的。这个也不好说，文章不一样，标题也不一样。我觉得起标题关键的是要对主题有理解，对主题有理解后标题就好起了。其实标题是对主题的提炼，所以首先要明白自己写的是什么主题、写的是什么、要表达的是什么，再去起标题。书的标题和报纸的标题也是不一样的，发表在报纸上的和发表在新媒体上的也不一样，风格不一样，面对的读者不一样，传播方式也不一样。但所有标题都是表达作者最想说的那个意思，最想让读者了解的那个东西，这就是标题的意义。以前在报纸上起的标题都很短，比较浓缩，现在新媒体的标题都很长，要一下子就把读者吸引住。比如说《野马的故事》，如果放到现在起标题的方式可能就是“新疆的一匹野马怎么怎么了”，但表达的中心思想是一样的。

问 **在行文过程中，你怎么对文章进行分段？**

南：不同的文章，分段的方式也不同，有的分段分的是文章不同的层级，每段说的事情都不一样，有的分段是平行的。我的这篇文章是由三四段组成的，但这三四段都是平行的。比如《常德1941—1943：鼠疫围困的城市》一文的分段，有一段专门写防疫；有一段专门写鼠疫是怎么翻墙而出，向外扩散的；有一段是写这些人现在还活着；有一段是写听了他们的讲述……这些都是平行的，讲的都是常德的鼠疫、细菌战，但他们之间没有时间关系、前后关系，没有一级压一级的关系，是一朵朵不同的花组成了花瓶里的花，是一种关系。有的是按照时间顺序或者故事的发展脉络来写的，比如《两个男人的20年“婚姻”》，一开始是青年时代，他们发现自己是不一样的男孩；第二段，他们怎么定情的；第三段，办结婚证，在一起生活；第四段是他们的七年之痒；第五段是他们重新寻找回来；第六段是他们领养了一个孩子；等等。这个就是按照故事的发展顺序来分的。我刚才说的有点像戏剧的换幕，是一种场景的转换，还有其他分类，一时不能列举出来。所以，不同的文章有不同的分段方法，我写的时候凭感觉，其实没有想着要去怎么分。

问 **有些记者的文章写来写去是没有辨识度的，但是你会有自己比较独特的风格。**

南：风格有时候是比较自然的，如果强制去搞一些风格可能会比较困难。比如说我可能不太擅长那种思辨式写作，我更愿意从故事里发现意义，而不是通过理论来阐述。风格可能也跟写作者的表达方式、路径有关，他思考问题的路径是什么样的，他习惯用什么样的路径来思考，在文章里会有体现，这也是风格的一种形成方式。另外，跟他的表达、遣词造句会有关系。

问 **那么在你的写作生涯中，哪些书对你产生了一定影响？不管是虚构还是非虚构的。**

南：我不属于那种看得快看得多的人，我看东西挺杂。我把它们分成两类，一类是因为你要去研究某个领域，学习某种知识，才会去看的书；另一类是自己平时喜欢看的东西。前面看的我也不大记得了，我只能跟你说说近几年我看的东西，一个是《史记》。《史记》对我的影响还是比较大的，我看了《史记》以后很感慨，司马迁写的每篇列传都是特稿。我讲课的时候经常给学生说，这里面篇篇都是好特稿，他写韩信、写刘邦、写项羽写得多么生动，这些历史上的人物不都是司马迁给我们梳理的吗？鲁迅对它的评价“史家之绝唱，无韵之离骚”，“离骚”指的就是它的文学性，“史家”就是它的纪实性。还有重读，有很多东西在重读后会给人产生很大的影响，重读以后才发现以前看的东西和现在看的东西是两种东西。举个例子，重读《红楼梦》之后我才知道为什么高鹗不行，是因为他没有过过贵族的生活。《红楼梦》里，对比一下曹雪芹写他们用的、穿的、吃的是什么东西，高鹗写抄家的时候是什么东西，你就知道了，差别就在这儿。高鹗写的抄出来的东西要么是皮货，要么是黄金，都像是暴发户家抄出来的东西，曹雪芹写的林黛玉当年用的窗纱、贾宝玉穿的孔雀裘，那个年代没用过的人写得出来吗？另外，我写细菌战时看了一本《拥抱战败》，这本书对我的影响还是挺大的。它涉猎的范围，它的眼光，它对档案的使用，它搜集如此庞杂的档案、标语、宣传册子、实物等，以及采访到的人物，如何组成一个故事，这些对我的影响是很大的。近几年我看的书也很杂，《末日巨塔》《广岛》等都很不错，这让我对非虚构的理解有了一些深入。可以向学生推荐《广岛》，它很短，只写了六个人物，但绝对是经典的非虚构作品。它的每一个场景都是人物亲身看到的、感受到的、经历到的，没有一句废话，整部书就是一部电影。像这样的书，我都是反复看的，看得比较系统。

问 你如何看待在特稿写作中作者的情感和立场？

南：这个我有过一些思考，我看过香港大学陈婉莹教授写的一篇关于客观性的论文，我挺认同她的观点，真实客观是不存在的，非虚构也是经过一个具体的人写出来的，这个人的思考、加工和认识，决定了这个事情呈现出来是什么样子。我经常说，同样的事情由不同的人写出来就是不一样的，你能说不客观吗？能说是虚构了吗？未必是这样。因为你对题材的把握认识，决定了你对这个题材挖掘的深度和广度，我们在操作手法上、细节上严格要求，不能虚构，但是你想追求百分百的客观是不可能的，作者的情感肯定在里面的，只是说它到了什么程度，会不会干扰读者对这个事情的理解，要从这个角度去判断，如果情感过于浓烈，干扰事情的表达和读者的理解，那就不行了。如果是作者有节制地表达、阐述自己的认识，又有大量的证据支撑自己的认识，我觉得这样就是可以接受的。

问 有时候我们要写的东西，对我们来讲是一个陌生的领域，该怎样做研究准备？

南：就是学习，很多领域都是陌生的。比如写三峡的时候，怎么理解三峡对国家的影响呢？这对我来说是茫然的。我当时去西南图书大厦买了一堆相关的书，看完又去四川大学采访一些学者，和他们聊三峡的历史、文化、现实等等，还专门去三星堆看了长江流域的文明是什么样子的，和黄河流域的文明有什么不一样。特稿的采访是一个多维度的采访，需要从历史和现实的方方面面去理解这个事情，要从正面、侧面、上面和底部分别来理解这个事情，要不断地学习。

问 一般情况下，你怎么安排自己在一天中的写作时间？

南：我在新疆的写作和在《南方周末》的写作不大一样。在新疆像平常人一样，需要夜深人静，需要熬夜；到了《南方周末》后，因为写作量大，不可能天天熬夜，要写就坐下来写，写不出来就写几个字再说。到了写书的时候，每天都要有规律地写。吃完早餐就开始写，写一会儿转一转再坐下写，写到中午吃饭，午休后接着写，但一般写到七八点就停止，最晚是晚上九点，就再也不写了，因为要避免失眠，失眠的话第二天或第三天精神状况就不太好。一个职业写作者要维持这样一个节奏和规律，不能说今天心情不好就不写了，今天郁闷就不写了，或者今天特兴奋就连夜写。就像农民种地一样，天亮了我就下地，天黑了我就回家。

问 特别是写书就需要这样的一种状态？

南：对，写书特别耗体力和脑力，细菌战我已经写到四十七万字了，前面写的什么到后面都忘了，你要是没有体力怎样去坚持啊，不过写写停下一段时间再回来写，有距离了以后就能发现以前写的存在什么问题，再进行修改。

问 你写文章是先写一个初稿，再反复修改，还是写一段算一段？

南：我一般是要写完再修改的。有时候进入状态后一个小时休息一次也是不太可能的。一口气赶出来，比如一口气写完某一个段落，还是要改的。

问 改的话你改哪些方面？改什么内容？

南：现在写书的话，改的就是前后的顺序，剪掉一些枝杈，当时写得不细需要重新查资料的出处，要修改的地方还是挺多的，文章在后期还要进行事实核查。

问 现在非虚构领域出了很多精彩的故事，但它不应该只是好看，你认为它承担什么样的社会功能？

南：它是对生活、现实的一种记录吧。它探索了边界，就是我们可以达到什么样的边界，可以有多远、多高。比如它探索人心，那人心可以有多宽广，可以有多狭窄，可以有多恶、多善，它是探索这个边界的。我觉得非虚构为什么叫非虚构呢，就因为它是对人类正在发生的事情所进行的一些记录写作。但我觉得它的意义探索也可以达到像文学一样很高很远的境地，只不过一些作品没有达到这个高度。

问　是不是也会有比较直接的干预性？比如对公共事件、公共生活。

南：如果是新闻类的，那它的干预性就更加直接、更加迅速，特稿写的就是事件本身或人物本身。如果是一部著作的话，它的影响可能会更长远一些。

问　你会怀疑写作的意义吗？有的人也许这么想：我写了这么多东西，它到底有没有推动或影响周围的世界？

南：如果从“推动世界或社会”这个角度来看，就把写作的功能单一化了；如果把重点放到影响上面来说，你可能会感到很悲哀。我不太赞成新闻改变社会，我觉得一个记者或一个媒体应该是观察、记录、警醒的社会哨兵。不能指望你的一篇作品或报道怎么样，你的责任只是客观、完整、生动地把一件事说出来，至于它能起到的作用，那是它的连锁反应。你东西还没写呢，就期望怎么样，或刚写就想怎么样，不能把你的目标盯在这个上面，而是要把写作作为你的本职工作，把事情表达出来，我觉得这就够了。能做到这一点已经相当不容易了，就不要再奢望其他了。

杜　强

好的作品体现深刻的人性

杜强，非虚构写作者，特稿记者，曾供职于《南方人物周刊》、亭东影业，现为《时尚先生》杂志副总编。曾获“人民文学之星”非虚构写作奖，是2019年瑞士伯尔尼Reportagen记者节“真实故事奖”得主，代表作品有《洗冤》《天才落魄的暮年》《太平洋大逃杀》《废物俱乐部》系列。

从中国人民大学新闻系毕业后，杜强的第一份工作是《南方都市报》的时政记者。2012年，通过对“北大毕业生卖猪肉”的深度报道，他进入《南方人物周刊》工作，完成了从时政记者到特稿记者的转型。杜强做特稿记者后，简单、扁平的新闻故事已不能满足杜强的写作志向，“藏在日常生活背后的魔鬼细节”和“少数人才能有的隐秘的、边缘的经历”成为他的书写主题。他擅长从细节中窥见所折射出的复杂人性，这种写作特点体现在使他名声大噪的新闻特稿《太平洋大逃杀》里。“渔船出海失踪、船员自相残杀，二十二名死亡、十一名生还并被判刑。”早在五年前，这则还是“小豆腐块式”的新闻报道引起了杜强的注意，他着手寻找线索，通过对一名刑满释放回来的船员赵木成（化名）的采访，还原了凶案的整个过程。《太平洋大逃杀》在发表之后引起了强烈的反响，并被影视公司以高价买下改编权，开非虚构作品变现市场的先河。

《太平洋大逃杀》发表后的几年里，杜强将笔头对准了落魄的老年天才、在深圳聚集的日结打工族。他敏锐的新闻嗅觉和写作功底并非天生。他刚入职的时候，用他自己的话来说“甚至不知道基本的新闻通讯该怎么写”。两年的时政记者生涯，又让他感到“自己的语言能力受到了一定的摧毁”，导致他在一段时期内无法自然地开口讲话。他在日复一日的尝试、崩塌与重建中摸索写作的要义和技巧。“写作是一个摸高的过程，上手的时候才知道每一个字都来之不易。”他说道，“你得不断跳起来才能够到一个高度，但最大的麻烦在于你并不知道那个高度到底有多高，永远没有尽头。”

访谈实录

问　你是从什么时候开始写作的？又是何时意识到自己在写作上的能力的？

杜：我写文章开始于2011年大学毕业的时候，那时候我做时政新闻，写的是一些比较程式化的东西，时间久了发现自己的语言功能受到一些损害，一开口说话就像讲公文。2012年底我写了一篇所谓的特稿，主角是我老家陕西那边一个卖猪肉的北京大学毕业生陆步轩。写那篇我大概只用了两天的时间，在《南方人物周刊》内部获得了挺好的评价，主编还觉得是个小小的惊喜，这就给了我很大鼓励。有了这个契机，我就直接问我能不能到《南方人物周刊》来，然后很顺利地过去了。就是从那篇稿子开始，我发觉自己对这一类题材特别感兴趣。

问　你提到做时政记者的这段经历，你觉得政治敏感度对于一个非虚构写作者来说重不重要？

杜：我觉得挺重要的，它其实能给人提供一种视野，我跟珊珊[①]合写过一个稿子《九号院的年轻人》，九号院是20世纪80年代时我们国家成立的一个农村研究室。

我俩做这个选题，很重要的原因是我做过时政记者，我们既能用特稿记者的眼光也能用时政记者的眼光来判断和拿捏写作价值，不然你很可能不明白9号院在中国改革中有什么样的意义。假如你不懂特稿，你也不知道它在特

① 珊珊，林珊珊，《南方人物周刊》前记者，非虚构写作者。

稿方面有着什么样的书写价值。

问 珊珊老师曾说她认为比起采访技巧，采访者对聊天氛围的营造是更重要的，你认为呢？

杜：跟采访对象坐下来直接聊是不太好的策略，最好的策略是你把采访对象放到一个特定的情景里面。比如说我现在要采访一个歌星，我最好能到他演唱会的后台去观察他，去看一下他私底下是什么样的个性、什么样的表现，他是否如传闻中的那般形象。

问 你是中国人民大学新闻系毕业的，在上大学的时候就接触非虚构写作了吗？

杜：我上大学时连最简单的消息稿都不会写，也许参加校园媒体有些帮助，但还是有很大差距。

问 那么你在写自己的第一篇非虚构作品（《陆步轩心气儿高，但磨掉了》）时有人指导吗？

杜：没有人教，完全凭自己的感觉。我记得北京大学新闻与传播学院的徐泓老师当时还说写得好，这给我很大鼓励。陆步轩这个稿子之后我才遇到真正技巧上的困难，比如结构处理不好之类的。

问 你是无师自通的？

杜：也不是，从国内的记者那里学到很多，比如李海鹏。其实这个问题，我以前都没想过，只是多读那些优秀的作品，从中学习，还有一本书作用挺大的——罗伯特·麦基的《故事》，看完那本书后，我发现之前我甚至不知道什么是所谓的故事。

问 深度报道的套路，你觉得它跟特稿的套路有什么不一样？

杜：深度报道往往带一点解释的意味，旨在告诉你某件事是怎么回事，有什么样的背景，里面有什么样的关键人物，有什么样的矛盾，像积木一样给你垒起来，看起来好像也有很多描写，但它不是故事的思维。故事的思维是要展现主人公面临着什么样的困境，有什么样的欲望，他在满足自己这个欲望的过程中做了什么，得到了什么样的反馈，好的反馈还是负面的反馈？情况是变得更糟糕了还是稍微改善了？变得更糟的时候，他又做了什么？主人公跨过一个更大的障碍，最终经过一个戏剧的转折，或者一个意外的事件后达到了高潮，事情最终得到一个解决。我总是用《蜘蛛侠》这部电影作例子，它的故事模型是很简单的，主人公彼得·帕克被蜘蛛咬了一口，突然发现自己有了超能力，但他并不知道自己要用超能力来做什么，后来他姑父意外去世了，他想起他姑父跟他说过一句话："能力越大责任越大。"这就很点题，经过这场意外后他更深层地领悟了这句话，然后他才从一个无知的少年变成了见义勇为的蜘蛛侠。这个故事中，彼得·帕克跨过了一个巨大的困境，从那种少年不知道该怎么做的迷茫困境，不知道如何运用超能力的困惑，到最终疑惑都得到了解决，在整个戏剧性事件中还获得了女主角的芳心。他跨过了一个个困境，最终他内心发生了一个变化：我有超能力，我要成为支柱，去惩恶扬善。好故事一定是这样子的，主人公一定要跨过很多障碍，满足很多欲望，这叫作"冲突—反应模式"。

问　电影是由编剧来写的，但我们的生活中没有那么多戏剧化的冲突，你会有意识地挖掘这种故事性很强的选题吗？

杜：会。我们找选题一般有两个方向。一个是很有公共价值的，如果同时比较有故事性就更好了，比如葛佳男写的那个网红Ayawawa，女性要不要通过情感技巧去征服男人？这就很有公共话题价值。另一个方向就是强故事，这个事情已经展现在你面前了，比如说《太平洋大逃杀》，你直接从里面挖掘就可以了。

三和[1]的故事之前已经有人写过了，一些读者已经知道这是一个很独特的地方，有一群独特的人，但是还得去挖掘故事，我得找到那些身上特别有戏的人，他的经历非常不一样，然后通过他的经历反映整个群体。

问　你写东西时会列逻辑框架吗？

杜：我会先列结构。非虚构不能有任何的编造，当我采访结束的时候，我有几十万字甚至上百万字的录音素材，我都要尽快过两遍，把里面有价值的点都标出来，然后浓缩成一个两三千字的素材清单。假如我要写的一个人物，他跟他母亲起了剧烈的冲突，这个冲突非常有趣也很复杂，对于这个冲突我整理了五千字的素材，那么最后在我的素材清单上就会浓缩成一句话——某某跟母亲发生了什么样的冲突。

① 三和，深圳市内某地，外来打工者聚集处。

问 所以你在采访时全程都会录音？

杜：只要能用录音笔我一定会用，在做三和的选题时，只要条件允许，我都是把手机开了录音攥在手里的。我们写的是非虚构，要有严格的事实核查，如果你看了我的文章后对一些细节有所质疑，那么录音就是我最好的证明。而且我在写的过程中有搞不清楚的地方还要再去听录音原文，特别重要的点还要打电话给当事人。

问 我注意到了一些非虚构平台启用了“事实审核机制”[①]，你是怎么理解这种机制的？

杜：其实在选题操作过程中，编辑跟记者都是一条心，编辑也想要文章好看，他会带着这么一个目的去处理记者的稿件。但事实核查员没有这个目的，他不管文章好不好看，他只管稿子中的细节是否发生过，如果内容不符合事实的话，他是一定要删掉的，哪怕对稿子的结构产生很大伤害，他也只会说：“对不住了，反正我不是编辑，我不对稿件的曝光率负责。”

问 那么你是怎么理解其真实性、客观性的？

杜：看你从哪个角度讲了。一篇八百字的消息，也有可能被人认为不真实不客观，可能记者在选取素材的过程中，就已经带有他自己的意志了，所以客观不客观并不是非虚构存在的问题，而是整个新闻界都在面临的挑战，对吧？

我理解你说的意思，非虚构更容易被质疑真实性与客观性，是因为文学手法的运用，但我觉得你得分两面讲，有的时候一个简短的消息更可能给人留下错误的印象。比如说同样一个人，他在表述一句话的时候，可能是带着某种情绪的，他可能是反讽的口吻，但你用最客观的消息写法，它反而是失真的。但我用特稿的手法就能准确生动地表达给读者，读者看到这句话的时候，是不是误解反而没有了？没有绝对的真实，谁敢保证任何一个文本，哪怕只是会议记录、历史档案就绝对真实了呢？哲学层面那种真实是不存在的，只存在绝对的规范，就算我们用最严格的规范来保证真实，我们也永远没办法跟读者说这篇文章百分百是真的。

---

① 事实审核机制，起源于欧美新闻界的一种操作规范，事实核查员独立于记者和编辑之外，唯一职责是核查文章的真实性。

一个读者通过读文章来认识某一球星，相比他直接与这个球星面对面聊天，你觉得哪一个方式更能使读者透彻地认识这个球星？面对面跟球星聊未必更真实。虽然你跟球星坐在一起聊了一个小时，你觉得你认识了这个人，但写作者跟这个球星聊了十个小时，还跟他的发小聊了，还跟被他抛弃的经纪人聊了，还有他周边所有人。你与他面对面聊天的时候他对你撒谎，你知道吗？你可能是不知道的，但是我通过对他的朋友进行交叉信息验证，我可能就知道他在撒谎。所以说，没有绝对的真实，只有绝对的规范，用更多信源去印证某些信息是最好的。

问　你操作过的最长周期的稿件是哪篇？

杜：写三和那篇文章采访了四十多天。那篇发出来后，很多人发现在深圳竟然有这么奇葩的一个地方，这些人不爱干活，成天赖在网吧里，这些就是“日结族”。比如说我身上现在有一百元，在网吧待上两天没钱了，我立刻去旁边的人力市场找一份临时工，就干一天赚一百五十元的工资，然后又在网吧混。这些人完全不为未来考虑，也不考虑成家，有一天过一天。我当时就觉得，这群人可能是中国从来没有过的一个新阶层——游民阶层。以前的游民可能是乞丐、卖艺人，但三和这帮人工作、结婚、买房什么的统统不要。这种情况背后的社会动因是很深刻的，有性别失衡的问题，也有产业结构变迁的问题，还有阶层固化的问题，有网络成瘾、赌博等各种各样的问题。这个群体能把这些问题揭露出来，是一个非常深刻的题材。

问　这种边缘化的人物跟明星，哪个更容易吸引到你？

杜：我不愿意写明星，我想写的是那种有过边缘经验的人。你有没有发现，虽然每个人看起来都很不一样，但我敢说我们有百分之七八十的生活经验都是一模一样的，我们都吃饭、睡觉、工作，我们都有烦恼，相差大不到哪里去。但是只有极少数的人会有那种极端边缘的体验，比如说《太平洋大逃杀》[①]这种经验，可能一百年都不会有几个人碰上这种事情。还有《生死巴丹吉林》及《天才落魄的暮年》[②]。

问　当时你是怎么找到《天才落魄的暮年》主人公王镇皋这个选题的？

① 《太平洋大逃杀》，原文刊载于《时尚先生》。
② 《天才落魄的暮年》，原文刊载于《时尚先生》。

杜：最早是看到一家媒体对他做的人物访谈视频，其实王镇皋很愿意接触记者，他还有一些诉求希望通过媒体说出来。我看到视频访谈的时候就预感还有很多东西在视频里没有呈现出来。我联系上他之后就在他家那边待了十多天，之后还去了他早年读书的山东大学，见到了束星北的女儿，他女儿领着我去见了王镇皋以前的同学。其实他很多同学老的病的，还剩两三个头脑还是很清醒的，他们跟我讲了很多当年的事实，把一些关键的情节都确定了。

问 你在采访前一般会做多久的准备？相关的素材是怎么挑选的？

杜：首先要知道这个人身上大致有什么样的故事，先从头到尾捋一遍，如果是那种被别人写过很多遍的人，最重要的是去找一个新颖的角度。

问 那么你在采访的时候会带着采访提纲吗？

杜：如果没带提纲的话，就觉得好像功课没有做到位，但采访次数多了之后，有些选题确实不用特别仔细地列提纲，敞开聊就可以了。

问 采访王镇皋的时候有提纲吗？

杜：还是有的。为《太平洋大逃杀》采访时也有，但是都是很简单的提纲，一小页纸只写了大概十个方向性的问题。但有时候名人采访是需要提纲的，需要一个好的问题去激发他，让他有表达的欲望。很多故事类题材，比如《太平洋大逃杀》这种，都不需要什么策略，把原原本本的事实摸一遍就足够震撼了。

问 那么，你有时候会不会被庞大体量的素材淹没？你怎么应对这种情况？

杜：能有庞大的素材是一件很幸福的事情，你不会处理那也是幸福的烦恼，总比那种你要写一万字但素材只有两万字好吧，那岂不更崩溃？你的素材一定是能为主题服务的，并不是某个素材有趣就要把它写上去。假如你要表现主人公一种愤怒的感情，或者要表现他在某个事情面前的无助，那你的素材就要和这个紧密相关。你一定是想写他怎么无奈，怎么彷徨，怎么找人帮忙，但是最终一无所获失望的过程，这需要锻炼自己的观察能力。有的记者有很好的本领，他能发现采访对象一些动作、行为或者某些话背后所包含的意思，所谓的观察力就是这样。

问 那么，你写完文章后还会来回修改吗?

杜：跟写作习惯有关系，有的是先写一遍，然后再修改，把粗糙的文字改得精细一些。我的习惯是，前面的一定要写满意了，后面才能继续。

问 对于一个零经验的人来说，如果他不会起标题，你会给他什么样的建议?

杜：起标题往往是最难的，就像写诗，起标题肯定也是最难的。起好标题非常难，好像也没有什么方法论。

问 那你一般会怎么给故事结尾?

杜：我一般会把结尾写得有情绪一点，但也不会太过。

问 在《天才落魄的暮年》的结尾，你用一个画面来结束，就是王镇皋熬完中药后去倒药渣。

杜：那个没有特意，真的是我要离开他的时候那个画面印象最深，现在看来也挺有意味的，就好像人生的某种隐秘被翻了出来一样，但当时我就觉得“哎呀，这个老头也挺可怜的”，自己熬药，天天沉浸在往事的回忆中，把药熬干了自己都不知道。

问 感觉倒药渣的细节对文本的帮助是很大的，你一般会怎么运用这种细节?哪些细节能提升文章的整体观感?

杜：要用的细节一定是那种能够说明故事的。比如说《生死巴丹吉林》，两个大学生徒步沙漠，一个死了，另一个回来了。幸存的那个学生跟我说，他从沙漠回来后去清理自己徒步时穿的鞋，他说自己怎么抖都抖不干净。“我一直在很用力地抖，但哪怕过了半年的时间，我发现里面还有沙子，怎么那个沙子就弄不干净?”这个细节我觉得很有意思，能够为文章的主题服务——不管是在主人公的内心还是外在的生活，这次徒步都给他的人生留下了一些擦除不掉的东西。

问 聊了这么多，我想知道你写作的动力源自哪里?

杜：首先这是我的工作，是我赖以为生的工作，再有一点就是写好的作品还是很有满足感的。你也是写作者，你写一个东西出来，如果既产生了很好的社会影响，也产生很大的公共价值，甚至还有人说“哇！这个很好看”，你就很有满足感。写作跟机械地干活不一样，它是一种创造性劳动，是可以给人很大成就感的。

问 你有试探过你写作的生命线吗，有没有想过以后写长篇非虚构或者虚构？

杜：我想尝试，但是虚构其实比非虚构更难。

问 你写作中有碰到什么困境吗？写不下去的时候怎么办？

杜：几乎每一篇都写不下去。写非虚构的困难可能和写小说的困难是一样的，是一个摸高的过程，你得不断跳起来，但最大的麻烦在于你不知道那个高度到底有多高，永远没有尽头。

问 你更愿意怎么形容现在的身份，是记者、作家还是写作者？

杜：现在就是非虚构写作者，作家是一个很严肃的称呼，不能随便写个什么就说自己是作家。

问 在你眼里，什么样的作品才能称得上是好的非虚构作品？

杜：首先它一定要能经得起时间考验，你现在写一篇作品，十年之后，你设想一下这个东西还有没有人看。好的作品的共同特质在于它展现的是一种比较恒久的题材，包含很深刻的人性。比方说《举重冠军之死》，你们现在所熟知的那篇只有四千字，事实上，当年李海鹏对才力的报道占了《南方周末》整个版面，大概有六篇都是写才力的，只是有一篇特写《举重冠军之死》。这个例子很能说明问题，为什么十年后还有人在看那四千字，其他部分却没人看了？就是因为那些东西没有生命力。

问 可以举例子说明故事的写作技巧吗？

杜：在你写的一定篇幅之内，必须有一个事情发生变化，你甚至可以机械地控制节奏，比如说你要写一万字的稿件，前面一千字你交代了主人公的具体背景：他是干吗的？他遇到什么事？那你后面一定写他开始行动了，为的是满足他的欲望，或者解决自身的困境，到了两千字，他的行动要有一个初步的结果。不能拖得太长一直没结果，或者一直都在描写他的想法和动机，而不是让事情向前推进。

问 那你认同文字也是一种强大的改变外界世界的工具吗?

杜：肯定是有作用的，但是在当下的环境，它的大众影响力并不大。你写八百篇癌症患者也不如一部《我不是药神》冲击力来得大。我觉得我们缺一个《冷血》那样的长篇体量的作品，这样的分量才能称得上是作品。

问 有没有想过写长篇非虚构作品，那会是一个什么样的题材?

杜：很可能还是罪案。

问 接触这些太久会对你的心理产生一些影响吗?

杜：完全不受影响。我的个性就是这样的。

师永刚

一定要影响这个世界

师永刚，香港《凤凰周刊》杂志社执行主编，作家，图书策划人，媒体研究人。他曾策划编著《宋美龄画传》《蒋介石图传》《邓丽君画传》《切·格瓦拉画传》等二十多本图书，另有研究凤凰卫视的《解密凤凰》、研究《读者》杂志的《解密读者》、研究美国《花花公子》杂志的《兔子先生》与美国《时代》周刊的传记《中国时代》等著作出版。

师永刚从小与文学结下不解之缘，他认为，“文字跟人是一种天然的关系，有的人天生对文字有感觉，从小就开始有感情”。离开家乡山西到西北参军的军旅生活对师永刚的文学生涯产生了重要影响。在部队期间，他因为文笔出众，被挑选从事新闻宣传工作，除了完成部队要求的新闻采写任务之外，他还在《中国青年报》上发表了《金昌市不见了》等具有广泛影响力的新闻作品，《金昌市不见了》被认为是最早的关于沙尘暴的报道。在部队，他一手写新闻，一手写诗歌和小说，用他的话说，就是“写新闻是职业要求，写诗歌是拯救自己”。

从部队退役之后，师永刚在各家媒体之间辗转，直到接任《凤凰周刊》主编之职，揭开了媒体生涯的新篇章。他确定了《凤凰周刊》的期刊定位和语言系统，《凤凰周刊》封面采用繁体字，内文语言采用简体，半文半白的叙事语言方式是在他手里形成的。《凤凰周刊》的选题框架也经他之手奠定，在选题上分为三类内容：第一类是以邓飞为代表的调查体，第二类是以周宇为代表的国际新闻，第三类是一些常规的报道。他主抓封面报道和长报道，在他的主持下，《凤凰周刊》一跃成为最具影响力的新闻周刊之一。

对于新媒体对文字传统的影响，师永刚持非常乐观的态度。他认为不必为文字叙事的未来发愁，反而应该为抖音之类的新媒体发愁。在师永刚看来，长故事是有未来的，纸媒的衰落不是读者、新媒体和网络的问题，而是纸媒的操作者落伍了，我们需要找到一种与今天的读者相匹配的表达方式。

访谈实录

问　你在山西长大，后来到了部队做军事记者，喜欢写诗，应该和小时候的经历有关系吧？你早期和文字的联系是怎样的？

师：我小时候跟文字的关系其实很简单。文字跟人是一种天然的关系，有的人天生对文字有感觉，从小就开始有感情。我出生在山西一个很遥远的小镇上，父母对我的学习持有的态度很放松。我好像是从八岁开始上学，算是比较晚了。后来接触到连环画，觉得特别奇妙，我仍然记得第一次看连环画是在一个麦垛的旁边，太阳照过来，金黄金黄的，一个八岁小孩仿佛一下子看到了另外一个世界，接着我就开始了在学校漫长的借连环画的历程。那时候对作文感兴趣，但是我的作文永远没及格过，这是我的耻辱。到了十五岁的时候，接触到《星星诗刊》，突然感觉句子的断开是特别奇妙的东西，跟我心里的某些想象的东西很吻合，20世纪七八十年代，正是那些新词语、新诗歌、新思想潮涌的时代。我看到任何东西，都会被它吸收。那时候我开始投稿，真的是十五六岁就开始写诗了，一本一本地写。我最早的诗歌发表在《中学生文学》里，是《大槐树下》。

问　那个杂志我看过。

师：他们的社长是我的老师，《语文报》的总编辑蔡志敏。那时候我准备当兵，就寄给他了。之前我在山西临汾时我们就认识，反正我胆子特大，骑个自行车一到周六周日就到他那去玩了。我们在一起聊天，跟大人们一起聊聊诗歌。等到我十七岁去部队的时候，我来到了西北凉州，这像命中注定一样，古代有凉州词和边塞诗人的地方。我觉得这些东西注定了我的命运，诗歌也注定了我的命运。我特别喜欢这些苍凉悲壮的诗词，那种在人心里边永远的别离的感觉。其实我内心是很孤独的，有诗人忧郁的气质，我会觉得那个地方特别适合我。我坐了三天三夜的火车，火车很慢，先到了兰州，天亮了的时候大雪弥漫，接下来的一天一夜通过了一千多米高的乌鞘岭，然后直下武威。那里又冷又冻，坐在绿皮火车上，大家觉得到了一个非常穷的地方，但是我就觉得到了一个非常奇妙的地方，好像梦里来过这里。我一直就在推崇汉代，大雪弥漫乌鞘岭，我突然就想起了读过的凉州词。所有地方都跟我读的那些古代边塞词里的地域名印证起来了。以前李白、杜甫来过这个地方，现在我也来了。当我从武威破旧的火车站出来，被一辆卡车接走的时候，大雪飘在身上，那种苍凉的美感，我觉得特别好。

问 **你去迟了，你去的时候李白都走了。**

师：后来我就写了一篇长篇散文《1986凉州词》，后来收录在我的书《冲锋》里面，这是我跟文字的关系的开端。部队特别喜欢有才的人，恰逢我写的《大槐树下》的散文发表，寄到了我的部队，在当时那是一件轰动的事情。然后我就到了金昌，一个很边远的地方。

问 **写出了《金昌市不见了》？**

师：是的，当时在河西堡，这是个有因缘的地方，它是一个小镇，那里驻扎着炮兵团。在那个炮兵团里有一个政治部主任是河南人，对我说“俺也写诗”。那时候，他在我心目中是特别神圣的一个人。我和他后来还有联系，他现在依靠销售药品为生，时间可以改变所有事情。现在我看到他在战友群里面发那些广告，觉得很悲哀，好像平常岁月是把杀猪刀。

问 **其实容颜无碍，而是把心底的那份志虑忠纯磨灭了。**

师：是的，那时候我到部队报道，他就让我去政治处当新闻报道员。我当了三个月的新兵，就开始写作的生涯。怎么说呢？写新闻是为了活下去，写诗是为了拯救自己。

问 **对，你刚才讲那个场景，刚到甘肃大雪纷飞。其实后来你经历太多了，做杂志，然后又到香港，我觉得你没有变，好像诗性是你做任何事的底色。其实我很少去夸大什么事情，但是我从你的一段文字或者公开发言中能感觉到，你对西北是有一种庄严和崇高的审美。你的那种追求、你喜欢的，会被西北震撼和影响。我在上海念书的时候，觉得上海人看西北是荒凉的，觉得太穷了。但是我觉得你对那种崇高的美、庄严的美特别热衷，后来也影响到你做很多事，包括写作。**

师：西北对我意味着什么？我曾经写过一本小说《西北望》，后来以不同的名字出现过，《西北望》有一个后记，阐述了西北对我而言意味着什么。这里面写的是我对西北的总结，西北是美学意义上的一个西北。另外一点就是我觉得西北成就了我，我觉得每个作家都是有一个“故乡”的，像贾平凹的故乡是商洛，陈忠实的故乡是白鹿原。作家的故乡不是物理意义上的故乡，今天很多人是没有什么故乡的。2018年重阳节我写了一句话：父母在，故乡还在，父母不在，故乡就真的不在了。

我觉得西北对我而言，首先是我在西北写了很多诗，从那个地方开始，好像突然一下子找到了灵感。我先去的是河西堡，在那个小镇上写了很多诗，那时候开始在《解放军文艺》上发表诗歌。那时候发表作品是很难的，但我一发就是一组。西部的风很大，大风起兮云飞扬，戈壁滩上的石头摆得整齐有序，全是小坟包，全部都是新四军和红军战士被杀掉以后埋葬的地方。我喜欢去那溜达，能找到那种感觉、氛围和那种神示，或者说那里能够让我突然找到对西北的理解、对西北的感悟，然后就能够写出属于西北的诗歌。那时候我是一个诗人，我出了一本书《仰望灵魂》。我跟你讲，我一生觉得最重要的是诗呀。

问 **但影响最大的还是做新闻之后的事。**

师：我先说一些影响小的事情。那时候我还是比较狂妄的，出诗集的时候我在河西堡，后来就被调到了武威。因为新闻写得好，我被调到了56师里边，还是当新闻报道员。后来有一个偶然的机会，就是考军校。因为我的业务能力很强，写新闻不校对就能在兰州军区的军区报发头条了。写新闻，确实让我能够生活得很好，也锻炼了我对政治和体制的理解。我因为写东西比较好，就去兰州军区宣传部考试了。后来广州军区体育学院让我去那儿上学，但是有个条件，要求我留下来。后来我们军区宣传部知道了，让我必须留在兰州，所以我去了西安陆军学院。我在长安县（现西安市长安区）草村待了两年半，在终南山脚下，写了很多诗。说实话，这三年对我来说意味着很多，这三年回答了我对军队的所有疑问、对人生的疑问。这其中包括我的世界观和价值观的形成。

问 我觉得不是学校回答了，应该是你在这个阶段自己悟到了，自己找到了想要的答案。

师：对，三年以后我就成了军官，又回到了武威，回到武威以后，我想讲一下我写小说和诗的经过。这时候有几件大事，首先我因为写小说、写诗遇到过几个贵人，在《解放军文艺》有个编辑叫刘增新，他在我人生路上起到了很大的作用。我写诗的时候遇到一个叫刘丽云的诗歌编辑，几乎每年要发两组我的诗，这在一个杂志上是很少见的。那时候杂志很少，不像现在随便写东西就能发表，后来我觉得诗歌不足以表达我的很多东西，就开始写散文。有一次兰州军区组织了一个活动，拍一个纪录片，让我跟着去延安，在那里我写了一组散文《黄土梦》，一共十二万字。刚开始我就挑了十万字给我的编辑刘增新，那时候我没见过他，就是直接寄给他了。他看完了觉得写得特别好，还指出有两篇文章，他觉得是有问题的。他说的那两句话我一直记着，他说："你的观点，这两篇我不太赞同，但是我觉得缺点可能也是一种美吧。我不能用我的观点来否定你的观点，但是我找不出更好的理由来让你改这个文章，那么你能不能再发来两篇文章？"我心里想：还有这样的编辑吗？一般的编辑都是要求删文章，收到十篇发两篇就不错了。结果不仅是头条文章，并且半本杂志都是我的文章。一个伟大的编辑、好的编辑，在我的人生路上有很大的促进作用。我到现在还记得，我把那本杂志一直珍藏着，那本杂志很薄，里面有八十页，却差不多一半都是我的文章。

后来我写了很多散文，刘老师有一次突然给我来了封信，信里邀请我参加一个全军笔会，当时倡导写"五个一工程"长篇小说。大家看电影，看《泰坦尼克号》，领导觉得我们也要发表优秀的文化作品。刘老师鼓励我写小说，觉得我讲故事的能力很好，我就半信半疑地去写了。我先写了本我的家族史，那时候写东西很快，一天一万字。但是刘老师给我的打击很大，他说这个小说看不下去，觉得这个东西跟我很遥远，好像不是我的东西，我突然就明白他说的意思。

我以前写过一篇新闻《迷失的兵城》，在《中国青年报》发表了一个整版，是李方编的。李方现在是腾讯的总编，他跟我关系很好，我就把这个故事讲给他听，他觉得很好。我想了想，回来以后用了一个月的时间，写了《西北望》，里面有个后记记载了我为什么要写这本书，前后经过非常细，这里我就不多讲了。简单地说，这本书就是写了一个部队，在和平年代无仗可打，关于不知道自己为什么生存的一帮人的故事。还有国民党以前的一个老师长的故事，终生都在寻找一个只在《汉书》上有四十二个字记载的遗失的古罗马兵城。后来我那本小说发表以后，宣传力度很大。成龙拍的电影《天将雄师》开头就用了我这本书的开头。

问　你为什么会写得那么快？我觉得写小说是需要呕心沥血的。

师：我不知道那时候写东西为什么那么快，现在说出来别人可能会怀疑，但是我那时候就觉得拿起笔如有神助。我基本上属于一个散漫的军官，大家都觉得我写新闻，这是一个好事情。因为我的本职工作做得很好，我从来都是左右手分得很清楚，本职和闲职工作都干得很好。现在再说我的闲职，因为资金很丰裕，拿一大沓东西回去，还有那么多著名作家。我当时十分犹豫，怎么办？但是刘老师说一定要写。恰好赶上了一件事情，我父亲去世了，《西北望》后记里面写得非常清楚。父亲去世了，我坐飞机也来不及回去，武威交通非常不方便，我父亲五十岁不到，是心肌梗死突然去世的，我从庐山回来以后直接就回去。我一路上坐公交车到西安，从西安才坐上火车，用一天两夜时间回去了，见了父亲最后一面，眼泪都没有。

我回来以后，忽然就找到感觉了，连续三天趴在桌子上写。我每次写的时候都在算，一天写一万字，有时候字数超过了。我每天写到晚上一两点，三十天写完。那时候西北空气非常好，空气稀薄，月亮很大，就像秃顶一样。我就住在军营里，晚上一两点写完后感觉特别爽。把稿子往桌上一放，数一数多少字，走在院里面看着月亮，狂喊两声，然后睡觉。那时我还有一个习惯，特别爱听摇滚歌曲。我写东西的时候会放摇滚，听着有一种快感。还悄悄跟我军方的一个朋友说，我一天写了两万字，他都不信。后来我没再跟人说，因为别人不会相信。我每天晚上都能听到头发落到地上的声音，“嘣”的一声。接着我又到月亮底下，呆呆地看半天月亮再去睡觉，我每天晚上都期待这个时刻。

三十天以后，我把这一叠稿子写完了。给我打印稿子的是一个长沙的小伙子，我和他关系很好，我说给我打印一下这个东西，请他吃顿饭，小伙子很高兴，就用了一周时间就给我打印出来了。我把打印出来的稿子寄给了刘增新老师，结果刘老师给我写了封信，他说看哭了，觉得小说写得非常好。我就问：需要改吗？他说我结尾让女主人公毁容了，他太太觉得不是很满意，他问我：“愿意改吗？”我说不愿意改。然后小说就出来了，并成为“五个一工程”获奖作品。后来这本书以《西北望》《迷失的兵城》《天将雄师》等好几个版本出版，卖了将近二十万本。自从那本小说写完后，我发现自己可以写小说。有一个年轻人给我留言，说这层次是多少人心灵的偶像。

我还写了一本《新人类》，是关于当兵的。之前我其实出了一本《仰望灵魂》，写完小说以后被调到了兰州军区文化部，开始管理全军区的文化创作，这时候我就有两段机缘。我的第二本小说《天苍茫》，被宁海强拍成了十九集电视连续剧《最后的骑兵》。这本书也有一个后记，可以在我的微博上看到。这是怎么写出来的？这个小说有点硬写，我一直想写一部有骑士精神的作品，但是不像《西北望》那种跟自己经历有关的作品，因为我确实去过那个地方，我开着吉普车的感觉记忆犹新。那时候年轻，我就觉得人生没有什么不能做。那时我跟司机关系很好，周末首长不用车，我们就一起去敦煌。我们当天就一路疾驰到敦煌，第二天逛完，第三天回来，很疯狂。

在军区文化部的时候，他们准备排一个话剧《班禅进京》，但这个话剧最后没做成。当时，这个话剧汇聚了全军非常优秀的一些人，我们一行八个人，沿着班禅从青海的故居到格尔木，开着车到拉萨，去日喀则，一路观察班禅去北京的全过程，采访收集素材。我写最后的气氛是怎么找到感觉的呢？就是开着最古老的桑塔纳，从格尔木往那边走，路上没有人，晚上他们都睡了，我一个人可以看到星星，以及路边上的野狼，它们有明亮的眼睛。突然，我就找到那种感觉了，就是骑在马上的感觉。我的新小说《天苍茫》，当时我就构思这个开头怎么写，后面怎么写，回来以后我用了一个月的时间就把它写出来了。后来他们说，你的第一本小说太诗意化了，第二本小说比较情节化，可以拍成电视剧，写得有点功利化的那种，他们很多都很喜欢第二本，写诗的人喜欢第一本。这两本书影响力都很大，前段时间都在长江文艺出版社再版。《最后的骑兵》和《迷失的兵城》都卖了二十多万本，《最后的骑兵》卖得比《西北望》还好，快三十万本了。我离开军队二十多年了，这几本书还在反复地卖。这是我写小说的经历。

问　接着是到了《凤凰周刊》吗？

师：还没有。这都是我在军队中的经历，还有个机缘是我在兰州军区的时候，兰州军区就在黄河边上，《读者》杂志也在黄河边上。我写了本《解密读者》，那本书成为无数人当时办杂志的标杆。那本书卖得特别好，印了八个版次。那时候我就认识他们的总编辑胡亚权和彭总经理。我组织了一个活动，他们问能不能搞活动去西北玩一趟，我说“可以啊”。我就问：“能不能在活动里送点书？”我们还有个赞助商，送了两千台德生收音机。于是我们就去了中印边境，去喀什。这一路上都在聊天、唱歌、喝酒，感觉很好。这些东西为我写这本书留下了极深的铺垫。这个基本上就是我写小说和写诗歌的历程。我后来写诗写小说非常少，基本上不写了。对2000年之前我对诗歌、小说以及在军队上关于新闻的经历简要地叙述一下，做新闻报道员期间，我最知名的一篇文章，就是中国最早的关于沙尘暴的报道《金昌市不见了》，是《中国青年报》头条。当时我已经到了武威，可以去金昌的一个团里面采访一个典型。那时候交通非常落后，坐公交车，刚到那就听见“哗哗”的声音，像原子弹一样的风一下把我们淹没了。当时只写了一下全过程，然后我就说不走了，掌灯夜战写了一千五百字，接着发电报，发出去之后李方拿到了稿子，第二天报道就见报了。

问　在现在，这就是突发新闻了，必须快，不然就没意义了。

师：对，当天写，第二天就见报了，稿子是报社起的标题。其实我写的第一句话是：“金昌市不见了。”他们把这个做成标题了。

问　实际上就是按特稿的那种感觉来写了。

师：对。其实写了好多个“几点几分”，因为那种时间线感极强。从那以后，很多人都震撼了，因为大家不知道沙尘暴是什么，那个概念是第一次在全国铺开的。后来到了第二年又有沙尘暴，我又写了篇沙尘暴的文章，第三年又写了篇沙尘暴的文章，连写三年，都在《中国青年报》发表了半个版面。这奠定了基础，我在日本获了一个环保新闻奖。

再一个比较有名气的，就是写了寻找失踪的古罗马战俘队，在《中国青年报·冰点周刊》发了一个整版。

后来还有一篇很有名的报道，兰州当时的污染很严重，他们曾经有一个异想天开的想法：把山炸开，然后把风引进来。我在《中国青年报》写了一篇文章，跟一个记者合写的，我现在还记得那个名字——《9900万削平一座山，能否让兰州的天变蓝？》，《中国青年报》又发了一个整版。那时候他们觉得很神奇，一个部队上的新闻干事，每天写这些东西？其实我那时候已经到兰州军区文化部了，我在《人民军队报》《解放军报》都写中规中矩的，也因为写这些新闻，我立过三个二等功、四个三等功。这是我在军队的简要历史。

问 后来你到了《凤凰周刊》是吧？你刚到《凤凰周刊》是做记者，然后是编辑部主任，很快就做到主编了。你那时候主要做什么新闻？

师：1999年的时候，因为我有些名气，很多地方都想任用我。我们宣传部有一个拍纪录片的工作室，拍了一个纪录片，我给它取名《西北望》，后来中央电视台播放了。我就开始打听其中写稿子的是谁。到了1999年的时候澳门回归，《新闻联播》有一个叫冀惠彦的人，以前拍纪录片的时候我们交锋过一次，他对我挺欣赏的，是我的一个贵人。他问我想不想从事媒体行业。其实那时候我已经不想在部队上干了，我想到地方上试一试，看能不能养活自己。

后来《浙江青年报》，即现在的《青年时报》到处招人，我一看工资很高，每个月五千块钱，就决定去了。我就跟我们的领导说，我请半年的创作假期，去写个小说。我们领导挺好的，批准了。然后我就去应聘了，去了以后，我一下就提了几个想法，他们觉得很好。后来我说咱们做一个八个版的特刊，他们交给我了，叫《红周刊》。然后我就办了八期，在当地影响挺大的。在那干了三个月左右的时候，有人给我打了电话，问我想不想去澳门，说当年十二月澳门回归，有一个撰稿的名额给我。我说“可以啊”，然后就直截了当地从《青年时报》辞职，准备去澳门。

我当时住在拱北宾馆，在珠海的边上，待了三个月。有三件事对我的冲击力特别大。第一，一天拿两百澳币。1999年的时候住在别墅里面，楼上是崔永元，楼下是白岩松。我觉得突然一下跟一些在电视上看到的人走在了一起，跟他们平起平坐，每天聊一聊。第二，亲眼见证了澳门回归全过程。第三，结束的时候在喝庆功酒，《东方时空》的人对我说，马上要迎接2000年，我们今年有个直播，策划用四个点，你选一个点给我们写稿，然后播出报道《千年日出》。我说不行，我要回部队，出来都快一年了。然后我就回去了，回去以后干的事情觉得实在浪费光阴，没有发挥任何的真才实学。就在这时候，我无意中在街边上看到了一本《凤凰周刊》，那里放着杂志的第一期，我记得封面是吴小莉坐在那里。我一看，觉得这就是未来！冥冥之中有很多事情是注定的，然后我就写了封自荐信，他们说“你来吧”。之前我还在北京的《军营文化天地》杂志干了半年，也就是说其实之前有过积累。接到周刊的邀请，我是很犹豫的。那时候我的小说还没写完，每天“刷刷”地写，写完了以后，我说我得休息一个月。一直推脱了三个月，我说先试一下能不能留住。

问 刚去是做记者吗？

师：是在做编辑。刚开始去的时候，所有人都看不起我，觉得一个西北当兵的跑他们这儿来了，连新去的一个刚毕业的大学生也看不起我。我一个副团，到了那里什么都不是。我也是怀着万般崇敬，看到中国台湾人、香港人，一群人都是能人。我心想不说话，拿个本子记下来总没错吧。第一次开选题会的时候，每个人都在发言，我坐到最后面也不说话。我们这些人是一块砖一块砖摞起来的，我做过杂志，也做过报纸，我知道一篇文章怎么写，但真的不知道他们在说什么，我也不好意思问。最后主编无意中看到我了，让我也说两句。我就说了，我说话特别有条理，就是一、二、三、四、五、六、七、八、九、十。他说挺好，就按这个来。三个月后我成为编辑部主任，半年以后成了副主编。

问 能不能总结一下，《凤凰周刊》语言是怎样的一种语言体系？

师：《凤凰周刊》语言非常简单。我先跟你说一下视觉语言，《凤凰周刊》的视觉语言是我确认的。视觉语言是什么呢？我的封面全部都是繁体字，但是内文语言全是简体字，然而从写法上讲，其实就是中国台湾的半文半白的方式，像《中国时报》那种叙述体。我要求我们的记者看哪个东西就写哪个东西，如果他们写不了，就让中国台湾的记者帮我们写。

问 我觉得这种文本的辨识度很高，包括语言的辨识度也很高。

师：别人马上没法跟我们竞争了。后来我出了很多书，你会发现每一本书的语言风格都不一样，意思也都不一样。

问 封面故事一般都是大文章，这种报道，你有没有操作规范和写作要求？

师：每期的封面故事都是我亲自定的。原则上，一期杂志我只卖三篇文章。我做过研究，现在没有人有耐心看完一本完整的杂志，包括《三联生活周刊》。读者最多看两篇文章，能看完三篇文章，证明这本杂志了不起。我就重点卖一个封面故事，卖两篇文章，其他可能是有些人感兴趣的文章。但是我知道我感兴趣就是这三篇文章。

问 我喜欢看的是人物特稿，其他真不可能从头仔细翻一遍。

师：我们的产品分为三大类。第一大类是调查体，以邓飞为代表，当时邓飞和周宇就写一些国际化报道。第二大类以周宇为代表，写国际新闻，比如蒙古真相，包括西哈努克亲王去世，那个是我们最早报道的。当时我们写了最少二十篇文章，包括报道中国有难民的事情。第三类就是一些常规的报道。基本上是这样，其实我觉得当一本杂志成熟到一定程度，就靠卖点了。我后来只抓三件事：选题会；选题会上定下来的封面故事，以及要做的每一篇文章；我指定封面故事、封面故事的标题和封面。

问 你起标题的时候有什么经验?

师：《凤凰周刊》有一些恶俗的东西，却是屡试不爽的东西，就像“三联体”“知音体”一样，每一个杂志都有自己的气质。比如说我们有一些特别的字眼，像“真相”“揭秘”“调查”“报告”“独家”，对这些词我印象太深刻了。有这些词的时候就卖得好，没这些词的时候就卖得不好。后来我们总结，发现是这个小毛病，我们就说算了，我们就庸俗吧，真有意思。

问 我当时看到《凤凰周刊》封面的时候，就是这些字眼，觉得好提神。

师：特别吸引人。

问 后来你编《中国时代》这本书的时候，用了外国对中国的很多报道，你在选编的时候，国外报道的文本对你有什么冲击吗？或者说，你对这些文本有什么认识？这种西方的新闻文本，与咱们的写法有什么区别，有没有什么我们可以学习的地方?

师：可以借鉴，但没法学习。其实《凤凰周刊》最后形成今天的局面，谁当主编都可以，按照这个东西往下延续就行了。因为版面，所有东西的展示，包括封面、栏目都已经确认了，不需要再改。

问 我记得你说过一句话——“设计是一本书的灵魂”。我想你是写作的，而《凤凰周刊》整个视觉传达的风格都是你奠定的。你的视觉素养，包括你现在做这么多画传，都特别强调设计，你的设计感是从哪来的呢?

师：中国顶级的设计师都是我的好朋友。我做的革命题材的书，像雷锋、红军、样板戏等等，都是三联书店出版的。

问 **咱们谈这个事，我觉得设计就得有品位，有鉴别能力，你虽然是写字的，但是设计得真的很好。**

师：是这样，我个人觉得设计非常简单。有时候设计就是那种理所当然的事情。今天是一个视觉时代，比如你看到一个穿着打扮非常漂亮的女性，你的眼睛会一亮。我所有东西都是有想法的，比如说我在做一本书的时候，会先考虑有多少图片、多少文字，它的语言是什么，设计师是谁。这才能把我想要的感觉表达出来。

问 **对，你做过画传，画传就是以图片的形式讲故事，你觉得图片和文字这两种不同的传达形式，它们的优势各是什么？你最早写作，后来这些年编的都是图画。**

师：机缘巧合吧。比如说《宋美龄画传》，我之前在《凤凰周刊》做宋美龄的报道，发现台湾报道的宋美龄跟大陆报道的不一样。当时出了三百多本写宋美龄的书，为什么中国大陆是千篇一律的一个表达方式，中国台湾是一个表达方式，美国又是一个表达方式？真正的宋美龄是什么样子的呢？我去台湾以后，在一个图片展上突然看到了宋美龄的很多图片，十分震撼。我说宋美龄怎么这么慈祥，这么好看？她有一种优雅的气质。我一下就找到了三百张图片，然后就写了一个这样的画传。

其实当时没有什么想法，我就想让大家看看，真实的东西什么，这是文字没法表达的。图片可以把一些真实的东西告诉大家，20世纪30年代宋美龄的眼神是什么？她的感觉是什么？她为什么是那样的人？我们今天为什么要这么评价她？我们凭什么去评价她？我就想带给大家一个真实的历史。画册上市的那天，宋美龄去世，别人给我打电话的时候，我正在深圳的一个房间里睡觉，我问怎么了？他说宋美龄去世了，我赶紧上网去看。你可以搜索"宋美龄画传"这几个字，在百度上有无数的媒体采访。后来这本书供不应求，卖了将近八十万册。

问 **你写那么多的新闻故事，后来到《凤凰周刊》以后又当编辑，你对叙事应该是有指导性规范的，你一般会要求记者拥有什么样的讲故事的能力？你觉得什么是故事？《凤凰周刊》的故事该怎么讲，你有一个模型或者模式吗？**

师：没有，我觉得打动人的东西就是故事，用优美的语言讲清楚一件事就可以了。强行让大家有一个框架去写东西，那是愚蠢的。《21世纪经济报道》做过这样的事，比如一开始就写“一瓶水放在×××的前面，他的右手正在开启……”，它的开头永远是这样的，我觉得这没意义。比如许知远的写作风格，不是说谁不会写，但什么东西都是这样就没意思了。《凤凰周刊》就是把几个大的框架搭建好，就像我们穿衣服，我们的衣服是一样的，衣服的风格是一样的，但是最终我们是不一样的。我说的那些框架包括繁体字，包括我跟他们确立的“为全球华人提供独立意见”的要求，还有语言风格，用这样的语言风格去讲故事就可以了。

问　你们会有关于结构的讨论吗？

师：会，比如说封面故事，由一到三篇文章组成，一篇是实地调查，再一篇就是评述，或者就是一篇实际的事件。当时邓飞写“蚁力神事件”，赵本山他们也参与“蚁力神”骗局。我们当时就写得非常简单，用了二十页把它登出来。

问　现在很多非虚构写作或者新闻特稿，不管新闻事实，都往美国那种影视叙事、故事模式里边去套用，比如人物有欲望，欲望有阻力，然后要克服一个个阻力，最终达到高潮，最后故事结尾。基本上就是这样一个套路了。

师：后来有一些是这样的，邓飞他们有过探索，我觉得基本不成功，还是内容决定形式。有一部分人写非虚构写得很好，我认为，非虚构写作应该是一个很好的调查记者到现场去认真调查几年后写出来的一个作品，用了一种语言、一种故事体把它写出来。至于采取什么样的方式去写，那是作者的自由。比如说黄章晋认为他创造了一种不调查的方式，他离开《凤凰周刊》了，创办了大象公会，这上面所有文章都是加长版的“知乎”，像“中国人为什么买不起印度药？”等，差不多都是一个发问，内容基本上不是调查，而是把所有网上的东西弄过来，这是资料写作。资料写作也是一种潮流，但到实地深度调查再去写作的记者会越来越少。调查记者越来越少，真实的调查就越来越少，资料写作者就越来越多，而且他们以此为荣。资料写作者把文章写得美轮美奂，甚至用了很多技巧去炫耀，结果掩盖了我们真正需要的实地的声音。很多人认为这就是真实的废墟，这是一个非常危险的倾向。很多东西都是这样，写作者不采访，或者只打一个电话。

问 **这两年有很多新媒体出现，很多人在微信公众号上进行写作，文章比较碎片化，比较短。另外，新媒体层出不穷，比如直播、抖音App，它们实际上就是在传达片段的真实。你怎么看写字这种手艺，或者写长报道、长故事的这些人的命运?**

师：我很坚定地告诉你，我们应该为抖音发愁，为什么呢？抖音的未来发展也就两三年，说白了，“抖音”不就是短视频吗？现在流行是因为它新鲜，很多人能挣到钱，能搞笑。但是如果连续三十天都在看这个东西，难道不会有厌倦感吗？长故事是有未来的。纸媒为什么衰落？不是读者的问题，不是新媒体的问题，不是网络的问题，是这些纸媒的操作者落伍了，他们没有找到与今天的读者相匹配的表达方式。我为什么出了那么多书？你会发现我的书的设计全都是国际化的设计，它们就像国外的书一样，不像国内的书。原因非常简单，因为我要告诉大家：未来是什么？书的未来是什么？在杂志上没法探索的时候，我就用书来探索。为什么到现在我的每本书都能卖几十万册，原因就在这。我的每一本书都是一个选题。我就是把一个选题拉长了，然后请了一个厉害的设计师，做了一个很精彩的宣传，这样读者就会买了。

我们怎么样吸引读者？怎么样找到长报道、长新闻、调查报道和非虚构写作未来的形状？这是我们这代人探索的问题。它的文体、语言文本、华丽程度都是次要的。抖音找到了很多人的痛点，但这种痛点不是长久的。

问 **如果想做一个好的媒体人，应该从哪些方面着手？怎么去培育自己的行业素养?**

师：首先强调一点，不是所有学生都能成为记者。一百个学生里有二十个能成为记者，那这个老师就是很厉害的。也不是所有记者都可以成为好记者，不是所有好记者都能成为名记者，这是一个规律。第二，文字跟人的关系，就像我讲的那样，是一个天生的关系。有的人天生就对文字敏感，天生就知道怎么写，你大概一讲，他就能明白。比如给一个题目，讲一下格式，教他一遍，第二遍他就把模型造出来了，第三遍他就理解透彻了。我在《凤凰周刊》招人的时候很简单，应聘者在我这儿实习两个月，写三篇文章，决定去留。我还招过一个高中生，发了六篇封面故事，最有名的一篇文章是《中国民族识别问题调查》。这是我们集体去云南玩的时候，看到一个族，上面写着“1956年民族识别，我们被评为××族”。民族识别是什么意思？网上一查，没报道过。我就让他用两个月时间来做这事，他最后写了三十页。

我们杂志是一个什么人都有的地方，袁凌这样的人都有。你知道袁凌是一个不适合在集体里面工作的人，他是一个流浪诗人，但是他在我这就可以待下来。对我来讲，来我这儿，我给人提供的第一是平台，第二是名气，第三是写稿任务。这是我分配的任务，你是一个什么人跟我没关系。首先要有“才”，再有点“德”，那我就高兴得不得了，德才兼备太难了。

问　我到今天还记得三毛有一句话：“爱情如若佛家的禅，不可说，一说就是错。”后来你做三毛的书，我就在想，是不是作为一个写作者的魅力也在于此？

师：我跟你讲一个题外话吧。我觉得自己是一个混合体，我为什么会做出《凤凰周刊》？大家骂也罢，喊也罢，哭也罢，你还是得买，十五元一本很贵的。我能坐到这里，我能让周刊里的很多人挣大钱。虽然他们骂我，因为我逼稿很紧，每次看的时候会骂，但是最后他们成名了。你看我做《凤凰周刊》，写诗、新闻，到澳门，去香港，写小说，拍电视剧，开创画传，做媒体研究，解密《读者》，解密“凤凰”，做一百万字的《中国时代》，我做这一系列东西下来，你不会相信这是一个人做的。我为什么会成为这么一个人？是因为我当兵的这十五年的经历，是因为我在《凤凰周刊》的十八年的经历，是因为我的国际观、价值观、世界观，以及我对一些新生事物的迅速接受甚至成为一个引领者的能力，这是很重要的。

为什么会这样？其实这是一套道理。首先要有国际观，这很重要，你做一件事情时，要把它放在一个大局里去看，把地球摊平了。我的很多书是海峡两岸暨香港、澳门同步出版的，《雷锋》在台湾、香港同步出版，《红军》在台湾印了三万本。为什么会畅销？台湾人想了解一下红军为什么会打败蒋介石。《切·格瓦拉画传》这个作品，在诚品书店连续二十周上榜第一名。我的《宋美龄画传》精装版，二百五十六港元，在中国香港卖了六万册。列举这些东西我只是想表明一点，一个人不但要对体制有了解，还要对世界的前沿性的东西有了解，能够描绘出要做这个事情的最前沿形状，并且把它变成一个实体的东西给大家看。到现在我还在出书，出很多的书，我还能卖。很多时候，要给别人一种创新的东西，让大家认为这是创新的东西。很多人为什么只是一个杂志的主编，只是一个著名的记者，而不是一个全能型的人？就是因为他做不了这些事情。

还有一个问题，怎么面对很多人对自己的看法？这些人在你眼里，有的人是朋友，有的人就是过客，有的人说的任何话对你都不起作用。任何人对你的意见，如果有用的话，你一定要在意；如果没用的话，就让它像风一样飘散。你影响不了别人，别人也影响不了你，但是你一定要影响这个世界。顺便说，有很多东西我不相信是我做出来的，我觉得今天回忆起来跟我是没关系的，意思就是这东西不像是我一个人做出来的。我是一个山西小镇上出生的孩子，然后到了西北当诗人，接着当了十五年兵，官拜少校，后来到香港从头开始。到现在，在美国，我把有关蒋家所有书出了，邓丽君的、三毛的书都出了，但是这事情是跟我没关系的。

问　我想起梁漱溟说过一句话“我生有涯愿无尽”，你都实现了。

师：我觉得其实很多事情都莫名其妙，真的，不可说，一说都是错。就是没法总结，你今天让我总结，我回头一看，很多东西仿佛不是我一个人做的。

孙春龙

讲有战争价值观的真实故事

1976年，孙春龙出生于陕西铜川，他有两个知名的身份，一个是调查记者，另一个是公益人。他的记者生涯从《西安晚报》起步，在《瞭望东方周刊》达到顶峰。从事调查记者的十二年中，他的作品有《山西官煤勾结黑幕》《金三角毒枭禁毒》《留守陕北的北京知青》《中印边境真相》，以及《陕西政协副主席被双规》等多篇调查报道，曾经引起过强烈反响。因为记者工作的关系，他接触到了中国远征军的老兵世界，这后来促成他人生中的一次重大选择。2008年，他离开新闻业，发起了“老兵回家”公益活动，并于2011年全身心投身公益，任深圳市龙越慈善基金会理事长。他对中国远征军抗击日军历史细节的调查挖掘，对久居他乡无法回国的远征军老兵的极大关注，让中国远征军历史重回公众视野。他出版的著作《异域1945》《没有回家的士兵》，是书写中国远征军历史的良心之作。

对孙春龙的访谈在西安进行，他从云南回来，在西安处理事情。适逢中国台湾非虚构作家蓝搏洲先生在西安参加文化活动，他们早就相识，约好见一面，我把私聊升级成了一次关于非虚构写作的访谈。孙春龙虽然离开记者岗位多年，但是他没有离开报道，没有离开写作，仍然笔耕不辍，特别聚焦在中国远征军老兵题材之上，传递历史真相，呼吁人们热爱和平。孙春龙把非虚构写作看作一种传播公益的理念、实现公益理想的手段。他创办了公众号“龙哥的战场”，围绕战争背景下个体人物命运转折，秉承“在残酷的战争中，寻找人性的美好”的价值认同，资助战争类非虚构题材的采访与写作，已刊发数十篇深度原创战争故事，受到海内外华人读者的认同和赞许。

访谈实录

问　你在2001年写了《以公民的名义》，主人公是马清，马清的精神后来成为我们知道的“马哥精神”，当时的采写缘起是什么?

孙：大概就一年的时间，那时候我其实不是记者，我在做编辑，完全没有写稿子。做编辑的时候，我每天下班比较晚，凌晨一点多才下班。每天晚上，马哥都会来找我，他跑夜班车，我下班之后他就来接我。我们就聊半天，每天晚上都是这样聊，持续了有一年多时间，我跟着他跑了好多地方。当时有很多案例，现在觉得当时写得比较简单，写得也不是很好。那时我就觉得，马哥给这些出租车司机做了很多事儿，打了很多官司，这是弱势群体里面的一个英雄式的人物，我就想把他写出来。

问　每个写作者背后一定是有个人的价值观，他关注的东西都是价值观决定的。那你写这个底层，你觉得是什么样的因素影响了你对底层的关注和同情?

孙：我觉得可能是出身。我从小在农村长大，在农村会看到很多不公平的事情。刚开始，我觉得需要让自己强大起来。我那时候想去少林寺学武，觉得这个东西可以让自己强大起来。后来发现，再高的功夫，在一个崇拜权力的社会里也根本没有用。我看到贾平凹的小说《浮躁》，里面写到一个记者露出了记者证，别人看到之后马上就害怕了。那时候我对记者就产生了非常崇拜的感情，梦想去做一个记者。因为自己草根出身，所以就有了切身的感受，希望去关注弱者的命运。当这些人有什么事时，我就会从心理上起反应，那种感同身受的反应。

在我的价值观里，社会公平建立在力量的均衡中，博弈到力量均衡的时候，最终才会产生公平。而这种力量均衡的最终结果是什么？就是一定要站在弱者的身边，给弱者更大的力量。很多人说记者没立场，我并不认同。我觉得其实记者是有立场的，就是站在弱势一方。我们更多地站在弱势一方，去把这个事件客观地报道出去。有很多人说这些弱者存在问题，但我觉得核心的问题是他没有可以和强者对抗的资本，才会做很多极端的事情，我觉得这是一个社会公平的问题。一个民主社会也是这样，不管草根还是总统，可以拥有同样的权利，甚至可以对话。在目前的这个社会里，为什么我们都要往上爬，要有更多权力或者工作的资源？因为弱者在这个社会里面其实是被收割的一批。

问 2005年，你写了《金三角毒枭禁毒》，可以谈谈这个稿子当时采写的背景吗？

孙：2003年是中国深度报道刚刚开始的时候，好多报社才刚开始做深度报道。那时候我最大的梦想就是做一个调查记者，去那些最危险的地方，采访很多核心的东西。“金三角”对于很多调查记者，好像是内心的一个梦想，倒不是说那边真正有多大新闻，我只是觉得“战争”“毒品”是一个记者应该去做的新闻。在这样一个想法的驱使下，我就去了“金三角”，在那边接触了很多。很多记者去了“金三角”，把那个地方说得很悬，似乎说得越可怕就说明自己越勇敢。我后来去了，觉得那是一个很正常的地方，所以我做了一个非常客观的报道。我当时的主题就是，“金三角”是被公众妖魔化了的。

问 《留守陕北的北京知青》是个大稿子，这个采访的经过大概是什么情况？

孙：知道有这么一个群体，然后去采访他们。这不算是新闻报道了，可以叫非虚构写作。当时开始写特稿，以前是写得比较硬的，后来慢慢写特稿比较多，写他们的故事。有很多故事是一个时代给这些人留下的悲剧影响，这些知青说回不去北京了，当地人觉得他们是外地人，包括还有很多留在这里的孩子，就像电视剧《孽债》里面讲的一模一样。

后来接触老兵到现在，觉得自己生活在这个时代是很幸运的，没有被一个大时代裹挟，成为牺牲品。那些知青如果放到现在都是很厉害的，但是时代使这批人最终成了陕北农民。以前年轻的时候，我总感觉自己可以改变人生的很多东西，后来才发现人是被时代塑造、改变的。更多时候，个人的努力根本没有价值。

问 汶川地震的采访大概是一个什么过程？

孙：我当时就在西安，那时孩子还小，我妈在阳台上正给我儿子喂东西，我突然看见灯在晃，就特别敏感。西安曾经在1998年发生过一次地震，我说“地震了”，赶快就跑，那玻璃“哗哗”往下掉。后来确定汶川发生了地震。我第一时间给领导发了一个短信，说我要去汶川，他马上就答应了，然后我就开始订飞机票。到了机场，飞机起飞不了，等了一天，当年5月14日我就开着汽车从西安直接到汶川去。到了灾区，当时在绵阳体育场安置灾民了，我就开始采访。对于汶川地震，我作为一个记者应该能快速反应，而且尽量到灾区第一现场去，那时候一帮调查记者我都带着他们跑，采访了很多。

另外一点就是寻找核心的资源，比如新华社就找到直升机。我们坐着直升机进到灾区核心乡镇里面去，那里道路都垮了。我在灾区待了一个月，包括陕西、甘肃、四川这些受灾的地方我全都去了。我在成都的时候，有好几次，一个人写作的时候自己突然就哭了，根本就控制不住，无法承受这种突然的感觉。那时候我觉得对生命有了更大的感悟，我有一句激励自己的话：向死而生。如果一个人真明白了我们终究有一天会走向终点，那么就知道这一辈子应该怎么活了。这一辈子我是按照我的规划、我的设想去活的，我不会浪费一分钟时间，我不会去做那些对我而言没有意义的事情。

问 《异域1945》是你2010年出版的一本非虚构作品，《没有回家的士兵》是去年出版的非虚构作品，这两本书的写作背景是什么？

孙：我是从2008年开始一点点积累的，《异域1945》是我采访的一个结晶，我把它汇集和叙述出来，但写得还不是很成熟。2008年开始，我花了很大精力在这些事上，包括我的报道基本上都是和老兵有关的。那时候我采访了很多资料，去了缅甸好多次，开始做真正的田野调查。

《没有回家的士兵》是2017年出版的，写得比较长，其实是在《异域1945》的基础上延伸的，我当时觉得还是没写好，尽管有了很多新的内容。《没有回家的士兵》架构比较完整，主要写了远征军那三年多时间的战事，用很多人的故事把这几年的战争写出来，再回到他们如今的生活。我觉得，故事创作非常重要的一点是，除了要有故事情节外，还要有时间的跨度。时间的跨度会让一个故事显得更有质量、更有内涵、更有影响和冲击力。我写了他们在战场上的经历，更多写的是他们在战争结束之后的悲欢离合。

问 **你刚开始做记者，写老兵，后来转型从事公益事业，是不是觉得写作对社会问题的解决是有限的，还不如行动？**

孙：我做调查记者的时候，大家对我的一个评判是我的敏锐度高，对外界的感知比别人都要快，我从一些小事会突然联想到整个可能的趋势和大环境。碰到老兵这样的群体，我觉得可以身体力行地去做这些事情。我从2008年开始做公益，2011年辞掉工作，然后做基金会。我的公益其实和其他公益不一样，我们更多是在传播价值观。它的核心不是帮助了多少老兵，而是通过这个事情影响到多少人。后来我们的跟随者有很多，大家一呼百应。价值观被认可之后，跟随者一辈子都会跟着你。

汉娜·阿伦特[①]说过一句话："每次你写了什么东西，把它送到世界上，它就变成了公共事务……"我觉得这是传播的价值所在。从私人或者从一种隐秘的角落走向公众，走向大家都会思考的问题，这可能是我们所说传播的价值。

这就是我应该达到的层面。我进公益领域的时候，公益圈好多人都不认可，其实我们能做起来，就是通过大家的传播，把宣传做成一个个案例，把传播做好，好多人知道之后，便引来更多人参与。媒体人给这个行业最大的贡献就是用传播带来价值，让大家明显地认识公益。后来邓飞、王克勤都来做公益了，最终因为我们的介入，公益圈现在才越来越重视传播了。以前很多人都觉得，做好事是不需要传播的，我觉得这是一个道德化的理念。做一件好事，大家都知道，整个社会都会觉得我们要做好事，这是一种价值观的宣传。公益圈是被道德绑架得比较严重的一个行业，媒体人的介入让这个圈子觉得传播是多么重要。

问 **从早期的调查报道到如今对老兵故事的系统整理，一直以来，你写作的驱动力是什么？**

孙：其实写作只是一种手段，我们还是希望看到一些改变，这是核心的。还有一个问题我也有思考，有一个朋友是银监会的，社会的上流人士，有一天他突然跟我聊起："你写的那些东西我根本不爱看，你写的那些东西都太负面了，我们不愿意看一些很负面的、很阴暗的东西。"我就会思考，

---

① 汉娜·阿伦特（Hannah Arendt，1906—1975），美籍犹太裔政治理论家，以其关于极权主义的研究著称西方思想界，被认为是20世纪最重要的政治哲学家之一。

的确，我觉得记者非常明显的特点就是自以为是，觉得做这个事怎么厉害，其实真正的社会场景和记者想象的东西是不一样的。有时候过多的批评不一定是好事情，问题大家早就看到了。这时我们是不是可以做一些积极的、起推动作用的事？能不能传播一些正能量，身体力行做一些事情？王克勤去做关爱尘肺病人的公益项目，也是看到报道没有作用的时候，就做一些身体力行的事情，带动更多人参与，这种改变也是很有意义的。

我做公益这十年来比较大的改变，就是从新华社的一个调查记者，一个算是有影响力的记者转变为一个很弱势的公益人，是对自己生活状态的一个改变。开始时我不适应，然后发现必须自己改变。这种改变就是要承受很多压力，要承受社会的质疑。当所有人都在质疑我的时候，我只有忍着，只有不断地去解释、澄清，努力用实际工作让他们相信。转变之后我发现，其实人就应该很卑微地活着。只有心里有了敬畏，才会活得很快乐。

我觉得真正的人生是一个不断去掉伪装的过程，小时候都很真实，然后越来越会伪装，到老年的时候绝对不会再装了。人生早一点知道就好了，这是我很大的一个转变。第二个大的转变是价值观层面的改变，因为做公益和外界有了更多接触，真正接触了很多文明，它对个体生命的这种尊重是我没有想到的。有人让我给一本书写序，这本书是美国总统在阿灵顿公墓前讲话的翻译版本。为了写序，我把这本书看完了，看完之后触动很深。克林顿总统2000年去越南访问时，谈的第一件事是寻找在越战中失踪士兵的遗骸。因为国家对士兵有一个承诺，无论士兵是战死沙场还是失踪，一定要被接回家。我看完这些东西之后，联想到我们做的事，当时就热泪盈眶，这也是“老兵回家”核心价值观所在。“老兵回家”活动做了两三年时间，我真正找到了方向——对生命的尊重。后来我再到缅甸战场，看美国人怎么做的、英国人怎么做的、日本人怎么做的、中国人怎么做的之后，突然找到这个问题的核心所在。真正的问题不是制度问题，是价值观出现了方向性的错误，是对生命没有最基本的尊重。

当我做基金会这么长时间之后，突然重新回到了媒体人的角色时，目的在于价值观的传播，传播一种思想和文明。我们做老兵项目是身体力行的事情，但是要让影响力变得更大的话，在整个的价值链顶端一定是做传播的人。

问　纸戈传媒是什么时候成立的？创办的初衷是什么？现在它主要做哪些事情？

孙：2018年2月成立，最核心的是生产战争故事。现在我们的产量很低，快大半年时间，我们做了还不到四十篇故事，但是这些故事影响力都非常大，有的已经有百万点击量了。这些只是初期探讨的模式，接下来围绕这些故事我们就会去做一些更深度的开发，包括影视的开发，这样会形成真正的产品，用商业化的方式推动使命更好地到达，而且持续化生产，持续化发展，我们会做一系列文创产品，我们希望用商业化的方式去解决很多公益性的问题。

问 你在动笔写作的时候，会预先有非常明确的主题吗？

孙：不管是以前做记者，还是现在写东西，故事已经在自己心里面有非常熟悉的整体架构，对所有环节和逻辑，想要表达什么，一定在非常清晰后，我才去写。如果不清晰，写出来很别扭。如果已经非常明确，写出来的是一气呵成的东西，那种东西读者是能感受到的。有一个编辑说我写的东西真是密不透风的，想删一个字删不了，想加一个字加不了，就是到了这种地步，整个结构非常严谨，表述非常严谨。

问 最近我自己写故事的时候，发现比较长的故事通常会涉及结构的问题，怎么把这些材料放在一个结构里面很关键。我想听一下你对结构的认识。

孙：首先，我要求每一个编辑，不能超过三分钟把一个故事讲完，讲完之后能不能吸引我，这是一个核心。我们在选题方面要求非常严，场景化特别重要，这是非虚构写作比较重要的一点。然后，这些场景之间都是串联的，按照时间节点把它一个个串起来，串起来之后，再考虑文章的开头和结尾。

第二个重点就是开头和结尾。我给大家的要求是，开头一定是最吸引人的东西，可能就是最新的一个事情，或者是最有悬念的一个东西。而且可能在这个过程中用很多蒙太奇的表现手法。结尾一定要让大家留下很多感慨，或者能给大家带来反思。不要把话全说完，要点到为止，突然一下就结束了，感觉好像没说完，但是又说完了；要把很多东西留白，把东西留给读者，让读者有很多反思。读者把文章读完之后，会很长时间缓不过劲儿，甚至会再读一遍，这是它的信号意义所在。中间就是这个故事怎么来描写了。我们在故事描写中有一个技巧性的东西，就是制造悬念，而且把这个悬念立到这里，后面才会给交代，这个谜底是什么，这是技巧。还有一个是将过去和现在交错起来，讲述着1949年的时候，再突然讲到半个多世纪之后，不停地交错起来，那种感觉慢慢就会出来了。我们的文章经常是这样，开头结尾很吸引人，中间不停地交错，有点像平行蒙太奇，让人感觉画面感特别强，对人的触动会比较大。我觉得技巧性的东西真的是需要去阅读和锻炼的。

问 不要从故事开始的地方开始，不要从故事结束的地方结束。我最近开始写东西，发现结构可能是一个初学写作者最大的障碍。结构会让整个故事显得完全不一样，这是结构的价值。

孙：我们的非虚构写作内容“龙哥的战场”是做得最用心的一个公众号，不管是故事的情节还是质感，我们是做得最好的。现在很少有人再去做这种吃力不讨好的事情了，但是我们一直在努力工作。我看了那么多的公众号，它们没有我们的格局和气象。从我们的角度出发：第一，我们的内容承载着很大的价值观的东西。第二，我们的精细度和质感是没有人能超过的，当然我们的数量比不上别人。我们在做小众领域的东西，我们希望能做出更大众化的东西。

问 你的写作习惯一般是什么样的?

孙：我的习惯其实和时间快慢好像没什么关系。写作的灵感来了，我在飞机上两个小时就可以写一篇文章。有时候可能需要好几天时间。有时候半夜突然两点钟睡不着，马上就去写文。我写东西，前期采访会做得很充分，当真正写的时候，我几乎不看我采访的东西。我写作的时候会先打开一个文件，空白的文档可能就有几个关键词，把几个关键词列上去就开始写了。我从来不去整理录音，采访本上会把要点记下来，就写几个关键词。只要说一个关键词，我脑海里面把所有当时的场景全都提出来了，写故事最核心的就是，你印象最深的一定是你故事最核心的东西。

问 我拿回一大堆资料的时候，虽然每一句都看懂了，但是我不知道怎么处理这么多材料，怎么把它们放到一个结构里面去。一些写作者容易受到采访对象话语风格的影响，怎么克服这种问题?

孙：你把这些东西全吃进去了，吐出来的东西就是你自己的东西。所有东西都是素材，脑海里面最重要的是出来一个成型的产品。你吃了很多东西，各种蔬菜调料吃进去，却要炒一个很精美的菜出来。

整个采访的过程中，我自己会回想很多东西，可能采访完了之后，我的整个故事架构就出来了，尤其是写故事，它其实就是情节、逻辑，我每次写之前一定要对整个东西理解得非常清晰。我每次写文章都是把开头和结尾先写了，再写中间的，我对这个东西从立意层面就已经比较明晰了。我基本上写过一遍就不愿意再去看了，也不愿再去改了。

问 你还有什么个人化的写作习惯？

孙：我写东西基本上是要从头写到尾，不管是白天黑夜，哪怕写通宵，会保持在一个全神贯注的状态。那种激情上来的感觉会特别棒，是一种很大的享受。我的文字本身，包括我自己，来自外界的一个评价是特别淳朴。我的文字没有那么多炫技，我词汇的储藏量特别低，而且读的东西不多，这造成我的文章里面几乎没有很生僻的词，没有很拗口的语句，就是非常简单的话语表述方式，也可以把这个故事可以说得非常到位。大家都觉得我没有很华丽的东西，只有非常简单的叙述。我觉得好处就是因为太熟悉了，真的到了那种炉火纯青的境界了，而且做的都是那种点到为止的东西。

我在这个过程中会讲求很多技巧性的东西，我不会完全沉浸到里面去。我们编辑有时候边写边哭，完全把自己作为主人公了。我可以把自己作为其中的角色，同时可以跳出来，我知道怎么更好地触动读者，这是技巧层面的东西。

现在我也会看新媒体，并且做与之相关的内容。但有时候也会有一些质疑，自己所坚守的或者自己以前认为的一些内容，我们讲究的那些架构的问题、开头和结尾的问题，适不适合现在年轻人去阅读，我内心挺矛盾的。比如，我一直觉得那些东西是应该的，但是在我们年轻人，那些90后，不一定会认同。他们不愿意，说："为什么要带给我那么多反思呢？我就想简简单单的，不想去反思，不想去考虑这个问题。我还没找到对和错，不知道到底会是一个什么结果，所以我也是在不停地尝试。"因为我们的采编团队也是比较年轻的，我写的东西，有时候他们不认同就是不认同，我的解决方法就是让大家去尝试。

问 你当过这么多年的媒体人，写作中会有非常明晰的读者意识吗？

孙：是的，这个对象感是非常明晰的。写文章的时候，我知道自己文章的泪点在哪里，读者看了之后会在哪里被感动，或者是在哪里会有一个什么样的感受，我都能够感受得到。我会做这些布局，我觉得这是一个生产环节，作为一个创作者应该是在创作，而不是在自我表达。做一个产品的时候，就要有产品思维。我的对象是我的客户，我的客户是读者。我怎么做一个精美的产品，让客户去接受我生产的产品，这个产品是什么形状、什么颜色的，这是我要去考虑的问题。

问 你的公众号“龙哥的战场”汇集的读者主要是什么样的一个群体呢？

孙：我们粉丝是中老年人居多，中老年群体中男性居多。男性读者多是正常的，他们对战争是关注的，但是中老年人居多，我感觉就有点问题了。我在思考：我们是不是和这个社会脱节了？我们传统的媒体人在做的这个故事，本意是想去影响更多年轻人，却发现影响的还是传统的中老年群体，于是我们就在反思：我们是不是哪里做错了？我们现在也去做一些迎合年轻人的事情，比如说把这些故事做成“轻阅读”，我们现在开始开发漫画系列，还在做适合年轻人的线下场景展示。这个东西在以前是我根本不接受的，但是我现在会去改变。

我们写了一个特别美的故事，在1949年之前，杭州国军的空军基地，一个空军飞行员喜欢上一个女学生，然后他们就相爱了，经常在西湖边上散步、约会。那个空军飞行员在训练的时候把飞机开到学校上空去表演。1949年，这个飞行员要撤退的时候对这个女学生说，和他一起去台湾。女学生不愿意去，说她再有半年时间就毕业了，等她毕业之后再去。毕业之后，女生就去不了了，这两个人就此分开，音讯全无，但是她一直记得这个初恋。后来这个女生嫁给了一名解放军，丈夫对她很好，很理解她，包容她，还帮她去找这个初恋。到晚年的时候，女生丈夫去世之后，孩子又帮她找初恋，最终在前几年的时候，他们在台湾找到了她的初恋。这个人在1955年飞机训练的时候出事了。后来我们的志愿者从台湾把她初恋的照片带回来，她看了就在哭。我们听了之后，觉得这是一个凄美的故事，就把这个故事按照传统手法写出来。我们内部的员工有不同的意见，他们要做一个展览。这位女士收藏了很多在1949年之前初恋送她的礼物，扇子、香皂、衣服全都保留着。我们的员工要在西湖旁边办一个快闪式的展览。我觉得这个东西没有意义，就和年轻人的思想发生了碰撞。最后，我还是听从他们的意见。年轻人觉得这个东西很好玩，我们如果传统地把这个故事写出来，可能就吸引不了年轻人；在线下搞一个快闪展览，就很吸引年轻人。

这是我的一个自我纠偏，或者说是我的心态比较好，比较愿意去学习。我这么多年总结出来的一个经验是什么呢？要学会了解自己不认同的东西。这其实是一个很中性的态度，对于自己不认同的东西，不是非要去接受，而是要主动去了解。我们了解之后，往往会发现是自己错了。这是我人生中一个很大的感悟和收获。你不认同年轻人那些东西，觉得自己是对的，到最后你会发现自己被时代抛弃了。

问 **你讲老兵这一块，比较能触动人情感的细节会让人哭，包括你也哭过。那你如何去理解写作中情感的介入对真实性的影响？情感太多的时候，会不会影响我们对故事冷静、纯粹、客观的书写？**

孙：这是一个很专业的问题，包括我们有时候也在想，我们自己内部也在讨论。我们为了传播，或者为了打动人，有时候会通过技术化的手段去做架构方面的调整，然后达到传播效果。如果我们从整个学术或者从分析非虚构写作的伦理层面出发，这样是不是已经突破非虚构写作的框架了？我们有时候会做得很严谨，这个东西是什么架构，一点点都不能改变。但是我们想要的东西是什么？我们的目标是什么？我觉得这是一个从学术到市场的问题。我们现在是很明确的，我们要传递价值观的东西，要让更多人知道这些东西。

关于“标题党”的问题，我开始是很抵触的。我在起标题的时候，还是传统的文章标题，就三四个字。我后来在腾讯开了一个号，腾讯的一个90后编辑把我批评了，他说：“孙老师我和你商量一下，这个文章的标题，你其实可以起得更好一点。”我说我就喜欢这样，然后他就不吭声了。后来他又说：“孙老师其实你可以把标题起得更长些。”后来我就去尝试，马上就警醒了，因为我发现传播效果真好。有时候我们抵触的这些东西，回头一看，我们其实都是“标题党”。真正的这种“标题党”，是有一个边界的，就是能不能真正地做出一个让大家很喜欢的东西，而且把自己的价值观传达到了。如果他只看一个标题就理解了，那何尝不可呢？这是我的一个转变。

如果说严格意义上学术范围的非虚构写作，我们可能真有一些边界已经被突破了，尤其是一些心理层面的描写、一些感性的词语。怎么知道人物当时怎么想的？怎么知道人物当时是这么考虑的呢？我们有时候会做一些合理化的推测，类似报告文学的写法。我举一个类似的例子，在做抗战老兵特稿的时候，很多人就质疑我说，这个老兵的身份有没有核实？他是不是真的老兵？提出这种质疑的都是一些搞历史研究的人，他们会质问，这个老兵是1943年的黄埔军校某一期的士兵，但是1943年的兵就不是老兵。

后来我们怎么看这事，这是一个历史研究和慈善区别的问题。我做慈善的，不能像做历史研究那么严谨。如果这样严谨，我势必会把很多真正的老兵排除在外。当然如果我不严谨，这里面就会有假的。我接受这种结果，可以容忍有假的存在，因为我不能伤害到真正的军人。我可以有百分之一的比例去容忍虚假，但是做历史研究就得是百分百的真实。就像非虚构写作，我们希望能更好地把这种东西传递出去，我不是搞历史研究的，所以我们现在争取做很多东西，淡化了战争的技术层面的东西。比如说老兵的番号、战场起始时间、用过的兵器，我可以不写这些东西。我觉得，如果做不到严谨的话，反倒会做错。它不是我们的核心，我们的核心就是讲故事。我们接下来会做的一个东西是什么呢？从非虚构写作到小说之间，能不能找到一个桥梁？

问 **我访谈过非虚构作家雷晓宇老师，她的文章会有一些争议。她结合李安本人和李安的作品，对李安进行心理分析，把对李安的心理分析再写进文章里面去。有人非常叹服她的才华横溢，严谨的记者会觉得怎么能这样子写呢？但是她分析到位，逻辑自洽，文采斐然，自成一格，你怎么看？**

孙：如果说我们的目标是传递我们的价值观和使命的话，那么为什么要在这个事情上这么较真，投入这么多精力去做？我们上次发表了一篇文章，就注明是根据真实事件改编的。这个故事是关于老兵和他的勤务兵的。1949年之后，他们到台湾之后，他的勤务兵得了癌症，临终之前就对长官说："我在大陆有一个初恋，我死了之后希望能把我的骨灰带回大陆。如果那个初恋愿意的话，等她死了之后，把我们安葬到一起。"这个长官受到下属的委托，1989年回到大陆就找到了这个初恋。她居然没有成家，长官找到她之后，两个老人谈着谈着就结婚了。这个长官娶了他下属的初恋之后，两人相互照顾。下属的初恋死了之后，长官就把她和他的下属安葬到一起了。这个故事是一个老兵讲述出来的，他自己知道这个故事，但是当事人都不在了，我们没有办法去采访，只能去做一个资料还原。

我觉得，非虚构写作应该和报告文学、历史研究各有不同的侧重。非虚构写作的核心不是从事实层面严谨到绝对程度，核心是故事的真实性问题。不像做历史研究，哪一天、哪个地点，不能有半点差错。文章的轮廓、骨架是真的，这是非虚构写作。如果再要把它搞得像历史研究那样，就有点学究了。

问 **你写东西的话会比较依赖材料吗？**

孙：会有，尤其是涉及历史题材的话，我在这方面是要做非常大的查阅工作的。在非虚构写作层面，我想和大家谈的，就是故事只是一个简单的线条，真正让这个故事丰满起来是需要很多枝枝丫丫的，就是做故事的延展。这需要搜集很多的资料，比如说这个老兵当年是哪个部队的，我就会去把这个部队研究一下，可能就会发现一些蛛丝马迹，我们又去补充这些东西，会让这个故事更丰满一些。

我们现在的采访，有时候是一个人的讲述。他讲了自己家族的故事，仅仅这样是不行的。他讲的这个故事中涉及的人，我们会继续跟进，最后让这个故事更丰满。如果说只是一个东西，还是感觉太单薄，所以我们的故事有可能涉及很多人物，这样人物都会有纵深的方向的延展，那种电影化的东西才能出来。

找资料简单的方法就是网上搜索，再就是我们有一些专家队伍去核实和了解。我们现在收藏了很多这方面的书和资料。为什么我们这个是别人做不了的呢？我在这个领域十几年了，这些专家、志愿者、老兵我都认识，我会在谈A的时候，找出B来佐证，而且是找出他们的一些关联，相互印证。比如说在采访A的时候，我突然说B当时是A这部队的，A说他也认识B，突然再延伸到B的故事，如此，我们现在写了很多故事。最后会发现，我们在采访这个人时，写的是一个共产党的兵，那个写的是国民党的兵，还有写的是日本人，然后突然会发现他们在同一个战场打过仗。我们就会把这些东西在一个时间或者空间的环境里面进行关联。

问　有没有那种很难写的情况，虽然这个材料采访到了，但是整理不下去，写不出来？一般会怎么排除写作中的干扰呢？

孙：有，就是最终结果不满意。写作一定是很愉悦、很得心应手的一个过程。就像做手术，左右开弓，得到想要的结果，这个手术才会成功。而且在过程中会很享受很愉悦，沉浸到里面去。如果你自己做得很艰难，那么读者的感受也会非常强烈。比如我写的一篇稿子，别人会评价说，一看就知道是一气呵成的，或者说这个东西真的是密不透风，写得很严谨。所有感受，读者都会用一些感性的词语去评判。如果你真的写得不好，别人会感觉到。我们会在写的过程中，预判这个稿子会有什么样的反响。

我的状态，就是感觉来了，我连饭都顾不上吃，手机也不会看。这是一个很享受的状态，我会生怕别人打断我，到凌晨两点了都不舍得去睡觉，一直写到天亮，不停地写。我写东西写得很慢，写一个故事需要收集资料，但是要写的时候，一定是一气呵成的。经常是一次性连续把它写完，如果分成两天，我就会感觉气场受到了影响。当然现在事情太多了，为了规避其他杂事，我一般选择在晚上写，因为白天的事太多了。

主要是要有灵感，这种灵感非常奇妙。今天灵感非常充沛，明天可能就没有了。为了保持这种灵感，就算今天没时间写，我也会不停地记录一些东西。我在手机上给自己发微信，不停地发一些东西，把它记录下来，然后再整理。灵感不停，而且非常清晰，如果灵感不到来的话，我一般不会去写。有那种很激动的、很投入的、很亢奋的状态，我几乎就成功一半了。那种反正只往那一坐，一天可以写几万字的状态，我真是做不到。而我有时候写一句话，可能想了一个小时，就在那纠结，究竟这个应该怎么表述。

问　能不能谈一谈细节写作对一篇文章的成功所起的作用?

孙：谈到细节，我觉得在于采访中的观察力和敏锐度，这是一个非常重要的点。在当事人身上经常会发现一些细节的东西，都是他心理的一些表现。比如说我曾经采访过贾平凹写的一部小说《高兴》的主人公，他叫刘高兴，是收破烂的。我就到西安他收破烂的房子去了。我突然发现有个地方特别好玩，他那个房子里面是没有窗的，但是他捡来了一个窗户，把它钉到墙上去了。你会突然发现这个细节，感觉特别棒。接着，我跟他聊，其实他内心对外界是有一种向往的。他作为一个收破烂的，类似于自娱自乐这样一些细节，在他的一点动作，或者他言语中的一些话，都能展现。我觉得这完全是个人的敏感——看我们能否接收到这些东西，以及观察力的问题。这真的是经验，和别人聊的时候有很多这种细节东西，就看我们能否把握得住。

问　我想问一个采访的问题，这个是你的专长。我们采访一些人，每个人都不一样，那么怎么样能让不同类型的采访对象都敞开心扉呢?

孙：设身处地地去考虑问题，站在受访者的立场上，不是我去采访他，而是站在他的立场上，有同理心的情况下，和他去谈这个事情。当你站在别人的立场上的时候，你就会发现好多问题，是人的本性所致。

当我们和受访者站在一起，他马上会有共鸣，而且只有这样，才会找到问题的核心所在。我们最终的采访报道，不是想去批评哪一个人，而是找到这个事情的根源所在。

问　咱们聊到这个公众号，你团队现在有没有类似于媒体里面那种编辑规范的准则呢，比如说一篇文章不能多长?

孙：我们现在已经在慢慢形成一些规范。第一个是关于字数，我们不停地在做一些要求，比如说我们不能超过五千字，没有一个故事是五千字都讲不完的。第二个是关于故事情节的问题，我会开选题会，三分钟之内把这个故事讲完，我拍板觉得这个可以做，就是成功了一半。尤其是非虚构写作的选题，故事是最核心的，如果这个东西不成立，再华丽的文字和后期的技术都没有意义。如果故事真的很好，哪怕写作很烂，无论是用普通话还是用方言讲，它都是一个好故事。包括用短句，段落不要太长，这就是结构的问题，是“术”的问题了。

问 写人的这个难点在哪里？关键点在哪里？

孙：走心啊，就是他能走心，你也能走心。我们接触的这些采访对象，他在采访过程中自己都哭了，双方都被触动了，最终出来的文章就会打动读者。我们现在刚开始做泰北系列的采访，第一篇就很失败。因为我们采访他的时候，他总在回避。他的故事很好，但是情节非常干，没有细节支撑。我们把这个故事写出来之后，大家感觉干巴巴的。故事情节一定要有更多细节去支撑，但是他不愿意去讲，进入不了状态，他对我们有抵触。后来慢慢好了，我们就做得很棒。

我们其实是在做当事人想表达的一些东西。我们现在做了很多，就发现，我们采访的这些人内心都有倾诉的欲望，但是因为政治环境的问题，或者多少年没人愿意听他讲，他们一直压抑着。讲完之后，他们就感觉很舒服。他们把压抑在心里多少年的故事讲出来了，讲得非常投入，我们也可以写一个特别好的报道。也会出现问题，这些人把它讲述出来之后，过了几天，他们突然就不愿意让我们发表了。我们走到了他们内心深处，也触动了他们内心深处的伤疤。如果把这个东西讲述出来，等于是向他们的历史和解了，把这些东西都放下了，他们也会活得很轻松，但是最后有的人就不愿意把这些伤疤告诉更多人。其实我觉得那几篇不能发表的故事，可能是真的触碰到人性的东西。这些故事在事实层面不会有任何问题，只是后来当事人有一些顾虑，他要考虑到家庭影响。

有一个当事人，他讲述他妈妈小时候老打他，他就疑惑：“我妈为什么老打我？”后来他才知道那不是他亲妈。在他生父临死之前，他才去认了自己的父亲。后来，他觉得养母对他有养育之恩，因此他又照顾养母。他觉得如果把这些东西说出来，对养母是有伤害的。这当然是很棒的作品，我们也会尊重他的意见。这就是走心，他愿意把这些东西告诉我们，这很难得。

问 关于中国远征军方面的图书，有哪些书是写得比较好的？你可以推荐一下吗？

孙：当自己来做这个事情的时候就比较挑剔，觉得很多都不好。尤其是当自己研究得越来越多的时候，就会有自己的判断标准，而当用越来越高的判断标准去衡量的时候，就什么都看不上。我自己的衡量标准和别人是不一样的，有很多的确很优秀的作品，但是每个人判断的角度不一样。我现在判断好的作品和不好的作品，是有自己的角度的。我的角度是，这个作品是不是符合我的价值观，是不是符合人性。

别说书，我把百分之七八十的战争电影都看过了，应该有几百部，中国的战争电影几乎没有让我看得上的。我觉得，关于战争题材的作品有一个最基本的伦理底线——它应该是反战的。它不该鼓吹战争的正义性，或者说不该鼓吹胜者，应该建立对战争的最基本的底线——不能再去宣扬战争了。站在这个基础上判断，在中国缺少好的战争电影。中国所有战争电影，稍稍符合这一点的只有《集结号》，它真正展现的是关于个体生命的意义。

我看过的比较经典的一些电影，比如《追风筝的人》《细细的红线》，还有韩国拍的一些电影，比如《高地战》《太极旗飘扬》。我不是很喜欢看美国的战争片，像《拯救大兵瑞恩》《血战钢锯岭》，它们在美国其实是另外一种抗战神剧。真正的战争电影，我喜欢韩国、印度这些国家拍的。仅仅是从这个故事情节来看，不从技术、资金系统看，我们不知道是韩国拍的还是朝鲜的，因为太中立了，完全是站在一个第三方的视角还原战争，它没有去说别人多坏，也没有说自己多好，完全是一个场景、一件事，把人在战争背后那种懦弱、害怕和恐惧展露无遗。

问 在写作方面有哪些作品对你产生了影响？

孙：我现在回想起来，我看得最多的其实是两本杂志，一本是《收获》，另一本是《小说月报》，我几乎连续看了十年，从高中一直到大学，大学毕业后就不再看了，没时间看。我几乎每期都看，持续地看。为什么我现在对写故事比较喜欢？就是因为小说看得特别多。在《收获》《小说月报》上有很多大家，这两本杂志刊载的都是精品小说，我全都看完了，并且有很多收获。后来我有自己对故事的架构、语言的敏感度，受到读小说的影响特别大。

我看的这些，要是放到现在让我看，我可能也看不下去了。在当时那种状态下，在自己能力还比较低的时候，看到很多东西还是比较好的。回过来看，我当时很喜欢的反倒是一些记者出身的作家，这些作家写得很真实。

他还写过《跑步穿过中关村》，对中关村卖“黄碟”的那些人描写得特别真实，你会发现故事真正来源于生活。其他我真是看不下了，节奏太拖沓了。我觉得小说像非虚构写作一样，核心就是怎么吸引人把它看下去。文采的东西其实都是假的，重要的是怎么让大家信任，吸引人，让读者看下去。

现在好多人愿意看网络小说，其实就是讲故事的能力比较强，传统方式可能真是越来越被淘汰了，要简单地讲故事。我们以前看小说，前面全是一些风景描写、一些感慨，现在就是直接讲事情，第一句话一定是场景描写，这是最核心的。人们的文化消费层次提高之后，需求发生变化了。

我这几年看电影比较多，而且都是故事片。我每周都会看电影，而且经常是每周在手机上看两三部电影，几乎把有影响力的经典大片看完了。我根据片子的评分排名一个接着一个看。我觉得这个对写作特别重要，电影对故事架构的锻炼特别棒。我写的文章开头和结尾其实就像电影一样，就是那种特别场景化的东西。

谢梦遥

在写作上坚持完美主义

谢梦遥，1985年出生，笔名“莫敢”，新生代非虚构写作者，《人物》记者，现为《人物》杂志总主笔，曾任职于《亚洲周刊》、博客天下。在《人物》杂志任职期间，撰写了《最强辩手》《岳云鹏：相声阿甘》《曹云金：离开郭德纲的日子》《隐于幕前：横店群演故事》等代表作品。他文风洗练，表达克制、精准，笔下人物的内心走向和外部环境呈现出契合感。

谢梦遥不是科班出身的记者，2008年，从中国政法大学法学专业毕业之后，他赴香港城市大学攻读硕士学位，毕业后入职本地一家NGO（非政府组织）。在NGO工作期间，他得以与社会各个层面打交道，这激发了他对新闻工作的兴趣。2011年，《财经天下周刊》向他抛来橄榄枝，发表第一篇新闻作品那年，他二十六岁；2013年，他回到香港入职《亚洲周刊》，几番波折，在香港与内地之间游走；2016年春天，他回到北京担任《人物》杂志的主笔，直至今日。

“浸泡在派对和晚宴中，和各色名流谈笑风生”，这是外界对于《人物》记者的普遍认识，但谢梦遥形容自己“生性羞涩，不爱社交”，比起大人物，他更加关注大潮流中的

"小人物"，在微不足道的点中挖掘新闻。他曾将自己比作快递员、管道工人和巫师，把新鲜的真相塞进每一家门口的牛奶箱，在暗无天日的管道里挖掘真相，令沉寂的归于尘埃的人事重见天日。他对人们不幸的命运抱以怜悯之情，对道貌岸然的名流直笔批判，他也曾幽默地形容自己的职业功能——让人们看到大人物撒谎时嘴角的唾沫星子。

在访谈过程中，谢梦遥提到过最多的词是"善意"，这是他认为一名记者应该遵守的职业道德，这样相互的"善意"存在于记者与采访对象之间。现在，他已不再是香港街头穿着笔挺西装的上班族，也不是刚做记者时在选题会上开口说话都会脸红的新人，在《人物》杂志总主笔的位子上，他将继续践行他的职业理想——说出真相，改变不公。

访谈实录

问 你典型的写作日是怎么样的?

谢：早上起来先看看新闻，了解外界都发生了什么，然后就开始写了，写上几个小时后可能就写不动了，这一天就过了。如果离截稿期还有三四天的话，每天会连续写八到十二个小时。但如果是到最后一天的话，就会二十四小时不停地写，不间断，不吃不喝。

问 你需要专门待在什么地方进行写作吗?

谢：带个电脑随时随地就可以开始写了，高铁上也可以。

问 一天中你最佳的写作时间段是什么时候?

谢：一般来说是晚上。

问 平时你怎么找选题?

谢：我没有抱着很特别的目的去找选题，多数灵感来自生活中的阅读，或者生活中碰到了什么事什么人，如果他们能够激发我的写作欲望，我就会考虑去写。

问 你如何做到让采访对象对你吐露心声?

谢：首先要在采访前做充足的、真诚的准备，要让采访对象感觉到你有多认真，这样他才会在某些方面呈现打开的状态，他也不可能所有事情都跟你坦白讲，但他至少能够坦诚一些。现在我越来越受益于这样一个“充分准备”的原则。

问 你写东西都是一口气写完的吗?

谢：是这样的，有的时候卡住了是因为采访做得不充足，我只能停下来再去采访，但这种情况都很少。

问 在写的过程中，你会考虑读者的阅读感受吗?

谢：尽量不要让读者在阅读的过程中感到疲倦，有一些很古老的原则，比如某一个段落里面的数字不要密集地出现三次，不要用时间、地点来作为文章的开头，还要在适当的地方设置悬念。除此之外，现在的我还会更在意要让我的读者明白文章里的一些信息是怎么来的，是什么人说给我听的，他自己又是以什么样的方式拿到这个信息的。即便用上帝视角来写文章也要说明信源，而不是将信息凭空摆在那里。这样做才能增强文章的信服力，也能证明我没有洗稿。我很在乎这一点。

问 你写过很多篇万字长文，从初稿到终稿会来回修改很多遍吗?

谢：基本不会做太多修改，逻辑上不用做大的调整，但是我会对一些句子做很多修改。如果你是我的编辑，你会发现我经常这么做——到了截稿日，我给你发了一个“最终版”，过一会儿我又发一个改过的版本给你，再过半个小时，我又会再发一个，这个过程中我可能会修改四五十个句子，我尽量使每一个句子简洁漂亮。有时候我不希望一个词在文章中出现很多次，我会换一个和这词很相近的词，这是我的一种写作洁癖。

问 文章的开头和结尾你都是怎么写的?

谢：早在采访的时候就会想怎么写了，这个写作意识会伴随整个采访。如果你预想到了文章的开头或者结尾的场景，那你就要到新闻现场去看，错过了就拿不到了。

问 那你是怎么给文章起标题的?

谢：我喜欢简短一点、有诗意并且能够留下余味的标题。我不喜欢现在有些媒体起标题的风格——把最劲爆的信息塞进去，让读者一看就知道这篇文章在玩什么花样。

问 写作技巧对你来说非常重要吗？

谢：我觉得技巧很重要，基本上和信息基础一样重要，技巧是在足够丰富的信息基础上让读者有阅读兴趣。把文字处理得好看、有可读性、有节奏感，而且不能太花哨，这都需要技巧。有人说我的文章技巧不强，很朴实、节制，但其实我还是用了很多技巧。一个好的首尾呼应，或是文章中间的一个伏笔、一个隐喻，都是技巧。

问 在多年的写作生涯中，有没有遇见过拒绝采访的受访者？

谢：很多。比如说卓伟，我跟他认识很多年了，特别是去年他经历了职业生涯上比较致命的打击，我觉得也许是一个新的采访时机出现了，于是我就一直在约他，他对我也很友善。但即使是在这样的情况下，他也没有正式接受我的采访。记者都会面临这样的难题吧，像这样的情况，需要做的是等待下一个时机。

问 你说写作会给自己带来生理上的痛苦，你会把这种痛苦当作继续创作的动力吗？

谢：生理上的痛苦就是坐不住，觉得自己没法完成这个稿子，不断地自我怀疑，当然我希望没有这种焦虑感，我觉得在愉快的状态下才能写出好的东西。其实每次写稿子的时候，我都会觉得这篇稿子应该是我面临的最难的一篇，但往往前面越难后面就越容易了，素材剩得越少的时候，我就会写得越顺。

问 你的写作速度快不快？

谢：其实写作过程中最难在于选择素材，然后梳理逻辑，把杂乱无章的时间轴调整好，这时候写作速度是最慢的，也许一个小时只能写一两百字，但是到了后面会很快，一个小时就能写一千字。

问 经常看到你发朋友圈“又干掉了××万字的录音”，你的写作习惯是必须将录音整理好之后才开始写吗？

谢：是的，我尽量做到这样。只有这样，我对素材的把握才会全面，才会知道哪些材料是足够的，哪些逻辑是可行的。

问 那你是如何梳理这些录音材料的？

谢：我会将它们分块归类，比如说这一类是专门讲述主人公做某件事的，那针对这个事就直接做一个文档出来。然后梳理逻辑，再根据逻辑去列框架，每一个标题里写什么也会列出来，最后在写作过程中不断地调整逻辑框架。

问 哪类人群会引起你强烈的书写兴趣？

谢：我没有给自己限定框架，很多时候都是这个人触动到我了，一句话或者一个画面都会促使我关注他的故事。如果我觉得这故事有报道价值，有公共性，并且有特稿所需要的曲折性，我就会写。

问 那么成功者的故事呢？

谢：其实很多成功者的故事是很相似的，《人物》记者不要只关注成功者，选题的覆盖面应该广一些，我们可以关注一些失败者故事，他为什么失败？他在这个失败里头是如何跟自己和解的？他和命运做了哪些抗争？这些都是值得讲述的。

问 你的采访风格是怎样的？

谢：要看情况而定，如果采访时间充裕，最开始就是聊天，在这个过程中我会一直观察采访对象，但如果是只有一个小时的限时采访，就会通过情境来设置几个暖场问题，暖场问题也是有指向的，但会比较柔和，能给我提供写作信息。比如说我之前采访马东，我问“你最近在打什么游戏呀”，听起来这就是一个闲聊的感觉，但实际上他给我的回答我是可以用的，可以体现他是年轻人的那一面。暖场问题问完之后就会进入一个比较融洽的交流氛围，这时候就可以迅速地展开提问了。

还有一些提问技巧，比如说我在采访前会把问题做一些排布和划分，明确某些问题我大概会问多长时间，在采访时要掌握主动权，不能让采访对象说着说着就偏了，时限一过就要抓紧问下一个问题。

问 那么你会特别锐利地去提出一些问题吗？

谢：会，这种问题一般放在最后提问，但还是要有技巧，要让他感觉到这个问题是很关键的，且是不能回避的，这样他才可能给你想要的答案。

问 难免会遇到一些难以启齿却必须提出的问题，你会以怎样的方式对受访者提出？

谢：要让他明白这个问题让我也很难以启齿，他就会体谅我。我不是理所当然地问这个问题，但我必须写，我们还能一起来分析这个问题。我之前采访过某个明星的模仿者，他俩长得实在太像了，我想他应该是整过容，这个问题非常难以启齿，就拖到了最后。采访接近尾声的那天晚上，我意识到如果再不问就没有机会了，咬牙就问出来了，我说："这个圈子里有很多人都整容，你怎么看待这现象？"他其实也意识到了我在问什么，然后他就直接承认了他也整过容。

问 你和采访对象的关系一般都是怎样的？

谢：有时候我的采访对象是很信任我的，这种彼此信任会让我特别感动，他明知道有些东西很不好，说出来会让他陷入不利的局面，但他还是跟我说了，他跟我说的目的也不是炫耀或者表现什么，也许只是想让我更加理解他的人生，这些信任我现在想起来都会很感动。

问 作品发表之前，你会让采访对象看稿吗？

谢：尽量不让他看，很多时候采访对象会提出这样的要求，碍于情面也不好意思不给他看。我的脸皮其实特别薄，但我还是会坚持尊重事实，如果有些东西写进文章会让他难堪，我会在采访的时候直接告诉他我会用这个细节。

问 你认为你自己写作的动力来自哪里？

谢：完全出于兴趣。如果不做记者的话，我觉得自己也做不了什么其他工作，会很迷失；而且是要以公共性为前提的记者，而不是小说家，那不是我的志向。

问 你把作家跟记者会区分得很开吗？

谢：写作可以很私人……但记者的写作是有公共性的，我最终的追求还是真相与公平正义，这是我希望实现的一点。年轻的时候会特别容易感到愤怒，陷入那种民族主义。现在这样的观点越来越少，更多是一个中立的观察者和记录者。

问 你是完美主义者吗？你觉得自己有哪些地方还可以改善？

谢： 我在写作上是完美主义者，但在其他方面也许就不是了，我愿意为了压缩采访成本去住很便宜的酒店。如果说改善的话，其实改善是一个永恒的过程，我经常觉得自己写得不够好，看到同行写了很好的文章还是会很羡慕。

问 除了那些标准的职业道德原则，有哪些规则是你一直遵守的？

谢： 我觉得是对受访者由内心发出的善意。刚才我也说了，你能从一个人那里拿到他真心的想法是很不容易的，他给你说的某个信息也许是很危险的，报道出来后会给他的生活带来巨变，我不希望为了博噱头而把这个事写进去。之前我的一个采访对象（某公众人物）提过他有些负面事情，这个我是不会写的，我觉得不能去毁掉人家，但我会告诉他小心这件事情，如果这个信息被别人写出来的话，他也应该知道有什么后果。

问 谁是给你的写作生涯带来最大影响的人？

谢： 每一个和我合作过的编辑都会给我许多帮助。我刚入行时的编辑对我的塑造很大，他会鼓励我去进行那种有质感的书写，还会跟我有很多探讨，但我认为最终能够决定写作水平的是大量的阅读，而且是阅读好的作品，往一个卓越的方向追求。

问 你都从哪些作品中汲取养分？

谢： 大家公认的比较好的非虚构作品，如《巴黎烧了吗？》①、何伟的三部曲，还有一些优秀的前辈写的特稿。

问 你曾说过自己是一个腼腆且容易羞涩的人，这个性格特质给你的工作带来了哪些影响？

谢： 有时候进入一个完全陌生的环境采访会有压力，我更习惯在我的舒适区开展工作，在采访之前做好充足准备再去找受访者。如果把我丢到一个

① 《巴黎烧了吗？》，优秀报告文学类作品。拉莱·科林斯和多米尼克·拉皮埃尔，两位分别是美国《新闻周刊》和法国《巴黎竞赛》的记者，他们花了将近三年时间搜集材料，采访艾森豪威尔，戴高乐高级助手，法、美、德军普通士兵和巴黎市民等共八百余人，生动详细地记录了1944年8月解放巴黎的战斗全过程。

完全陌生的环境，比如说跑突发新闻，在灾难现场跟陌生人打交道，我会觉得挺恐惧，所以突发报道也是我最薄弱的部分。

问 从中国政法大学毕业之后，你曾在香港的NGO工作过一段时间，现在看来，那段经历对后来的职业生涯是否起了一些承上启下的作用?

谢：我当然希望一毕业就做记者，现在回头看，其实自己所有经历都是为后面的路作铺垫。在NGO工作的那两年，我接触了很多媒体，也很关注新闻时事，更坚定了我做记者的信念。

问 在《人物》杂志工作的这些年，你采访过很多名流，也采访过很多普通人，你认为这两者的区别在哪里?

谢：采访名人的媒体时，经验要更丰富一些，记者要想着怎么引起他们的谈话兴趣，让他们说出一些新鲜的东西，采访起来会更有挑战性一些。

问 《人物》杂志总主笔的这个身份给你带来了哪些改变?

谢：没有太大的改变，更多是杂志的平台高了，我约采访不会太费力。

问 “莫敢”是你的笔名，可以和我们讲讲这个笔名的来历吗?

谢：其实就是我英文名“Morgan”的音译。

问 有没有想过在未来开展长篇写作计划?

谢：目前还没有，我的兴趣其实很容易转移，没办法在一个题上做特别久。我可以在一类东西上做几个完全不同方向的，比如说唱音乐，我可以做成文化稿，也可以做成人物稿。在这个框架里，我可以换着方法去做菜，但一直做同一种菜就会很疲倦。

杨　猛

如果没有风格，写作就是批量生产的产物

杨猛，资深记者，非虚构作家，著有《陌生的中国人》。在《南方周末》工作期间，他的报道曾两次入围“开发亚洲新闻奖”，2010年荣获日本举办的“开发亚洲新闻奖”一等奖，2013年获得由“中外对话”和英国《卫报》颁发的“最佳环境报道奖”。从1995年起开始记者工作，他深入新闻现场，以自己独特的观察视角报道了中国在缅甸的大型投资、四川大地震等重大题材，受到读者的欢迎。

一次正常的采访工作让他对写作有了新的理解，觉得非虚构故事“比单一的报道更能传递人性的复杂微妙”，要透析事件复杂性，新闻报道已经无法容纳。

社会变革，城市变化，生命变幻，在急促变化的时代，不应只有宏大叙事，还应有各种细节，以呈现世界真实的复杂一面。杨猛逐渐形成了自己的写作观，他意识到“关于中国的叙事，不应该只有一面”，并认为“变革的时代，参与变革的也不会只是光鲜的人”，由此促成自己“去发现他们卑微的梦境和盛世下的真实生活”。

《陌生的中国人》收录了十九个光怪陆离的真实故事。资深媒体人胡舒立评价说："它聚焦草根，却力图为一个新旧交替的国家留影。" 对于写作这个职业，杨猛非常乐观。"因为每一个人都在书写自己的故事。我们还没有做到最好，何谈消亡的恐惧？正如我们没有轰轰烈烈地爱过，就没有资格怀疑爱情这码子事。如果我们只满足于记录下花花世界，而没有认真倾听来自内心的召唤，对记录者而言就会失去真正的价值。正如我们生活在从上古神话到《聊斋志异》的伟大叙事传承中，如果没有为今日中国留下值得尊敬的肖像，又何谈使命终结？"他生活在哪里，就把笔触伸向哪里。

访谈实录

问 你的主要教育和职业经历是什么？怎样生长出今天的写作趣味？

杨：我从小作文就比较好，我父亲比较注重培养我的阅读和记日记的习惯，一直在督促我。成年之后，这些经历给我打下了文字基础。通过长时间阅读，我吸收了很多优质东西，像20世纪80年代的中国文学，我基本上都看过。那时候我还是一名中学生，莫言、余华、苏童和孙甘露的作品我基本上都看过，奠定了比较广泛的阅读基础和写作基础。

我的写作在小学有些突出，中学作文也比较好。大学学的是美术史论，跟写作没关系。我是学画画的，毕业之后很偶然地被分到了一个报社——山东一个机关报社。一开始我做娱乐版，当时希望通过做记者跟我关注的文艺界、文艺圈保持近距离的关系。后来因为天天做文字工作，逐渐从编版发展到自己写稿子。一开始写的文艺味儿比较重，我不认为它们是新闻产品，文艺青年味儿浓，后来也是自己慢慢地不断调整。

比较关键的问题是，新闻学院是培养不出记者来的。为什么呢？中国新闻学教育没办法破除学生从小到大头脑中被灌输的八股文式写作方式。这个如果清除不了，很难提高写作水准，这是中国目前新闻记者整体从业水平不高、写作水平不高的一个关键因素，就是教育基础没打好。你如果真有写作追求的话，要打破之前接受过的写作的条条框框，最便捷的方法就是大量阅读国外的东西，先从那儿开始学习写作。我的经历就是学习西方的作品。

问 什么样的选题会打动到你？

杨：在报社肯定有一些职务性工作，哪怕你不是特别感兴趣也得接受，因为做的是这份工作。报社一般需要你做常规性的工作。我比较幸运，职业生涯中的几家报社都给了我比较自由的空间，让我按照我的兴趣来做。当然，我也是用实力证明了我有这个能力，所以报社比较放心。我对个人感兴趣的选题也是不断摸索。纯职务性的写作如写文化圈的话剧和戏剧，我写了很多剧评。后期写的特稿比较多，到了《陌生的中国人》和《不平静的江湖》，我就开始关注一些非虚构的选题了。

我也会考虑时效性和关注度，会做一些有意识的选择，最好能跟个人兴趣做一个结合。有一段时间，我比较关注黑色幽默一类的选题。

问 **你对现场的还原和重建非常生动，非常有画面感，这跟你学绘画有关系吗？你如何理解现场重建？你的现场感是自然而然还是刻意去创造的？**

杨：对于现场感和现场的还原，我确实下过一定的功夫，我在这方面借鉴了很多纪录片镜头的方式。我看过大量的西方纪录片和中国当代纪录片。我会体验镜头的运用——镜头从哪个方向进入，从哪个方向出去，这种氛围是怎么形成的，我会有一些自己的观察和体会。包括把它转换成文字的时候，怎么通过最简练的文字和动作把人物的神态、语言、整体的氛围表现出来。这方面，我确实下过一些功夫，我是有意识的。

问 **启动采访的时候，你会做哪些准备工作，经过哪些流程？从硬件到软件的采访框架是什么？**

杨：我后期主要是写特稿，特稿比较大的问题是有可能跟别人撞题，那么角度就很关键。这个事件发生，大家都在同时做深度报道，都在写特稿。我的角度有别于别人的角度是我最看重的。我的准备很简单，当我发现一个新闻事件已经发生的时候，我就用百度浏览所有相关报道，从第一页看到最后一页，哪怕一件事有几百页，我都会逐条看下去，直到看完之后才心里有数。最后，我就知道这件事还有哪些角度没有涵盖，我在后续的采访中就会有意识地关注没有被发掘的点，从而找到跟别人不同的角度。这是我的一个心得。

比如说刚才提到有一个白血病家长走投无路，偶遇温家宝的故事。其实这条新闻我不是第一个发现的，已经有很多媒体报道了。我是通过他命运的转折发现了黑色幽默的现实。如果他没有偶遇温家宝的话，那他命运就不可能改变。恰恰因为遇到总理了，基层才开始重视这个病人，各方面救援都来了，改变了这个白血病家庭的窘况，我的点就集中在第二落点上。

问　我能不能把这个点理解为角度？抛开新闻不谈，我们看任何一个问题和事情的时候总得有角度，怎么才能形成超强的寻找角度的能力？

杨：其实角度，主要是一个技巧问题，就是你跟别人不一样，这怎么体现出来？你要寻找到这个事情不同的侧面。一件事出来，不同的报纸、不同的杂志和不同的电视台有它们各自关注的方向，你要找到最适合你的、别人没有发觉的角度。更多是一种技巧。怎么发现呢？我觉得关键是要寻找这个事件的逻辑，如果你把这个事理解得很透，你自然知道在哪些地方发力。

问　你在“财新”做的是很硬的调查性报道，后来又写特稿，现在你从事非虚构写作，这些文本范式的公约数是真实。那么，它们的差别或者各自的边界在哪里呢？

杨：调查性报道，我认为它关键是“有料”——独家的发现。比如说通过一些文件发现官员贪腐的记录，这是调查性的。每年的普利策奖调查性新闻报道的脉络都非常清晰。特稿的名称似乎只是中国这么叫，像当年的那本《普利策新闻奖：特稿卷》，可能是受那个影响了，就是那种大量的偏文学性的写作。我觉得特稿是美国新闻业发达的副产物，并不是新闻业发展的必然结果。就是说美国的新闻业发展到一定程度，这种分类就越来越细化了。有一部分读者希望在报纸上得到类似文学阅读的感受，就催生了一批讲究写作手法的所谓特稿。我没有查过“特稿”的英文是怎么来的，反正它到了中国之后，大家就开始成为“特稿记者”，但是它也要遵循新闻报道原则，比如“5W”等都要交代清楚，新闻事件有头有尾，相对比较完整。非虚构是不一样的，我觉得非虚构涵盖了特稿这种表现方式，但非虚构是开放式结构。

非虚构不是一个单独的选题，单独的选题是适应报纸或者网络媒体需要的新闻产品。某一个事件发生了，我要去了解它为什么发生，它是怎么发生的，仅此而已，这是一个相对单一的新闻产品。非虚构写作容量更大，它可能是一个没有时间概念或者有更广泛的时间和空间概念的东西。关键的一点是，它告诉你在这个事件发生过程中，周围还发生了什么事情，构成了一个更加多元的世界。

问　能不能结合具体的采访经验，谈谈碰到艰难的采访情况的时候，你会用什么样的方式去化解它。在利益对峙的极端情况下，怎么去实现采访突破？

杨：有时候不得不采取一些非常规手法。因为证据不好保留，你最好拿到那种纸质的、印成文字的东西。比如说快速地翻拍、偷拍，这些必不可少的东西主要是为了将来保护自己。这种事特别多，你写了报道，有人找过来，起诉也好，威胁也好，假如你有书面的东西，就可以保护自己。当然，涉及比较敏感的选题的时候会这样。面对面的冲突很少在我身上发生，必不可少的一条是在现场随机应变，没必要牺牲自己，拿到材料就可以了。

据我的观察，我们做记者的，能写出有影响力的稿子，对这行比较投入的，能享受记者工作的，大部分是超脱的，很少有人因为遇到这么多事情而内心更悲观。根据不同的个案、不同的原因，提出不同的问题，新闻的意义就在这里，记者的意义就在这里。你要告诉大家现代社会发生了什么问题，让大家去思考，这就足够了，其他都不重要。

问　你在采访的时候会怎么跟采访对象建立相互信任、相互认可、打开心扉的关系？

杨：很多新闻当事人都有一种倾诉欲。遭遇不公的人，尤其需要外界的关注。如果他意识到媒体是在帮助他，他就会很愿意去多讲一些东西。有些新闻当事人会对媒体有一些警惕和怀疑，我的做法是通过东聊西聊让他放松，然后切入我想关注的话题，看看他有什么样的反应，然后根据这些话题展开，取得我想要的一些信息，基本上我觉得没多么多的技巧。

现在很多实习生，或者刚当记者的人，采访经验少，对跟人打交道有一种恐惧感，这是一个门槛儿，过了这个槛，其他就很简单了。很多人担心怎么跟陌生人打交道，怎么让对方讲，其实没必要过于担心。

问　采访完成后，你怎么整理和消化你得到的海量资料，有没有方法论？

杨：学新闻的学生最怕缺乏技巧，西方的新闻采访学技巧都有课程的。采访的时候坐在什么角度、录音笔的角度在什么位置等都是有讲究的。我发现，现在很多记者拿着那种很厚的笔记本记录采访，那是不对的。假如在发布会，你被围着一圈，你那个本子是张不开的，你写到最后必然记录不下去，因为你的空间被别人的胳膊肘顶着。

刚才你问整理资料的问题，过去用录音笔的时候，也是将录音笔放在被采访人面前。你听他讲的时候，要做笔记。比如他讲到天气的问题时，你要看一下录音笔上的时间，大概几分几秒，在笔记本上写下来，是“天气”。然后，讲下一话题的时候又是几分几秒。你回头整理的时候，假设这个阶段的天气你不想用了，可以不看。这段时间又省略过去了，你没必要从头到尾整理成文字，那就费老大劲了。不是投机取巧，新闻争分夺秒，你不可能从头到尾听录音，这就是有一些方法。

接着就是采访的技术性环节，你怎么把这些信息消化处理，再运用，这就是采访逻辑了，即你想写什么东西。跟这个无关的就大可以抛开了，采访过程中没必要事无巨细都问到。你拿到足以支撑特稿的材料就可以了，根据你之前设定的逻辑分门别类往里填。先分几个框，再填，不管是好莱坞编剧，还是美国新闻界记者，很多人用这个方法，都是先把同类的东西放进去，再整理。

问 **2013年的时候你去非洲金山大学参加非洲调查记者会，你讲了三点，我印象深刻的是观察问题。能不能结合具体的事实谈谈自己的观察采访经验?**

杨：特稿的文章肯定有一个主人公，他的外表、神态，他习惯性的语言、动作，反映他的独特个性的一定要多加留意。我的体会是，我对方言比较敏感，他说一段比较有意思的方言，我都会记录下来。举个例子，还是回到白血病人偶遇温家宝那篇文章。很多读者觉得那个结尾很精彩。这篇文章回顾了孩子得白血病之后无助、煎熬的过程。我去了趟他家，他家里一贫如洗。这种观察我都会记录，然后通过口述让他们还原了跟温家宝见面的那一天。后来，领导人都关注了，各级政府也不能不作为，都行动起来了，孩子的命运就一下子来了个大扭转。这个东西不是制度性的，而是偶然性的，所以标题是《偶遇总理之后》。这个当事人的姑父后来握着我的手说："这个手是总理握过的，你握一握也会给你带来好运气。"这种语言是比较有特色的。

我记得跟我一起去的还有其他媒体的记者，但是现场能够捕捉到这个语言而且意识到这个语言力度的可能只有我一个人，我把这句话用上了，其他人没用，没有意识到这句话其实很有力量，当然跟我选取的角度也有关。在采访过程中，这个角度已经形成了，我就再寻找能够反映我的角度、深度的材料做支撑。我一下子发现这个语言很有代表性，是黑色幽默。他通过这句话"你握一握我的手，我希望你也能得到这个好运气"点明了主题——这个事情是偶然性的，是个运气性的东西，不是制度性的东西，其他孩子的命运跟这个制度改善无关。

问 **对于文章的开头和结尾，你一般怎么考虑？**

杨：我觉得直觉有一定的帮助，在对新闻事件的判断上，有直觉会好很多。有些人干新闻写得比较灵，其实是他们的感受力比较强。我干了这么多年报纸，大家评价我写东西还是比较有灵气的，跟其他人不太一样，最起码就跟我周边的同事比有这么一个优势。这东西有一部分是天生的，后天也可以通过反复训练找到一些规律。

开头和结尾当然要非常精彩，要反复地去雕琢。我过去常用的方式就是首尾呼应。开头提到的东西，结尾复述一下，但是要有一个不同的发现角度。

问 **一个故事的组装样态可能有很多种，你有非常自觉的结构观吗？**

杨：其实，《陌生的中国人》主要脱胎于2008年至2013年我写的一些新闻事件，所以它由十几篇故事组成。我改得很辛苦，花了很大力气。第二本出版的《不平静的江河》是一本完全独立的书，书中内容的结构是一个地理的结构。

我沿着这条河流去旅行，它是旅行文学、公路电影的结构，写一路上的发现。当然这个发现是有选择的，能够突出主题，能够突出人文关怀。结构的方法，我觉得还是随时间概念的线性结构比较常见，比如说何伟的《江城》，比如说《寻路中国》，基本上是以时间概念来形成结构的。某年某月，他搬到了北京郊区的一个小村子里。他到了之后，今天遇到谁，明天遇到谁，在这个时间结构中发生一些比较有意思的友谊故事。包括第二章，他开车去中国西部旅行，这一路上顺次遇到的故事就是他的结构。这个方法是很常用、普遍的，非虚构写作百分之八九十是这样的一个结构，剩下的百分之十也是从这个时间线上发展出来的。

问 **一开始，你提到会从纪录片里面汲取一些经验，你觉得电影叙事和非虚构写作叙事之间可以有哪些借鉴之处？特立斯①的写作经常是从一个场景写到另一个场景，非常类似影视中的场景转换。电影对你写作是否也产生了影响？**

杨：很小的时候，包括青少年时期，我都对电影感兴趣。我也曾经考

① 盖伊·特立斯（Gay Talese，1932—），美国著名作家，新新闻主义代表人物，长期为《纽约时报》《时尚先生》供稿，著有《被仰望的与被遗忘的》《邻人之妻》。

过戏剧学院的编剧专业。我专业课过了，但文化课没过，所以研究生没读，就继续干新闻。电影也是个人的爱好。不管干什么事情，要把一些东西学过来，一定要非常投入地去钻研。对不同流派、不同风格，都要有钻研的兴趣，才能有所借鉴，包括写文章和镜头的运用。有本书是《华尔街日报是如何讲故事的》，那本书都有这些方法。

问 **我拿到一个采访任务后，我就会想怎么把这个材料故事化，如何组织成一个故事。怎么来理解故事，故事的本质与核心是什么？**

杨：其实，中国所谓的非虚构跟以美国为代表的西方非虚构最大的差距就是讲不好故事。好莱坞的故事讲得很好，分各种类型片，但中国的故事为什么就讲不好？其实，电影已经不错了，这么多票房，也抓住了故事的核心。非虚构等所有艺术的表现形式，都要讲好故事。拉小提琴也是讲故事，它的核心是什么？我认为故事最核心的问题就是冲突，就是戏剧性冲突。

戏剧性冲突构成了所有故事的核心。古代的戏剧，中国的京剧和地方戏、英国莎士比亚的戏剧以及话剧、电影，都是讲故事，核心就是制造冲突，制造戏剧性冲突；他们都是围绕这个展开的。写作也是，要写一个故事，找到戏剧性冲突的双方，你的故事就有了一个好的基础，这是最关键的，其他都是技巧。

问 **我印象深刻的是你的作品《莫言的东北魔幻乡》，我看见那个标题就感觉很魔幻。后来我发现内容和腔调也特别魔幻，很有风格。我不知道你在写作当中有没有比较自觉的风格意识。**

杨：我是这么认为的，我也摸索过很长时间。我之前的写作就像大多数文艺青年一样，注重感情的抒发，或者说逻辑方面的组织。要写好一个故事，还是要找到这个事件的戏剧性和冲突；把这个抓住了，就具备了故事最基本的内核。

问 **我觉得你的文章是有风格的，文章辨识度比较高，能谈谈你对风格的思考吗？**

杨：风格当然非常重要，尤其是你如果有志于从记者转型为作家的话，那你文章的识别度一定要高。所有伟大的作家、伟大的艺术家，都形成了自己的风格。如果没有风格的话，那写作就是一个批量生产的产物。在媒体工作，你的创新性在很大程度上会受到制约。做新闻是有一些要求的，题材、字数、篇幅都受到限制，还有一些人为因素，比如编辑的喜好会对创新有扼杀。你要真的走写作这条路，肯定要寻找自己的风格。

问 你写作的叙事节奏是怎样的?

杨：我觉得主要是感觉和经验，很难用理性的分析去说明白。但是有一点要说，就是围绕主题。如果写非虚构，它的容量比较大，会有些拓展，拓展的旁枝末节是要服务主题的。主要抓住这一点，我觉得就可以把节奏掌握得好一些了。

问 我读你的文章标题，发现有那种精练、干脆且酷似电影的风格。你制作标题时有什么倾向或者考虑吗?

杨：说实话，我已经记不清楚在做记者时是怎么弄标题的了。不管你是什么类型的记者，都要在标题中突出信息量和主要事实。所以一般的标题其实都不会特别好看。偶然碰到特例，会讲究一些措辞，但基本上偏向于陈述事实的多一些。

《东阳阴影》是我写的，后期也分不同的编辑风格，有的编辑希望突出新闻事实，有的比较尊重原文，基本上一半一半。有些编辑会把标题改掉，有的保留。我没有特别的考虑，差不多就行。

问 你的写作为什么会聚焦在小人物上，有某种特定的价值观在支配你的写作观吗?

杨：因为我对不公的现象会特别敏感，也很愤怒，很气愤，于是关注得比较多，这是从本性上说的。从社会发展上说，小人物缺乏发声的渠道，新闻记者的职能和职责也是帮助他们发声。

问 哪些虚构和非虚构作品曾经对你有过深刻的影响，能大概介绍一下吗?

杨：非虚构主要是史景迁。我特别喜欢他的《王氏之死》，他通过一个小人物的死亡，通过搜集很多档案和历史资料，还原了一段历史。我觉得他的切入角度非常厉害。然后就是何伟，他的非虚构写作开拓了我的视野。他代表一种方法，他观察中国社会有独特的角度，后来西方人写中国，很多人走的是他的路子。

如果说虚构，我觉得对我影响比较深的是王朔，主要是他的语言风格、小说主题。我看王朔是从初二、初三开始，第一本是《一半是海水，一半是火焰》。他跟其他中国作家的风格完全不一样，他的语言风格也影响了我。

问 刚才我们有聊到纪录片，那么这一类影视作品，包括纪录片在内，对你产生了哪些影响?

杨：我相信，五年之前我比周围人看的纪录片还要多。非虚构写作，我觉得还是看纪录片更有借鉴意义，因为它能够反映社会问题，它的切入角度、表现的节奏、主题的呈现跟写作是有非常大关联的。日本有些纪录片反映社会问题比较多，国内很多纪录片也拍得不错，像《大同》那个片子其实挺好的，采访挺深入。

问 你获得过《英国卫报》的“最佳环境报道奖”，我想听听你对环境报道、环境写作、环境传播的理解和评价。

杨：能获得那个奖，我自己觉得挺奇怪的。当时是一篇发表在《彭博商业周刊》上关于缅甸水电站的文章，后来有一天被通知得奖了，因为它可能涉及水电站、环保的问题。但实际上我写的是类似一个特写，是从环保角度展开的。

问 所有写作者必须面临的一个问题：我们无法摆脱自己的立场和情感。你是怎么看的?

杨：我觉得就是不同的表达角度。柴静的《看见》我翻看了一下，我们写作不是一个路子。她把自己作为一个角度——写作的一个重要角度，我写作都是写别人的故事，这区别比较大。不同的语境之中用不同的表达方式，这种情感、角度、立场没有什么特别大的问题，最后只要效果成立了就没问题。

问 你的写作习惯是怎样的?

杨：我现在的时间、精力大部分花在写书上。最主要的是要建立一个很大的框架和结构，然后往里填东西。一般都是在家里写作，一个人的时候写的效率比较高。

问 海明威说“初稿都是垃圾”，你怎么看待修改问题? 怎么修改自己的作品?

杨：初稿主要就是结构。写特稿可能简单一些，要考虑怎么突出主题。

问 **有没有遇到过写不下去的情况？感觉写不透，没法继续进行下去了。碰到这种情况，你怎么调整？有自己的处理方式吗？**

杨： 写不下去的情况挺多的，有的时候就暂停一下手里的工作，去看看主题相关的书，看看电影，换换思路，借鉴一下别人的手法。这种情况挺多的。

问 **事实上，我们有许多呈现现实的方式。过去我们有纪录片，有新闻稿件，现在我们有数据新闻，还有短视频、抖音。在这样媒体生态发生急剧改变的状况下，你怎么看传统文字的命运？**

杨： 我觉得像你刚才讲的短视频、抖音其实是一种分化，每个群体都有一个渠道获取信息，并发表自己的一些观点。其实非虚构也好，特稿也好，只是一小部分人比较感兴趣，所以也很难说让它拓展到更大的空间。我印象比较深的是最近《纽约时报》中文网一篇写按摩女的文章，写得非常精彩。

特稿还是一个西方的产物，它一直在发展，一直会有很优秀的作品。但是在中国，我觉得问题在于，它还没发展起来就想把名头做大——做成非虚构，它的基础跟美国还是不能比的。我不知道你有没有看过那篇《华人按摩女之死》，分上、中、下三篇，写得真的非常精彩，遣词造句，远远超过一般特稿水平。其实那就是真正的非虚构。它包含非常强大的人文关怀，是以前那种特稿涵盖不住的东西。

其实现在有很多融合报道，很多西方报纸在网站上已经开始这么操作了，有文字、视频，也有数据，用一种组合的方式，不是非此即彼，并没有排斥任何一种表现方式。我印象中《纽约时报》报道中国一个沙漠的故事，用无人机拍摄，也有数据，也挺精彩的。所以我觉得形式无所谓，还是互相融合比较好，这是一个趋势。

杨　潇

应该有更多人去书写真正重要的题材

杨潇，《南方人物周刊》前主笔，毕业于南开大学中文系，曾任新华社编辑、《时尚先生》副主编。2008年获评南方报业年度记者，数次获“南方周末传媒致敬奖”以及“腾讯华语传媒盛典”相关奖项；2012年任“中德媒体使者”；2013年赴哈佛大学进行为期一年的“尼曼学者”访学；2011年入选“中国记者影响力排行榜”。著有代表作品《网戒中心：电击威慑造就“精品”孩子》《网戒中心的86条规定》《中国文物走私链条》《制造芮成钢》《昂山素季的国度》《十万草根站长的冬天》等。

杨潇的写作充满思考力，他的人物特稿基于扎实的采访工作，通常要采访对象本人以及多位周边采访对象，用海量的采访资料拼贴出人物的完整面目，描写主人公在不同的人生阶段的境遇，折射出时代意义。2008年，为了报道汶川地震，杨潇以北川中学为切入点，采访了北川中学上下一百余人，在这些人中，有普通学生，也有校长。作品《北川中学：如今这里废墟丛生再没有了鲜花》来自《南方人物周刊》编辑部的评价是："从文中我们无法知道记者采访了多少人，但可以断定的是记者比在场的学生和老师知道得更多，因为当事人只知道与自己相关的事情，而记者则要超越个体的感知，把理性建立在对信息捕捉的最大化上，由此构成全景式的描述……"

杨潇认为特稿记者应该"发出谦虚的、温和的声音"。杨潇是谦逊的，这种谦逊不是浮于表面的谦逊。作为记者，他采访过世界政要、高级官员、商业大亨、顶级演员，报道过动荡的埃及，跑汶川，跑新疆，跑玉树，出现在大大小小的新闻现场中。他数次获得传媒类奖项，并成为哈佛大学的"尼曼学者"（该访学计划每年只在全球招收少量的精英记者），但他从来不会将此当作谈资。"踏实"是与他共事过的人对他最多的评价，踏踏实实地读书、采访、写字，有空便在世界各处旅行是他的生活常态。

非虚构文集《子弟》收录了他职业生涯中的多篇重要作品，有国有企业的子弟，有著名科幻作家，也有北京郊区的蚁族、不得志的左翼青年、草根青年，这些大大小小的人物构成了国家的群像，呈现出有层次感的中国。在《子弟》的序中，他写道："对于依靠独处才能聚集起能量的我来说，海螺沟的山路就是贝鲁特的小酒馆，后来体制与新媒体先后降临，酒馆的、路上的人如梦方醒，四散而去，忘记了，他们也曾将一个故事娓娓道来。"

访谈实录

问 你的写作最早开始于何时?

杨：如果以"有意义的写作"算起，我的写作应该是从2007年1月为《南方人物周刊》撰稿开始。这不是说之前写的随笔、评论、专栏乃至博客都"没有意义"，而是说，从2007年起保持相当强度和密度的职务写作（最多的时候一周写了三篇长稿，最短的那篇也在三千字以上）开启了我对这一门手艺的认知和认同，写得好坏不说，但那个阶段（持续了五年）就像长跑拉练一样，为以后更长更难的写作储蓄了良好体能。

问 最开始你写的是什么?

杨：给《南方人物周刊》写的第一篇是俞可平，当时他以中央编译局副局长的身份提出"民主是个好东西"，引发海内外舆论关注。我几经努力，还是没有采访到他，但是外围采访做得还算扎实，从他的同行、同事，再到他的编辑，临发稿时，又联系到了他在北京大学的导师赵宝煦，电话采访了一段补充在版面结尾。那时候不知道赵宝煦先生毕业于国立西南联合大学（以下简称“西南联大”），十一年后写一本关于西南联大湘黔滇旅行团的书，看到赵先生从北平前往西南联大后的回忆，又想起那次上下求索的外围采访。感谢赵先生，连同那次外围采访的另一位学者杜克大学的史天健先生（史先生担心我负担长途话费，还特意约好时间给我打过来）——两位先生现在都已作古——他们的善意（还有漂亮的老北京话）极大地鼓励了一个为外围采访抓狂的菜鸟记者。

问 你的知识结构来自哪里?

杨：最早的知识结构（或者说知识情结）来自我出生的那个厂矿单位的新华书店。因为母亲和店员相熟，特许我进入书店柜台后随意取阅，甚至还可以带回家读，不弄脏即可。那时候最喜欢凡尔纳的科幻小说和许仲琳的《封神演义》。大学以后的阅读以文学和社科为主线，但始终不脱对“世界”的广泛兴趣，很有可能就是早年阅读凡尔纳小说种下的果。

问 你的写作风格受谁影响最深?

杨：很难讲，影响都是潜移默化的。非要说一个人，也许是威廉·曼彻斯特[①]，《光荣与梦想》[②]的作者。

问 哪类题材会让你非常感兴趣，为什么?

杨：说一个立刻想到的，俄罗斯作家佩列文[③]在他的小说《百事一代》中说起过“平行宇宙”，它与苏维埃世界平行共存，甚至相悖。“苏维埃世界自然是讨人厌的，但这个平行宇宙却有许多让人感动的东西，所有人也都相信，这一宇宙任何时候都不会出任何事，但是后来，它却与苏维埃世界一同消失了。”2010年起，我陆续去了二三十个国家出差、旅行或者短住，最感

① 威廉·曼彻斯特（William Manchester，1922—2004），美国著名历史学家、传记作家。代表作《光荣与梦想》，曾为丘吉尔写传记《最后的雄狮》。

② 《光荣与梦想》，全名《光荣与梦想：1932—1972年美国叙事史》，本书勾画了从1932年富兰克林·罗斯福上台到1972年“水门事件”整整四十年间的美国历史。作者威廉·曼彻斯特充分运用新闻报道的特写手法，以大量的美国报刊资料和采访材料为依据，全景式还原了这一时期美国政治、经济、文化和社会生活等方面的巨大变化。

③ 佩列文·维克多·阿列克维奇（Пелевин Виктор Олегович，1967—），俄罗斯小说家，毕业于莫斯科动力学院。

亲切的还是那些前共产主义国家。我后来想想，也许就是因为在那些地方有随着苏维埃世界消失的平行宇宙的碎片。它们残存在不显眼的地方，例如博物馆的某个抽屉里、一本传记的某两页里、亲历者记忆的某个角落里。我的兴趣之一就是描述那个亲切的、模糊的、与大多数人生命体验相关却已经消失的平行宇宙。

问 对你来说，一个好选题的要素是什么？

杨：只说我自己的：开阔感，它可以带我们通向多个世界。

问 你怎么找选题？

杨：各个渠道。在《南方人物周刊》的时候，有很多地方都市报可看，我会读到一些有意思的“豆腐块”新闻，它们背后可能隐藏着一篇特稿。后来纸媒的整体衰落导致都市报新闻生产能力和意愿都直线下降，所以这一块作为线索来源就基本消失了。现在就是广泛阅读，看各种各样的互联网论坛、App，和人聊天。不过自己现在基本上脱离了媒体写作，如果以书的选题来讲，我挺希望把历史和旅行结合起来做一番发掘。

问 写作的过程中有遇到过什么困境吗？最大的困境是什么？是怎么解决的？

杨：非虚构写作最大的困境就是素材不够，但很多时候职责所在又不能不写，硬写的痛苦是很大的。

问 目前认为自己最满意的作品有哪些？

杨：已经过去的媒体写作时期，比较满意的是写东德的《另一个国度》。另外写后革命时期埃及的一系列文章，是对政治旅行文学最早的尝试，多少有点敝帚自珍。

问 在采访前，你一般会做多长时间的采访准备？对资料和素材的选取的标准是什么？

杨：对真正看重的选题，肯定要穷尽时间和精力，肯定是希望发现新材料，或通往新材料的可能性。

问 如果做人物专访的话，你习惯先做专访还是先做围采，为什么？

杨：理想情况是交错进行。意思就是，专访最好也不要只做一次。

问 采访和写作中，你有哪些必须坚持的原则？

杨：因为我写的是非虚构，所以当然是真实，真实，真实。

问 你有尝试过突破写作的“生命线”吗？写过最长的文章大概是多少字？那是一篇什么样的文章？

杨：写“十月革命”一百周年的文章，将近三万字，后来又删到两万五千字以下（为发表计）。没觉得突破“生命线”，只觉得材料太多，容纳不下。写作很多时候拼的是体力和耐力，保持健康（爱惜你的颈椎）和自律非常重要。

问 你操作过最长周期的选题有多久？

杨：手头正在写的西南联大的书，从准备到旅行到大量的文牍工作一共花了半年，现在已经在写了，但还在不断做着补充功课。如果说以前在媒体时的单篇文章，连采访到写作很少有超过一个月的。

问 你一般怎么给文章写开头？

杨：我认为好的开头应该是能够迅速带出故事后面发展的。对事情发生场面的描写或者情景代入，某种程度上可能是一种所谓的记者特权：记者能进到公众进不到的场合里，记者的眼睛其实就代表着公众的眼睛，我应该把最有意味的画面传递出来，让其他人知道某些状况或者一些有意思的事情，这有更多意义。从这个角度说，这样的开头算是顺理成章的。

好的开头还应该是可以推进文章结构的，我自己的习惯是一定要写一个至少能接受的开头，我才能往下写。当然，这是个人的经验，也有人觉得不要被开头卡住，不值当，也有道理。

问 那你一般怎么给文章结尾？

杨：我自己比较喜欢隽永一点的结尾，有点味道，甚至多义性的那种。

问 怎么给文章起标题？

杨：以前我都不怎么起标题，在《南方人物周刊》时都是编辑起标题。我不喜欢太直白的标题，不喜欢太有感情色彩的标题，尤其不喜欢把读者当傻瓜的呼喊式标题。

问 一般情况下，你怎么列提纲？

杨：采访之前肯定有一个做功课的过程，得把主人公过往所有报道、接受各种专访的资料都翻出来，穷尽所有手段来占有资料。在阅读资料过程中，有任何直接的疑问就随时记下来。这时候不用想问题要怎么有逻辑性，要怎么排序，甚至不用想这个问题是不是有点傻，只需要非常勤快地记下所有问题、所有好奇点、所有应该要问的东西。

然后汇总，再分门别类，根据大问题设计小问题，甚至设计每一个具体问题的问法。

问 你怎么挑选周边采访对象？

杨：理想状况是把不同的外围采访对象做一个分类，比如说他的支持者、他的反对者、他的利益相关者等等。有时候看上去记者做了很多的外围采访，其实都很同质化（比如都是这个人的下属）。而为了这一点，你要做足功课，对主人公各种背景弄得很清楚，这样你对他的各种关系也会越来越清晰。当然，外围采访过程也可以带出许多线索。这需要你的嗅觉和理解复杂题材的能力。

问 在写作过程中，你如何把握整篇文章的结构和逻辑？

杨：有一个方法很好用，何伟的老师麦克菲也用。他会把写作材料弄成许多小条，往板子上贴，然后不停观看，寻找材料之间的联系。我自己习惯把所有材料罗列出来，然后反复阅读，在读的过程中，一直在想这个材料和我要写的东西有哪些关系，然后我会对材料做一个分类，再至少把全部材料读两遍。有时候工作量很大，因为材料可能会有几十万字，但你对材料很熟悉后，就知道在哪里可以迅速找到想要的东西了，所以前期工作是加速后期写作的。

问 你的文章有时候读起来会让人觉得很冷、很克制，这是你的风格吗？

杨：我不喜欢太炙烈的感觉，写作风格其实就是你看世界的一个方式吧。

问 有没有自己的写作技巧？

杨：我不太总结自己的写作技巧。好多人分享的写作技巧都是私人的经验，其实不具有普遍意义，对于刚开始写作的人，最重要的事情难道不是坐下来写吗？不要盲目学习技巧。对于热爱写作又有一定天分的人来说，真正需要做的不是去急着掌握各种技巧，而是做大量好的阅读，再把阅读转换成自己的经验、养分，同时非常自律、持续地坐下来写。

问 写完稿子之后，你会给采访对象看稿吗？

杨：不会，除非他以这个为前提要求。如果他提出了这个要求，我会做一个评估。假如我答应了这个人，我会跟他具体讨论到我给他看哪一部分。

问 有哪些表达方式是你绝对不会用的？

杨：不要用陈词滥调，比如“一道亮丽风景线”。但这个表达会不会因为陈词滥调到了极点，某天会触底反弹具备某种审美上的讽刺感？那到时候再说。

尽量避免用流行语，这些东西就是泡沫，当时用了觉得顺手，过五年再看会觉得很傻。

问 你认为中国当下的非虚构写作与美国相比有何异同？

杨：如果展开谈这点，可能是一篇论文的体量。说一个细小的感受，我觉得我们的野心（或者说好听一点吧：雄心）不够。尤其是在中国已经如此深度参与和影响世界这个大背景下，应该有更多人去书写真正重要的题材，可惜更多人都在写公众号挣钱。

问 很多人都认为中国非虚构写作受美国影响很深，你怎么看呢？

杨：以我的亲身经历来说，无论是特稿写作还是调查报道，受美国新闻专业主义传统影响还是很大的，一个典型指标就是普利策奖作品的传阅。当然，特稿写作仅仅是非虚构的一小部分，要弄清中美非虚构写作的关系，需要梳理那些更早的年代。比如，20世纪80年代卢跃刚写纪实作品时受到的影响是什么？20世纪30年代范长江写纪实报道时秉持的观念和标准从哪里来？

问 你曾经报道过汶川地震，离死亡最近的时刻有吗？这段经历给你带来最大的滋养是什么？

杨：在灾后北川老县城、震后玉树，我都看见或听说了各种死亡，很难说是滋养，我得庆幸自己有能力在惨烈的新闻现场和内心之间建起一道防火墙。

问 “我们厂”在你的文章中曾多次出现，作为厂矿子弟，灯光球场是重要的讲故事和听故事的场所，这段成长经历给你最大的滋养是什么？对你的写作是否也产生一些影响？

杨：如果说有滋养，应该是从小就浸泡在相对不那么单一的环境里，而不太有莫名其妙的“爱×主义”吧。

问 你曾说过“城市是天然的焦点，农村被关注则有天然的‘政治正确’，军队、大院、眷村也不乏文本书写，唯有厂矿，不尴不尬”。你的非虚构作品《子弟》聚焦厂矿，对于厂矿的书写是否带有一种使命感与责任感？

杨：多多少少有一点吧。不过那本《子弟》只是作品集，不是专写厂矿。等时机成熟了，会试着写下来。

问 有人认为当下人人都可以写非虚构作品，你认为呢？

杨：当下人人都可以想唱就唱，但你会觉得人人都可以做音乐吗？写字没有门槛，但非虚构作品是有标准的。当然你可以说，每个人的经历是独特的，问题是，那个经历也许意味着素材甚至史料的价值，但没有技术支持，没有写作更不用说作品的价值的。

问 你说过“讲故事的人总在寻找一个完美的弧线”，你在写作之前也会预设这样逻辑与框架吗？

杨：会的，不一定是完美的，但总是希望它是完整的。

问 “尼曼学者”的经历给你带来了哪些影响？

杨：从案头工作脱离出来，思考一些更长远的问题，同时把自己变成一块海绵。我在哈佛大学（以下简称“哈佛”）的一年是拼命吸收的状态，唯一发愁的就是时间不够。哈佛真的就像世界的十字路口，我记得一个尼曼同学说，哈佛的时间比世界实际的时间要快半年，但凡发生什么事，哈佛第一时间就会把最前沿的人请到学校来，你在那里可以见到各种各样的人。所以我到现在都觉得，如果哪家媒体很有野心又不差钱的话，真应该派一个记者在那儿驻着，天天约见各种各样的人，和他们聊各种各样的趋势。

叶伟民

发现国际视野、国际情怀的伟大故事

叶伟民，资深的媒体人，曾担任*ZAKER*总编辑，《南方周末》特稿编辑、记者，新华社记者，在中山大学传播与设计学院从事过访问学者、特约业界讲师等工作。

作为一名记者，叶伟民的足迹遍及中国内地、香港、台湾及东南亚地区，并参与过2008年汶川地震报道。他的作品呈现过灾难、拆迁自焚者、新疆流浪儿童、缅甸政治犯以及越南街头的愤怒青年。代表作有《伊力亚的归途》《父亲的66号公路》《支付宝十五年穿越“无人区”》等。

作为资深媒体人，叶伟民喜欢将写作这门手艺理论化、系统化地总结和传授。他在知乎上开设的非虚构写作课程受到爱好者的欢迎，他还与中国人民大学出版社合作制作视频课程，普及了非虚构写作理念，让非虚构写作从遥不可及变得伸手可及。非虚构作家关军这样评价叶伟民：“故事写作这几年持续升温，参与者众，自然是我这个写作人所乐见的，更难得的是叶伟民这样的高手愿意为手艺的传承尽力。他是有禀赋的写作者，又精于方法论，尤其在采集和处理素材，将其转化为动人故事的技能上，他堪称魔法师，拥有宝贵的经验。”

获奈特国际新闻奖（Knight International Journalism Award）的《南方周末》前新闻总监曹筠武评价叶伟民说："讲一个真正的故事仿佛勇者斗恶龙。遇到与自己能力匹配又值得书写的故事实属难得，而勇者与恶龙互相成就、得以双双留下传说的机会更微乎其微。对于绝大部分人来说，叶伟民讲授的也正是屠龙之技。但尝试过寻找龙的踪迹也是好的。" 而叶伟民讲："传统新闻工业留下了诸多瑰宝，我也是受益者之一，如果说更幸运的话，是在我足够年轻的时候，老江湖们还没散去，让我如海绵般吸取过大海数滴水，现在我将它们献给你。"

在叶伟民看来，好故事能为人们带来诸多"福利"，让一个人的经历、思想、智慧绽放光，绽放热，变得更加出色和与众不同。"故事思维已如此深入我们生命的方寸，即使一场演讲，一次求职，一次谈判，讲好故事都可能为你带来意想不到的巨变。"他相信，人人都是"故事家"，都可以通过后天训练，成为一个讲故事的高手。他对非虚构写作的经验和理解，对技能的拆解和传授，让他成为绝无仅有的一手写故事、一手教故事的写作和教学双全的叙事高手。

访谈实录

问 你是怎么进入媒体行业并产生今天的写作志趣和追求的？

叶：我读大学是1999年到2003年，当时中国的媒体进入了黄金时期，《南方周末》《南方都市报》《经济观察报》《三联生活周刊》等都是我非常喜欢的媒体。媒体当时处在一个非常好的时期，所以它所散发出来那种理想主义、在社会上享有的极高的声誉还是很吸引我的。我觉得媒体是能推动社会发展的，是能够推动社会变革的，它能产生一些其他行业没有的精神力量，这是它当时对我的吸引。内心还有个"种子"，我记得在中学阶段，我用文字来表达内心、表达对世界的认识的"种子"就萌芽了。我曾经是想报考新闻的，最后学了物理，但是这个"种子"像个痒痒挠一样，时不时就会挠我一下。当时接触校园媒体，我就去看校学生会报纸和学院报纸，去感受这个领域到底是怎么回事。

我记得1999年《南方周末》那个新闻献词《总有一种力量让我们泪流满面》。献词出来之后，新闻系一位师兄把它印成一个文化衫，用很常见的毛笔写在后背上，就在校园里面走。这个场景挺打动我的，让我觉得做新闻是一个非常有担当、有理想主义光环的一个职业。大环境、小环境交叉的影响，给我带来很大的心理冲击。很多时候是一个蝴蝶效应，只是一个小小的决定，却引起了后来更多连锁反应，以至今天所走的道路。我读的是核物理，就业的时候我却一定要做新闻类的工作，我先去了新华社湖南分社，后来到了《南方都市报》，再后来去了《南方周末》，一步一步，现在一晃十多年了。去了《南方周末》后，我就更专注地做特稿了。当时，一个是《南方周末》，另一个是《中国青年报·冰点周刊》，可以被称为中国特稿界的双子星座，在这样的环境下我进步得肯定很快，从很多前辈那里获取了营养，比如南香红、李海鹏、曹筠武这些写作者。

问 你早期的文学训练是怎样的？

叶：在我的成长历程里，这是不存在的。我是一个很典型的理科生，十九岁之前成长在一个小县城里面，当时还是20世纪90年代，整个成长环境跟外界是比较隔绝的，基本所有东西都来源于课堂上老师的教学。但是当时有一点端倪，我也不知道为什么高三时我非常想读新闻系，但我的这个想法被老师、家长无情地扼杀了，那种"学理科有饭吃"的思想还是非常重。可以说，我的整个文学启蒙也好，新闻启蒙也罢，都是在大学期间完成的，大学实际上给了我第二次选择的机会。我去了兰州大学，去了一个全新的城市，接触了全国各地来的同学，有大城市的，有小城市的，也有农村的，这样的综合性大学给我的冲击还是非常大的，所以那四年，对我来讲几乎是一个从零开始却突飞猛进的成长过程。我还辅修一些文科专业，我记得那时候学婉约派、资本主义文学等等。还记得贾平凹写他的小桃树那篇文章，当时我看了后非常触动，但现在回头看一下，也并不是说那种文学价值有多高，只不过我们受的是正统的语文教育，他就让我感受到了以前无法感受到的文学的生命力。我那时候还会看王小波，因为背景有点相似，他原来是学工科的，我就觉得这对我是一种鼓舞，觉得理科生未必就不能去写作。不过我当时读的书非常杂，也没有得到很科学的指导，更多是一种野蛮生长的状态。

问 你进入媒体工作之后，哪些人对你的写作产生过重大的影响？

叶：2006年离开新华社湖南分社来到了广州，加入创刊没多久的《南都周刊》，那时我们几乎每个人手上都有一本新华出版社出版的《普利策新闻奖：特稿卷》，里面就是20世纪80年代到新世纪以来，历年来获奖的特稿作品的大集合，非常厚的一本。我记得第一篇《凯利太太的妖怪》影响了很多人，讲的是一个脑科手术，记录医生给主人公做手术的全过程。作者用的是一种极具镜头感的手法，将惊心动魄的手术过程复原出来。这个写法在当时非常创新，后面也影响了很多写作者。当时我们的主编张平老师会定期邮件发给我们一些文章，并且会做点评。有一篇对我影响很大的文章，叫《恩里克的旅程》，是2003年的普利策特稿写作奖的获奖作品，讲的是洪都拉斯的一个男孩恩里克，八次穿越危险的美墨边境，到美国找他打工的母亲团聚的故事。这是一个非常具有世界视角并且充满人文关怀的作品，这篇文章对我的影响蛮大的，也影响我后来写《伊力亚的归途》。

现在回想起那时候，还是会有一种得到新知的感觉，一个完全没接触过特稿的26岁的男青年，那种求知若渴的状态，那种感觉就像是风从窗外吹过来，吹在脸上，而原来我是被一层纸蒙着的，呼吸不了，突然间纸被吹走了，我就能大口大口呼吸的畅快感觉。当然还有很多经典书籍，我们也都买来看了。在《南都周刊》那两年是突飞猛进的两年，后来还参加了汶川地震报道，我相信对很多参加过汶川地震报道的记者来说，那都是一次脱胎换骨的经历。我自己也是一点一滴去积累，影响我写作的简直太多了，如汪洋大海一般，我也很幸运，在那个时代，自己就像海绵一样尽情吸收。

问　我发现你更喜欢伟大的故事，我从《伊力亚的归途》《父亲的66号公路》中看到宏阔的叙事意象和崇高的美学取向，这是由哪些因素造就的?

叶：确实是的，你的观察很准确。我确实喜欢伟大的故事。那篇《恩里克的旅程》对我影响很大，这样具有国际视野、国际情怀又关心人类发展的特稿太少了，在中国做特稿很容易窄化，很容易做成一个中国特色的好故事，不是那种具有人类共性的好故事。如果我们在创作的时候更多地以全人类意识、全球意识去思考的话，那么中国的非虚构写作就会有更大故事半径与视野，就能更好地对抗时间，也能走得更远。

《恩里克的旅程》直接导致了我后来写《伊力亚的归途》，讲怎么培养流浪儿童读书，再就业，让他们重新投入社会的故事。我当时就觉得这和恩里克在背景上有一些相通的地方，所以我就尽力去找一个可以承载故事的主人公，最终找到了伊力亚。他的故事能够串起新疆流浪儿童群体所面临的诸多问题。《父亲的66号公路》，实际上这个故事很简单，当时自己的家庭遇到巨大的变故，经济非常困难，父亲是怎么一点点从这种困境中走出来的。他用他对商业很独特、淳朴的理解和坚持，把我们这个破产家庭从深渊中挽救出来。我当时刚刚接触互联网，痴迷于各种财富神话，一开始我对父亲这种传统的商业理念是不认可甚至不屑的，在实践中却发现我所追求的互联网思维和概念都是虚幻的、夸大的，在现实面前真的不堪一击，所以我想有一天我能把我的这整个思考过程记录下来。后来关军创办了“网易人间”，找我约稿，我就把这个故事写出来了。

如你说的“崇高的美学取向”，我希望任何一个故事在我这里都能够极大地开拓它的故事半径和共性。一个好故事应该是不分国界的，能让不同国家的人都产生共鸣，这是一直以来我对自己写作的要求和法则。我在《南方周末》还写过《绿皮车的消亡史》，讲述具有意象的、诞生于革命时代的绿皮车，如何走过失意的20世纪80年代，走过商品经济崛起的20世纪90年代，走过追求速度的高铁时代，怎么一步一步退出历史舞台的。写这么一个绿皮车退出历史舞台的故事，不仅仅是一个历史回顾，还是以它为意象，带出更多时代感、人们共同的记忆，这样的故事才能让更多人得到共鸣，也就是刚才说的，故事半径更大。

问 你写作的价值观是怎样的?

叶：写作肯定要有价值观，如果写作者本人的价值观是恒定的，那他的作品所表现的价值观也是恒定的。写作者应该有什么样的价值观？我主张的是基础的价值观。怎么理解？因为价值观有很多层次，有不分阶级、不分国家、不分民族的，只要作为人类的一分子就能感同身受且能够遵循与追求的一个美好价值，这是最基础的价值。再往上，当然还有更多价值观，比如说，不同人种的价值观，不同国家、不同民族的价值观，不同特征群体的价值观，不同地域的价值观，甚至不同城市的价值观。我认为在写作里面，价值观越基础越好，越往上走，就拒绝越多的人。写作不是一种自我任性、自怜或“自嗨”，它一定要去追求一些永恒不变的东西，或者追求人类内心的冲突，像福克纳说的“人类内心的冲突是唯一值得书写的对象”。

换个说法，有点像老子以前说的“无为而治”了——只要我们能够体现全球共通的价值观，这个故事就有更多可能性。同样的故事，在不同的群体、不同价值观的人那里都能够求同存异。所以，我在自己的价值观里，对人类共同追求的东西不遗余力地展示，也要适当地留白，让不同观点的人进来，这样的作品会汇聚更多可能性。我是不太赞同那些价值观过度尖锐、过度个人、过度群体化的作品的，这样的作品实际上比较狭隘。

问 在决定写一个故事后，你一般会经过一个什么样的思维流程？写和不写的边界在哪里？

叶：我讲得比较多的是一个“三个同心圆的模型”，即最里边那层是故事，中间那层是问题，最外面那层是意义。这是一个极其简化的模型，也是一个相对共通、相对基准、相对基础的模型。这三个同心圆也是我判断故事能不能写的标准。简单地说，我首先要判断这个故事好不好，精不精彩，是不是符合我们叙事的一些基本规律。一个好的故事含有人物的困境，有对抗，有挣扎，才能造成冲突和矛盾。一个一片光明、花好月圆的故事是很难成为一个好故事的，那些好人好事不太能成为好故事，因为人在里面没有困境。人在困境下要有所行动，有所挣扎，有所打破，有所改变，情节才会丰富，冲突才会激烈。

第二层，问题。有了好故事之后，还需要考虑这个故事背后有没有更大的东西，例如一些具有公共性的问题。这个问题是现实问题也好，历史问题也罢，或者将要发生的危机和问题都可以，但确实是我们迫切面对且需要解决的问题，例如食品安全问题、贫富差距问题、城乡二元结构问题。这么说可能有点社会学的味道，一定要明确这个故事背后有更多个体在面对这样的问题，而且这个问题是亟须解决的，这样读者才有动力去关注你的故事，看你的故事。这个故事只有跟更多人产生关系，才能更好地传播，更好地留存。

第三层，意义。意义就是一些价值观的问题、一些普世性的问题，人类的善、人类的恶，还有一些伦理问题、人类的发展、命运的无常等，这些相对恒定且具有终极哲学意味。

如果一个故事能够连闯这三关，那就是一个值得写的故事，我坚信要用这个步骤流程来审视每一个故事，再决定写不写，才有更准确的判断。

问 采访一般如何进行？有哪些常用的方法与手段？

叶：什么是采访？过去的传统概念认为，采访就是代替读者、观众到新闻现场去与新闻人物进行对话，是获取资料的一种手段，但是现在，我们会更提倡一种创造性采访。梅茨勒写过一本书《创造性的采访》，里面讲到为何我们要追求创造性采访。怎么理解创造性？它就是在传统采访的技法上，要达到一个双方都意想不到的程度。采访对象会觉得这个人提问非常好，让我看到了自己有很多盲区，而且打开了我的很多思路。记者自己也会觉得被打开了一扇窗户，觉得这个采访对象非常不错，还能给我新的思考方向。也就是说，双方都有成全，双方都有激发，双方都能把对方送到一个自己想不到的程度，互相打开一扇窗、一扇门，都感受到光。

采访归根结底是沟通的艺术，所以有些银行的人事部门也来学习非虚构写作，实际上他们就看重了采访这个环节的沟通艺术。我们采访一个人，就是要迅速从一个陌生关系建立信任，并且开诚布公地分享信息。采访者不要走进一个误区，觉得对象接受你的采访是理所当然的，没有哪个采访是理所当然的。写作者要有换位思考的心态，想想对方为什么要接受你的采访，接受你的采访有什么好处。这是最重要的，不要想当然。其次就是倾听，倾听很重要。有些记者非常爱表现，采访的时候自己说的比采访对象还要多，喧宾夺主，这是对采访对象很大的不尊重。

问　什么时候会觉得采访已经饱和，已经够用了？

叶：首先，采访永远没有够的时候，只能说不断地接近事实真相。但是人的精神、时间都是有限的，而且作品都是有截稿时间的，所以我们会有一些这样的标准来辅助我们去判断采访是不是可以停下来了。一般会列出要采访的人物清单，与事实相关性最紧密的那肯定是核心人物，再以此类推，离事件事实越远的，重要性会降低。每次采访列一个这样的清单，对照来进行就可以比较好地掌控整个采访过程，不至于出现一些大的遗漏、断层等等。

以上是对于一个层面上的做法，对于单个的对象，采访的时候怎么才叫够呢？我有一些个人经验，就是他愿意从他的箱底里拿出他珍藏的相册，逐一跟你讲这些照片背后的故事，这时候就代表你这个采访已经够火候了。第一，翻相册是一个非常重要的讲故事的方法，因为每个相册里面的照片都是记忆的小径。一个老人家看到他二十岁的时候的照片，会突然间打开了记忆，到三十岁时候又发生了什么事情？所以呢，沿着照片讲故事是一个非常有用、高效的方法。第二，人家愿意分享一些压箱底的私密性的照片，代表他对你已经非常信任。有这样的信任度，也就代表他给你讲的故事都是推心置腹的，都是坦诚相见的，双方的信任度已经非常高。所以翻相册是我判断一个采访够的重要标志。我采访的时候是永远都不会自己提出结束的，我让对方提出，让对方实在是聊得受不了了，觉得时间太长了。这样才能保证每一次采访都能获得最大量的信息。

问 你一般怎么整理采访的素材？有什么独特的方法和个人的经验吗？

叶：整理素材是非常重要的阶段，所以我一直把它形容为唐古拉山口。什么意思呢？在通往西藏的道路上，唐古拉山口是一个非常重要的隘口，进藏的人只要挺过这个山口，就能顺利地到达布达拉宫，如果挺不过的话，可能就要原路返回了。

大家在整理素材时常常会忽略一个极其重要的步骤和技能，经过翔实的采访，我们肯定积累了相当多的素材，这些素材将如何服务于我们写作？写作的大忌就是不断地叠加，什么都想写，什么都不舍得放弃，这样的话整个故事会变得非常臃肿，非常有灾难性。所以在整理过程中，要把有用的信息从中提炼出来，并且按照顺序有机地排列在一起，才能更好地服务于叙事。很多写作者采访完后会凭着记忆、感觉拉开架势写，但不经过资料的提纯、萃取，写的过程中肯定会遇到很多困难，他以为省了整理这一步骤是节约时间，实际上是在浪费时间。我自己会按时间线和空间线来整理素材，很多故事来龙去脉，无非一个是时间，另一个是空间。可以拿块大白板，画一个时间轴，再把一些重要的时间节点写在纸条上，把纸条贴上去，这样就能把重要的时间节点很直观地展示出来。空间线法，有点像王天挺的《北京零点后》、范承刚的《深圳停电两小时》，这种信息密孔式的特稿很多都参考了盖伊·特立斯的写法，他也是新新闻主义的代表人物。空间的方位组合也特别明显，比如盖伊·特立斯写的纽约、范承刚写的深圳、王天挺写的北京，都可以按照地图，采访不同地点发生的一些大小事件，再按照方位把它贴出来，这时候你会非常清楚事件之间的方位关系，一目了然。通过这种时间线法和空间线法，能把很多核心素材都剥出来，这是我对处理素材的个人经验。

问 你怎么看待采访和写作中的理性和感性？

叶：在我看来，没有绝对的感性，但有绝对的理性，我本身也是理科背景的写作者，所以理性思维占上风，这是很自然而然的事情。但是现在很多作者都显露出一种很不好的趋势，就是使劲地煽情，使劲地催泪，生怕读者感受不到那个泪点。

我很反对这种写法。每个人的成长背景、教育程度包括性格特点都是不同的，所以对同一个事实点、同一个情绪点，每个人感受到的东西也是很不一样的，有些人会很感动，有些人甚至无动于衷，所以感性不是绝对的。但是写作品需要作者有绝对的理性，从你对材料的整理、对文章结构的设计开始到文章写完，这些都是理性思考的结果。我们总觉得“知音体”很糟糕，实际上这种就是在情感上过于外露，拼命地想催泪，拼命地要读者掉泪，勾引读者的情绪，很多年轻作者都有这种毛病。最高级的感动应该是留白，不显山不露水，不留痕迹地，在冷静的叙事里，让你感受到无限的情感在流淌，就像余华写《活着》一样，笔触很冷酷，很坚硬。他写福贵讲述他儿子为了救县长夫人，在医院抽血抽死的那一幕，你会觉得，他怎么会写得如此坚硬锋利，充满棱角，全篇却没有一个“悲”字，只是一个老汉在那儿讲着他儿子的遭遇，然后就阴阳两隔了。这就是我很欣赏的一种讲故事的方式。如果你不细思，你不会觉得他背后是那种很理性的思维在起作用。话说回来，理性写作者在写作过程中一定是要感情充沛的，但这种感情充沛也只能窝在心里面，不能让它喷薄而出，不能让这种情感去控制到你的笔触。俗话说，内心要热，头脑要冷，就像大家评价腾格尔唱歌一样——用尽最大的力气唱出最小的声音。

问 你有哪些难忘的采访经历?

叶：2009年到西安采访逃出塔利班的中国工程师。这个事情当时动静挺大的，说的是两个被外派到巴基斯坦工作的工程师，他们都是陕西人，也是出身于农村的青年，被外派到那边帮助当地修通信基站，某一天在去开工的路上被塔利班分子绑架了。塔利班希望通过绑架两个人质影响中国政府，从而对巴基斯坦政府也造成影响，释放他们的某个大头目。当时是这么一个背景，这两个中国工程师，一个叫张国，另一个叫龙晓伟，被抓了之后还得积极想办法。结果张国真就逃脱成功了，那是非常惊险的一个过程。龙晓伟半途被抓回去，受尽虐待，腿被打断了。当时我到西安就写他们的故事。这不仅关乎采访技巧，记者还要真正进入到一个人的内心，并读懂那种赤裸裸的人性。

我最开始接触到的张国是一个很自闭的人。他坐在火炉旁，我问他一些细节他就用双手抱着头，我能感觉到他有很多心事，采访的时候很多问题他都不愿意正面回答。他跟我说回来之后他一直在打官司，因为他认为派遣公司是有责任义务去赔偿他的，他还告诉我他得了抑郁症，这些对我的采访产生了很大的挑战。我肯定要先跟他做朋友，从各方面与他建立信任，建立友谊，方方面面地去关心他。第二次我去找他的时候，我感觉他也把我当朋友看待了，我再做采访的时候他整个人的情绪都打开了。

有一个细节让我记忆深刻，张国和龙晓伟当时做好计划，趁着月黑风高逃跑，两个人往村庄没有人烟的地方跑去。塔利班发现之后就追过来，到了一个分岔路他们走散了，塔利班在后面开枪，他们各自都听到身后有枪声，都以为对方已经中弹死了。他们两个都原地跪下来朝着枪声响的地方磕了三个响头，心里面都在说："兄弟啊，对不住啊，把你带过来了，然后没有照顾好，对不住你的父母，对不起你啊，我就给你磕头了啊。"这个细节展示了传统中国人特别有人性的一种反应，也是中国人在面对生死的时候所持有的一种朴素的价值观、朴素的态度、朴素的哲学。

张国冒着后面飞过来的子弹跑到镇上一个清真寺躲了起来，当地的好心人把他藏在车里面，经过了一系列流转送回给中方。但后来张国公司的人找到我，补充了张国一直没跟我讲的一个细节，他当时只说是当地的好心人救了他，用车把他拉出去交给中方，但他并没有说那群好心人是什么人。我也没想到，公司代表跟我说，为什么张国现在心事那么重，还有抑郁症，其实他是对不起别人，虽然别人也对不起他。我问为什么，公司代表说，其实把他救走的是塔利班的一个年轻士兵，塔利班查叛徒把那个年轻人查出来了，他全家因为他救张国的事情被杀死了。当时这个细节给我的冲击太大了，我真没想到是这么一个情况。对于张国这个抑郁症病人来说，如果曝光这个事实是非常不人道的，基于报道伦理我没有把这个事情披露出来。之所以难忘是因为这里面真的充斥了太多人性的因素，这次采访经历整体来讲是非常难忘的。

问 你如何让素材更好地服务于主题，并把握故事的主题？

叶：素材是始终贯穿整个采访写作过程的，我们在确定主题之前需要收集素材来做验证工作，看这个主题能否成立。确立了主题之后，更需要素材，因为它是用来展现这个主题的。也存在一种情况，我们先拿到一堆素材，再从这堆素材里提炼一个故事主题，这样的先后关系会有多种情况。我认为找到主题不是非常难的事情。我的标准是什么？就是用一句话概括这个故事，这句话就是故事主题。有了主题之后怎么实现，从什么方向去展示，展示什么，这就是故事的立意。比如说《伊力亚的归途》，主题其实就是一句话：一个被自己父亲诱拐行窃的维吾尔族孩子，被死亡胁迫，在母亲召唤中逃亡万里，最终获得救赎，重回故里。

问 你在写作过程中，会用到哪些叙事结构？怎样为不同的故事搭建叙事结构？

叶：文章结构是多元的，跟中小学课本里的文章结构是有差别的。我们回忆一下，中小学课本的文章结构无非总分、分总、总分总，只是告诉你文章的几个部件怎么凑在一块儿，变成一堆没有灵魂的、没有主心骨的、简单的积木。文章结构应既有结构的方式，也有叙事的方法，是一个综合的表现。罗伯特·麦基在《故事》里面对“文章结构”的定义，我认为比较准确——结构是对一系列事件所进行的选择，这种选择将事件组合成一个具有战略意义的序列，激发特点和情感，并表达一种具体的人生观。很多人写作的时候没有结构意识，没有提取戏剧性因素的想法，就写得像流水账一样，从头到尾全部记录下来，这实际上是很灾难的写作方式。

我自己对文章结构做过一个总结，大概有四种文章结构能满足大部分的写作需要。

第一种是模块式。《深圳停电两小时》非常典型，描写同一个很短的时间内一个地理空间的各个角落、各个方位的细节和民间生态。作者在极短的时间里表现同时发生的事情，他把模块设置好了，但每一块之间没有因果关系，相对独立，把城市不同切面组合在一起，最后得出整个深圳停电后的群体生态，所以叫模块式，《北京零点后》也是这样。

第二种常见的文章结构，就是时间线。时间线又分单时间线和双时间线。单时间线应该很好理解，就是把一件事情的来龙去脉清清楚楚、明明白白、从头到尾地写清楚。双时间线比较典型的是李海鹏的《举重冠军之死》，他就把冠军的人生的最后一天和他的一生各作为一条线穿插起来，因为人一生的时间线很漫长，矛盾冲突会比较分散，就不适合用单时间线了。普利策特稿名篇《策普的最后一站》，关于一个老兵去华盛顿出庭，在列车上断断续续讲述他一生，这样的故事用的也是双时间线，包括电影《贫民窟的百万富翁》也是的，整个电影明线讲述的是一场智力冲关的游戏，每一个问题都会带着主人公闪回到他过去的一段人生，所以双时间线也是场景很广的一个结构。

第三种是多人物、多地理空间结构。一个单一的人物可能无法反映主题，这时候就需要一个群体，或者加上几个辅助人物去表现这个主题。比如说紧密相连的两个人有一个共同的起点，走上截然相反的两条路，但这两条路很具有代表性，最终他们的人生还会交会在一起，表现命运的吊诡感。地理空间也是，好莱坞电影《通天塔》就是典型的多人物、多地理空间结构，几个家庭、几个小护士通过巧妙的物件和关系连接起来，通过这种关联很巧妙地进行穿插叙事，而且不一次性告诉你所有真相，随着剧情的推进一点点地剥开，把握住节奏并控制住观众的情绪。

第四种就是剥洋葱结构。一般用于解释性报道，一些优秀的纪录片也会用这个方法，这种方式的典型特点就是用一个问题套着一个问题，推动故事情节，先剥掉外面的大问题，发现又有小问题，再把它剥开。

这四种是比较常用的文章结构，我刚才说了，结构是很灵活的，排列起来也是无穷无尽的。

问 一般情况下，你会怎么写文章的开头和结尾？

叶：开头和结尾确实是最难的部分，我写开头通常会用很长的时间，有时甚至占全篇写作的三分之一，因为开头写不好就完全没有办法写后面的内容，就像画画一样，要思考第一笔该画在哪里。面对一张白纸，是非常纠结痛苦且艰难的事情。开好头是非常重要的，越往后会越容易，因为事物和事物、情节和情节之间的相关性越来越强了，就像花一定是会在枝头上、鱼一定会在水里一样。

为什么写开头会这么艰难，这么痛苦，我也做了一些研究。以色列作家阿摩司·奥兹[①]认为文章的开头是作者对读者发出的一个邀请，我觉得这个比喻是非常贴切和形象的。为什么作者写的时候会犹豫？因为他知道，如果这个邀请写不好，读者是不会进我的家门的，纵使我家的后花园特别漂亮，像仙境一样，他们也是不会看到的，因为他不愿意进来。所以每个作者都会特别慎重地去写这个邀请。好的开头，第一是要吸引读者，第二是要建立读者和故事主角之间的连接，第三是介绍故事的背景，第四是奠定故事的基本调性，比方说看电影，看一下开头，大概就能猜到这个片子的基调。

说到写开头，其实没什么好方法，需要参考一些好作品、名著，也有人整理了一百本世界名著的开头等等，都可以拿来做参照。这些好的名著的开头是千锤百炼的，都是作者、作家做过非常多的尝试、修改而形成的，而且经历了时间的考验，能流传下来，证明是非常经典的参考对象。比如说叙事性的开头，请看《百年孤独》的“多年以后，面对行刑队……”，没有花招，没有铺垫，就是一段话，直接陈述一个情节。还有场景描写或是心理描写，能让读者产生代入感。川端康成的《伊豆的舞女》开头就是一个场景描写——从山上的场景开始，写雨景，道路变得曲曲折折，不断地铺陈下去。

---

① 阿摩司·奥兹（Amos Oz，1939—2018），以色列希伯来语作家，20世纪60年代“新浪潮”作家代表，作品与以色列的社会风貌和世俗人情紧紧相连，主要作品有《何去何从》《我的米海尔》《乡村生活图景》等。

小说家劳伦斯·布洛克关于开头有四个忠告。第一个，开头要让故事动起来。很多新手写开头的时候常见的毛病就是入戏太慢，花很大的篇幅绕弯，读者会失去耐心。开头最好有动感，一下子能抓住人心。

第二个，设定故事的基调。这个故事是悬疑片、战争片、恐怖片还是喜剧片，我们一开始就要通过开头奠定全文基调。不能说本来要写一个悲伤的故事，但一开头写得欢天喜地，这是很奇怪的。

第三个，在开头点出这个故事的关键问题。当然也关乎篇幅问题，比如说写一篇长篇小说，一开始是不用着急的，但是有一些三千来字的短特稿，在开头点出关键问题就变得非常重要，不然读者会失去耐心的。像李海鹏的《举重冠军之死》，一开始就点出了关键问题，他是这么写的：由于睡眠呼吸暂停综合征，多年受困于贫穷，不良生活习惯，超过一百六十公斤体重的才力麻木地呕吐着，毫无尊严地死了，在生前最后四年，他的工作是辽宁省体院的门卫，在他死去的当天，家里只有三百元钱。这就点出一个关键的问题：一个冠军死了，他退役后穷困潦倒，还生病。

第四个，别在故事开始的地方开始。很多新手写特稿的时候容易写成流水账，一开始，十六年前他怎么样，出生在什么地方，童年怎么样，小学怎么样，初中怎么样，等等，这种写法是非常糟糕的。不要从头说到尾，要有一个战略式的排序。再说说文章如何结尾，一个糟糕的结尾会毁掉很好的故事、很好的书，一个很棒的结尾就可以拯救原本很平庸的书、很平淡的故事。古人说得很好，文章要“凤头、猪肚、豹尾”。开头要小巧精致，就像凤头；中间要信息充沛，像猪肚那么大，里面什么都有，包含各种各样的信息；豹尾，结尾要像豹子尾巴划过空中那么矫健、亮眼，要简明漂亮。所以叫“凤头、猪肚、豹尾”。

结尾的模式一般有四种：第一种是正向的结局，我们常说那种大团圆结尾；第二种是负面的结尾，就是悲剧，人物有欲望无法达成，命运悲惨收场；第三种就是模糊的、开放式的结局，留给读者自己思考的空间；第四种是意外反转，更多会用在悬疑虚构故事，非虚构这一块相对比较少，除非它的情节非常奇特。

问 **我能够感受到你的作品中很饱满的感情，很多作者做不到这一点。你如何建立与被访者的共情能力？如何看待非虚构写作中作者的感情因素？**

叶：你看得还是蛮准的。确实，不管是特稿还是非虚构写作，很多写作者都存在一个问题：感情的过度外露、泛滥。怎么理解呢？因为一直以来我们的写作来源于语文教育，语文教育长期以来过度强调思想的正确性，感情的澎湃、宣泄、外露。说个典型吧，中小学的时候咱们学作文，到文末的地方一定要拔高一下情绪，提升到爱祖国、爱人民。这种方式会对我们的写作造成不好的影响，急于加大我们感情的流露，拼命地去拔高，这是一种很不正确、很不现代的文字处理方式。

用最平淡的、准确的、克制的语言，写出最有力量的、最饱满的、最澎湃的文章，才是正确的方法，像海明威写人物引语，那个著名的冰山理论——能写在纸上的只是我们在海平面上看到的冰山的八分之一，还有八分之七是深埋在海面下我们看不到的。这个就是文字以外的力量，有那种情绪的空间和情绪的延伸。你要相信读者的感知力是不比作者低或者差的，甚至更好，所以一定要对读者有信心。从你所表达的克制的文字背后，他们是能够想象进去的，这是对读者的信任。

其次就是要追求一种更高级的表达，避免一些低级的表达。你会问什么是高级的表达和低级的表达，低级的表达就是用很多泛滥的、没有经过设计或思考过的语言，刚才我说的中小学作文里经常用到的很油腻的语言是要戒掉的。高级的表达就是我说“冰山理论”的做法，只是写出一小部分，但是能够激发读者更多联想，迸发出更宽广的部分。

再次，共情能力，更多是从一些优秀作品、名著里面学习的。他们能够穿越时代，跨越国家民族，成为全人类的文学范本，这种共情能力是世界化的。所以，学习这些名著里面的表达是非常有用的。

最后的小问题，如何看待非虚构写作中写作者个人的感情因素。作者的文字一定是克制的，但进入到读者眼里能激发很大的回响，打个比喻，腾格尔用最大的力量唱出最小的声音，然后引发听众最大的共鸣，跟这个套路有点相似。我最反对写作的两种状态，一种是“自嗨”，另一种是自怜，所以非虚构写作者一定要把个人情感关在笼子里。

问 你怎么看非虚构写作中的真实问题？如何理解非虚构写作中的“真实”二字？

叶：这个问题确实有过很多争论，有人认为非虚构写作中的真实就一定是绝对真实的；有人说非虚构写作里面的真实是不可能真实的，一定带有作者自己构建的成分。在我看来，非虚构的真实跟绝对真实还是有差距的，我们要允许这样的差距存在。非虚构写作，我用过两幅很有意思的画来打比方，一幅是泰坦尼克号的历史照片，黑白的，船静静地停在港口，这就是一个绝对的真实，很平淡，很无聊，没有任何艺术加工。我用另一幅画来打比方，画的是泰坦尼克号在下沉，整个船身呈四十五度斜插在海面，底下的人在呼号求救，远处有冰山，有月光照在海面上，船上面还冒着烟，这就是非虚构写作。历史上真的存在这么一个沉船的重大事故，但历史上是不是真的存在画中的场景呢？刚好这个冰山在船后面，船是四十五度往下，人的位置是不是都如这幅油画里面的位置呢？他们的大小比例对不对？当时有没有月亮呢？当时海面上波浪的形状是怎么样的？这些只能无限接近，不可能达到绝对的真实。

所以我一直认为非虚构写作不是去重构一张照片，不是去写一本档案，不是写一份灾难现场的勘察报告、调查报告。非虚构写作一定有写作者自己的观察和理解，也带有写作者个人的世界观、感情观，这是必然的。作者不仅发挥中介的作用，还进行再创作，带着个人理解、独立的立场去写故事，这恰恰是非虚构的价值所在，不然我们去看一本档案、一本历史书、一张照片就好了，没必要再去追求一个好的非虚构写作。

问 你个人的叙事风格是怎么形成的?

叶：我没有认真地、系统地思考过这个问题。对作者来说，最怕的就是没有特点，泯然于众人。如果真的很有辨识度，遮住名字，人们也知道作者是谁，那真的是很幸福的状态。我想我的成长过程和我的写作是很有关系的，与我的理科出身、阅读史、职业历程都很有关系，跟个性、性格也很有关系。所以很难说怎么样就达到个人的风格，它是主观和客观的结合。

我可以分享一下我在叙事风格上比较注意的几个地方。第一，我希望自己的表达能够国际化一些，国际化不是说要夹点英文、夹点看不懂的专有名词，而是说写一篇文章不仅要考虑现在的人会看，懂汉语的人会看，还考虑以后的人会看，让他们感受到每一人类个体所共通的情感。拥有这样的思维才能写出更加恒久的文章，超然于国界，超然于时间，超然于时代，超然于民族，超然于群体、个人，最终寻求到一个最大公约数。第二，追寻一个更标准的、更优美的汉语表达。中国的白话文运动到现在有一百年时间，有过高峰也有过混乱时期，其实现在也是个挺混乱的时期。因为互联网的网络语言进来了，很多人写作变得不会运用母语了，变得长句连篇，变得非常臃肿，非常不简洁，非常不节制，这是我在写作中极力去避免的。其他，应该是要注重故事的思想性。很多人写故事缺乏思考，觉得这个故事我自己觉得有趣、很感动、很受触动，就非写不可了。但是我会更注重思考故事背后的意义、意义图景是什么，能勾勒出一个怎样的价值体系。

拿“算法”来说，如果我要写一篇关于“算法”的文章，我肯定从一开始就排除算法是什么、算法是怎么发展起来的、算法怎么解决具体问题这种东西。它不是非虚构写作的思维方式，而是“说明书式”的思维方式。我会写算法正在影响着人类几大领域。比如说金融，金融的背后是什么？是人类的贪婪。算法与爱情，算法如何介入到这个千古难题，如何读懂人类的心灵。还有算法与死亡，这也是人类重大的命题。还有算法与公正，如何用算法去审判，去评判一个人是否会被解雇，如何去判别一个罪犯。从这些意义的角度去解读算法，会给读者一个更好的阅读感，也就是说，即使一个对计算机科学没什么了解的人，读完这篇文章后也能进行一个深层次的思考。

问　有没有写不下去、写不透，甚至作废的写作经历？有没有重写过？

叶：当然有。比如写支付宝的那篇商业特稿《支付宝十五年穿越“无人区”》，写完之后自己觉得非常不满意，觉得缺乏一些我期待的那种“蝴蝶效应”，例如早年某个非常不经意的小想法、小事件却成为影响现代商业格局的一个重大起点。后来我就重新采访，重写，我的第一稿基本就废了。像海明威说的“第一稿都是狗屎”，著名作家都有这种感受，我们重写再正常不过了。

问　稿子写好之后，你一般会修改几遍？你都有什么修改习惯？

叶：改几遍没有定数，拿《父亲的66号公路》那篇来说，因为那个文本我已经很熟悉了，也思考了多年，写起来基本上就是一气呵成，再润色一下就成了。但有些重写一两遍甚至更多遍都有，这是非常正常的现象和过程。不要把改稿看得那么重，改稿就是写作的一部分。不要抱着一种想法，认为非得写出来之后大家都称赞才叫好境界。改多少遍看实际需要，如果改一遍两遍三遍还是不够好，就依然改下去，改到好为止。

修改习惯的话，我比较喜欢带有一定推理色彩的写作。这儿有块大白板，你能把一些重要的元素、情节、节点贴在上面重新做排列组合。先说这个情节再说那个情节，中间怎么过渡、连接，等等，重新推演，再来尝试。有白板最好，没有的话，在本子上、电脑上也可以这么尝试，这可能也是我理科生思维比较重的一种体现。

问 一般采访后会给对象看稿吗？如果他们有一些带明显倾向性的意见，你会怎么处理？

叶：如果一开始约访的时候，对方把看稿的要求提出来，那我会跟他约法三章，比如说可以看，但是只能看你个人的部分，不能看围采的部分。涉及事实错误的地方我一定会改过来，但是不要企图影响或者左右我对事情的判断和看法。如果你说得在理，会让我重新进行认识，我一定会听取；如果只是为了自己去贴金、去修饰、去美化，我是绝对不能接受的。我会跟他解释清楚，会详细地、不厌其烦地去解释，比如说为什么我不用你说的某个信息点，因为无法进行交叉信源印证，一个有存疑和争议的信息是一定要有多方的交叉验证的。作者对于信息是有选择权的，而且这个选择标准、判断标准有一套科学套路。还有很多采访规范，我会跟他详细解释——为什么新闻记者或者写作者会这么做，是有怎样的规则和铁律的。如果对方很坚持己见，那我也不会退让。

问 你写作速度快不快？都是如何安排写作周期的？

叶：我以前是出了名的"手慢"，近些年有些改进。一是个人的成长，二是掌握了更多方法、技巧。如果是正儿八经的作品，一天之内写两千字左右是比较理想的速度，状态不太好又需要查材料的话，有时候一天写一千字也是有的，甚至少到几百字也有。那写作周期，就要看题材的大小和长度了，比如说万字的长文，十天到两个礼拜，就单纯写啊。如果说采访的话，就更没得说了，采访跟写加起来都需要两个月。

问 你有什么个人化写作习惯？

叶：刚才讲过一些，会利用碎片化进行写作的习惯，例如语音写作——把自己想到的一些事口述到一个语音转化的软件里。还有一些写作习惯，建立自己的数据库也是很重要的方法之一，看到自己平时关注的领域、感兴趣的一些标签能够分门别类地建立。随手记笔记这个习惯也很重要，在本子或是在手机上，把自己想到的一些写作题材、写作方向、感想记录下来，

还有一点比较重要，多跟人聊天，因为很多时候好的题材、素材仅仅靠互联网搜索是远远不够的，跟人主动地交谈是我们认知世界、获取题材的重要途径。普利策特稿写作奖《恩里克的旅程》，这么一个让人深感伟大的故事怎么来的？就是女记者索尼娅在厨房里跟她那来自洪都拉斯的钟点工聊

天，钟点工说她的家乡有一群这样的少年，母亲在他们还小的时候就偷渡到美国去打黑工，他们会很孤独地成长，到了某个年龄就去寻找母亲，但这中间是一个非常惊险、非常残酷的旅程。索尼娅敏感地捕捉到了这是一个非常棒的故事，所以就有了后面到中美洲的潜伏采访，最后有了这样的作品。所以语言交流也是一个非常重要的习惯，一个太内向的作家是很难去更好地打开世界的窗口的。就是古人说的，行万里路，读万卷书。

问 在写作中，你如何排除干扰，集中注意力？

叶：写作过程肯定是很痛苦的，人的一个天性就是躲避痛苦，寻求安逸，写作首先就要对抗这种天性，特别是在遇到困难写不出的时候，或者无法突破的时候。我自己的方法——把任务切碎，把任务分解，大任务分解成小任务，然后安排哪个时间段去完成什么，这样的话就显得不是一个那么巨大的任务了，而是一个个的小任务，坚持下来，这个大任务就完成了，这样也能克服写作的恐惧。

集中注意力只能靠个人的自律，除了刚才说的分解任务，定时获取读者的反馈也是很重要的。因为一个人不可能埋头在书斋里十年二十年，一点声音都没有，就突然间出一个巨著。写作本身就是一个修炼的过程，说到底还是一个自我修炼，这是一个很长的过程。

问 碎片化信息时代，对文章你有没有字数和体量的约束？你认为合适的篇幅和体量应该是什么？

叶：互联网对我们冲击是很大的，表达的方式、信息承载和传播的方式都有了相当大的变化，现在是小屏时代，不是以前大家摊开的大报纸。这个现实咱们是要承认和积极拥抱的，不宜过度去批判，去惋惜，这也不是积极的心态。对不同的作品应该有不同的标准，比如说书籍二十来万字，我觉得没问题。如果是自媒体阅读、手机阅读，就要求我们把文章写短了，三千八百字到四千字的篇幅已经是极限了，再长就会给读者造成非常大的负担。一定要注重篇幅，一定要克制，四千字以内我认为是最合适的。语言要简单，用短句，要准确、优美，不要绕弯，有话直说。杂志的文章可以稍微长一点，五六千字到一万字都可以，只要这个题材值得。

问 作品写出来后你会反思吗？会有缺憾吗？

叶：当然会有的。每个人对自己过去的作品其实都不尽满意，肯定会存在着缺憾，随着年龄的增长、社会经验的丰富、阅历的丰富，会觉得“我重新写这篇作品的话，肯定会写得更好”，这是一个永恒的遗憾和反思。在做新闻记者的时候，我比较喜欢慢节奏、慢悠悠地写一个好故事。但实际上，既然做了记者，还是要对一些在社会上有重大影响的事件积极地参与。我认为自己在过去十来年是做得不够的，这肯定会留下反思。当然我现在不做记者了，不可能会写一些突发事件、重大事件。大浪潮里面的一些群体故事我会更多去关注，其他，像盖伊·特立斯，他对时代的关注、观察、投入，是非常值得我们这些后辈学习的。他写的书真的是史料般、文献般的存在。对时代变迁的观察，也是我们写作者的责任。

问 你认为对于好的非虚构作品，最重要的是什么？

叶：在我看来主要有两个支柱，一个是叙事的技巧，另一个是作品的思想性。先说第一个，为什么叙事技巧这么重要？因为当下中文的非虚构写作还是一个很混乱的局面，很多人对“非虚构”概念都是模糊不清的。但现实题材的走红会吸引越来越多人从事这个领域，但对于非虚构写作的精神，他们会比较淡薄，更不要说方法技巧。把一个故事写得好看，当下很多写作者是做不到的，只是把一个故事写完了。把这个故事写清楚了，但是它不够好看，它的技巧和方法不够标准，不够多元，不够丰富。

第二个，作品的思想性。现在很多作品，故事写好了，比较精彩，但是读完了以后你感觉不到这个作品要传达的力量和思想性是什么。这种思想的深度、广度如何达到，非常依赖人的修养和修炼，写作者个人需要一定的人生阅历。更重要的是要有一个成熟、活跃的业界学界氛围。现在人人谈非虚构写作，但人人都不知道它是什么东西；大家都假装跟它很熟，却没有多少人真正读懂它。这导致了我们在写非虚构的时候，作品的格局、思想性变得很小家子气，变得很个体，变得很特定人群，没有一种普世的思想性存在。所以这两个点，我觉得无论现在还是未来都是亟须突破的。只要中国的作者把这两块突破好了，中国的非虚构写作就一定能够水涨船高，诞生一批数量更大、质量更高的经典作品，甚至流传到国外去。

雷晓宇

有这样的写法，就有那样的写法

雷晓宇在同济大学学广告，在北京师范大学学电影，毕业后在《中国企业家》开始记者生涯，并先后任职《创业家》副主编、《智族GQ》杂志总主笔、黑马传媒副总裁等职务。

在非虚构写作领域，雷晓宇的作品具有很高的辨识度和个人风格。文风具有很强的代入性，注重对细节的捕捉，文字犀利。约访之前，在她的文章中，我的直观感受是她是一位不容易交谈的作家，也许更是一位强势、犀利甚至尖刻的写作者。当我们在地处北京雍和宫的星巴克见面并坐下交谈的时候，我发现我的担心是多余的。两个多小时的时间里，她毫无保留地分享了她对写作技巧的理解。哪怕对于稍显尖刻的提问，她也给予了回应和解答。

有读者评价说，雷晓宇是当代中国最会写人的作者。可是除了散落的报道，她一直懒惰，不肯好好写本书，埋没才华，好在她出版了《海胆》。非虚构作品集《海胆》收录了雷晓宇所写的十篇人物特稿，文字中流淌着一种质地柔软的精神，她笔下的文娱人物或商业人物都呈现出一种本来面目，“在不蒸熟这只海胆的前提下，让读者看到了其不加防备的柔软一面”。雷晓宇说，《海胆》是一本“如果它被喜欢，我不会觉得难为情”的书。

雷晓宇作品中的“写作者代入”几乎成为她作品的名牌。非虚构写作的惯例是：作者负责提出问题，并忠实记录被访者的回答，一般要“置身事外”而不出现在故事中。雷晓宇作品中不但有代入，很多时候，她自己和被访对象的互动也会成为叙事的本身。她还是写细节的天才，对细节的捕捉和意义的放大是她作品的一道高光，类似电影中的高清特写镜头，放大读者通常会忽视的内容，让读者随着她的描写发现只有雷晓宇才能洞察的意义。“她总能抓住一些很容易被人忽略的细节，把人写得与众不同。”每个正常的人都有一双眼睛，但是我保证，我们看不到的东西，雷晓宇也能看到，并能把它们写出来。

访谈实录

问　你的书写风格很有个性，有很多个人的观感和评判。

雷：不是也因此而受到争议吗？

问　按新闻写作的规范来讲是这样，但是你的逻辑是自洽的，洞察力是对的。

雷：你说这个，我想到《黄金时代》里边萧红跟端木有一场对话，就在桥边，端木说萧红应该怎么写，然后萧红说：“有这样的小说，就有那样的小说，有这样的写法，就有那样的写法。”我其实觉得我没有在进行新闻写作，它的新闻属性已经非常淡了，如果要放在新闻写作里，这样就会被认为是不对的，那就不要放在里面。

问　你的文风非常有特点，追溯到早期，你的写作历史大概是一个什么样的过程？

雷：我从小数学成绩就特差，语文成绩特好，写作文肯定是比理科强。孩子在哪方面受表扬、受肯定，肯定就会更喜欢哪方面，如果老师说你不行，你哪方面比较笨，你肯定会下意识地恐惧，就会躲着它，所以我从小就特别不喜欢数学、理科，还有体育，因为总是不及格。

我觉得可能我从小就是一个挺敏感的小孩，敏感的小孩的感受能力，对外界的变化，以及信息的感受能力比较强。如果你有这个敏感，就会吸收到别人吸收不到、观察不到的外界信息，吸收得多了，这些东西和感受，就会很自然地用某种方式将之表达出来。我第一次发表文章是在小学三年级的时候。那时候的一个班主任跟我们当地的一位报纸编辑关系比较好，就推荐我的两篇作文去发表。我也拿过一些作文竞赛奖，上了高中之后，很自然地就选了文科。我不喜欢理科，我爸是物理老师，我更不想学理科了。

问　你大学阶段学习什么专业？

雷：我进了同济大学学广告，大学那时候是懵懂的。我1996年上大学的时候，大家的想法都是考取一个毕业出来好找工作、好赚钱的专业，大部分同学学国际金融、国际贸易，我选广告也不是自己选的，是我爸给我选的。我记得高中时看过一个墨镜的广告，一个女生，大概是一个白领吧，她是广告文字撰写人，她在那个广告里面很漂亮，很酷，又很帅。她戴着墨镜，一直在找一个向日葵样式的耳环，那种生活、那个形象，让我印象特别深刻，我觉得是我特别向往的。当时主要是想考大学，离家远一点，于是就想去上海，挑了这么一个学校，这么一个专业。

大学的时候我和写作没有太多的关系，但大学的时候在学校的广播台做编辑，在那台里认识了一些同学，大家过的那种生活，聊的那些事，有一些乌托邦色彩。一起玩的时候，我就开始听古典音乐，看艺术电影，就知道“五四”以前老北大的那些文化，懵懂的生活里打开了一扇门。其实对所有同学来讲，这样的经历是有一点启蒙色彩的，有一点点民间豆瓣的意思。我记得那时候我们经常去学校后门的一个小拉面馆聚会，在广播台录完了节目后，一起去那个拉面馆看录像带，当时没有那么多DVD（数字激光视盘），没有那么多好艺术电影资源，有带子就挑着看。那小面馆儿有个电视机，下面有一个录像机可以看自己带的片子。我都忘了什么时候看的，有一个电影是《战地之恋》，是米歇尔·菲佛和罗伯特·雷德福演的，讲电视台的一个男记者和一个女记者，他们去做战地报道，反正挺酷的。你想想看，男的很帅，女的也很漂亮，里面有爱情，有成就感，又有冒险，我第一次接触到了做记者，对这种生活很向往，但我毕业后也没有干这个。

问　我以为你毕业后直接进媒体了，是在台湾还是在上海？

雷：毕竟专业不对口，我2000年毕业，在台湾的广告公司做了一年的广告文字撰写人，在上海的分公司上班。分公司是个小公司，一共也就五六个人，好像就是继续了大学的生活似的，大家都是朋友，人际关系很简单。但一开始我不适应，写文案我写不出来，而且公司那时候的客户很少，一共就一两个客户，每天也没有太多的事情做。后来我就想考研，主要是想来北京，因为直接来北京找工作，谁都不认识，也不知道该怎么找工作，所以就想考研，想继续大学时那种乌托邦理想主义色彩的生活。

我记得高晓松写过一本书《写在墙上的脸》，里面讲北京连电线杆儿上都是文化，那时候特别喜欢北京，就想来北京。1998年北京大学百年校庆的时候，我们跟同学逃课坐火车来过一次北京，后来就是考研。2000年的时候，新浪的BBS（网络论坛）好像还挺多人玩的，我就老在《三联生活周刊》的论坛上面玩，苗炜以及一些老三联的编辑、记者都在上面。当时有一个小专栏《生活圆桌》，都是一千字出头的小文章，很机智，很幽默，有王朔那种不吝的、玩世不恭的范儿，《生活圆桌》后来也结集出了一本书《玫瑰花与肉丸子》。我看着学习，自己也写了几篇，后来他们就用了，用了后，我也没多想，后来考研就考上了。我本来想考北京大学社会学系的，临时到考试才发现，居然要考高数，我数学不行，就不能考，后来挑了一个不考高数的，我觉得在一两个月内突击能拿下的专业，于是就考了北京师范大学艺术系，学纪录片。

问 在北京师范大学学习纪录片，对你写作有影响吗？

雷：后来回想，对我来说还是有影响的。那时候会比较规范地去看一些电影，我后来写东西也会下意识地借鉴一些镜头语言的叙事方式，以及电影故事的叙事方式。开头是很重要的，要有“飞机炸山式的开头”，要把整个采访中最精彩的地方放在开头，吸引眼球，如果一个电影的头五分钟让观众看不下去，后面也就很难坚持看下去了。第二个就是细节为王，细节很重要，做纪录片也是一样，细节是挂在墙上的那个钩子，没有钩子你的衣服就挂不上去。还有一个，就是要塑造人物的命运，追求某种戏剧性。这种戏剧性不是说时刻地去反转它，或者反转一个人的存在和人物关系，而是说要对这个人物的生存处境有非常内在的洞察，要非常知道你为什么写这个人，这个人的生存处境到底是什么样的，他内心最深刻的恐惧和渴望是什么，这是对生存处境和人物命运的内在洞察。在保持这种洞察的前提下，和对方共情，等于说和对方一起把他经历的生涯形而上地再活一遍。

问 后来你在好几家媒体工作过，对吧？

雷：主要三家。离开《中国企业家》后，去了《智族GQ》，后来又去了

《创业家》。所以严格来讲，我只伺候过两个老板，其他就没了。

最近这两年我没有在任何媒体，我手头上有书在写，是有甲方的。其他话，想写就写，或者说有人找就写，但是没有在一个所谓的单位工作。有一本样书已经出来了，是以前写过的人物特稿的结集《海胆》，另一本书是个企业传记。

问　面对一个新的采访对象，你会做哪些准备？

雷：最早在《中国企业家》上班是2005年的7月1日，我记得特别清楚。我上午去报到，下午编辑就让我去做一个采访，但我当时根本就不会做采访，以前没有经验。编辑要求写有大概二十个问题的采访提纲，但我后来发现，如果要深入去做人物特稿，去进入一个陌生人的生命，写二十个问题是没有用的，因为这会让你不断地思考下一个问题要问什么，而不会精力非常集中地倾听对方的回答，最后就一直焦虑在“我要问什么”上，而忘了听对方的回答，错过很多关键点，也没有办法很放松、很开放地和对方交流。

有一年我跟牛文文一起采访王中军，我发现老牛在做采访时有两点。第一，采访对象知道他是谁，所以会抱着一个比较放松、开放的预设——你是懂我的，是了解我的人。第二，老牛做采访时是没有采访提纲的，他会把二十个甚至三四十个问题全部提炼，浓缩成两三个主题。他坐下来就跟对方讲，我今天来见你，我理解你现在的处境，我对你的好奇心主要是在一、二、三这三个点，然后抛给对方比较大的两三个方向的主题。在这之前他会花三五分钟去做一个开场白，这个开场白其实是很有用的，会让你知道面对一个陌生人时的任务。首先，要在很短的时间里得到对方的信任。其次，要花很短的时间让对方对你有基本的了解，让对方知道你是了解他的，这样你们之间的对话才有一个基本面。不能说今天一个陌生人到我面前，要了解我的前世今生，这样只会让人很警惕，觉得你很不懂事。

有主题式的提纲，而不是事无巨细的、海量的提纲，主题式提纲穿透力很强，跨度非常大，空间感也很足，在双方建立起一个基本信任后，就可以开始谈话了，其实也方便你不断地在某些节点上追问。后来我采访，也很少做详细的采访提纲，基本每个采访之前，我都会在笔记本上列十几二十个甚至更多问题，有的甚至会非常细，做完这样一个采访提纲之后，我一定会把所有问题梳理成两三个问题，形成两三个主题，不会让对方知道我是带着二三十个问题来找他的。

问 你常用的采访手段有哪些?

雷：肯定都有。你在查资料或者了解采访对象的时候，要对他有一个基本的揣摩和判断，我觉得这个很重要。而且这个揣摩和判断可能要在采访一开始的时候就跟对方讲，这样能让对方知道你对他是花过心思的。这样也能够刺激对方去回溯自己的人生，激起自我的表达欲。通常不会有一个人对你过去所经历的人生，对你过去几十年有细腻和深刻的观察，不会有人以这种方式来对你感兴趣，就算是谈恋爱，你的男朋友或是女朋友绝大多数情况下也只是陪伴你，或者是在某个节点上来陪你聊天，来帮助你去纾解心结，而不是进入你的深层。所以当你发现这世界上竟然有一个人这样密切地关注你的时候，其实，应该会被感动到的。当然，你的揣摩有可能是不正确的，那就在采访过程中见机行事了。

问 你写《黄觉：父亲以及海胆的柔软》，有一个细节特别巧妙，黄觉的那个iPad（苹果平板电脑）是发烫的。我觉得普通记者只会跟他交谈一下，不会探测到一个物品的温度。

雷：我没有摸呀，我都没有看到他那个iPad，但他跟我讲每次在外景拍戏的时候，跟他的儿子和女儿视频通话，一通话就是好几个小时，那你肯定能想得出来那个东西怎么可能不发烫呢？这些细节是你非常自然地推理出来的，不是非要摸一下才知道它是发烫的。这种发烫有一种触感，比你干巴巴地写一个iPad放在面前更有温度，更有生动感，所以你看到文章里的很多细节，其实是在采访之外的。

我想补充一点就是，很多时候你对一个人、一个采访对象的理解，往往不是对方告诉你的，而是他无意之中流露出来的。尤其是名人，他们已经习惯非常精心地组织自己的语言表达了，无意中流露出来的才是更贴近他的真实生存状态的。

问 《寻找王卫》那篇文章，你没有采访到王卫本人，是用周边采访支撑起来的，能谈一下周边采访的问题吗?

雷：我记得做那个采访特别累，因为它是我去《创业家》杂志之后做的第一篇文章，也是第一个封面报道，而且采访时间很紧，从定选题到写完只有差不多半个月时间。我去了上海、广州、深圳，还有好几个城市，去采访产业链环节上不同的人，这是一篇挺立体的文章。后来我发现有一个模型挺有用，做这种调查式的采访，尤其是商业报道，是有一个坐标轴的，有三到四条坐标。首先，它的穿透力是爆发前期的关键行业的关键公司的关键人的关键时刻，顺着这条线穿透来。当时有一个很重要的事件，“双十一”淘宝快递爆仓，所有资本或者是公众的社会注意力都关注快递行业，做得最好、最大、最关键的一家公司是顺丰，顺丰里面最神秘且从来不接受任何采访的就是王卫。

你观察这个公司的前景，会发现它和电商之间的关系太紧密了，在不断融合、渗透的过程中，它是要守好自己主业，还是要往电商或者其他更有挑战的领域延伸呢？我觉得它可能会迎来一个关键时刻，所以是从这样的一个逻辑来确定选题的。具体操作的时候，有好几个坐标。第一个坐标，怎么去确定你周边的采访对象。首先，要去了解它的用户，当时我是跟着一个顺丰快递员走了一整天。其次，要知道它的内部员工、客户，还有产业链的上下游、竞争对手，这些组织起来都是一个坐标体系。

这样，你的采访主题至少有五到六个角度，即便你采访不到最核心的这个“王卫”，也能够通过立体的周边采访还原一个大概的轮廓。

问　其实采不采访本人，关系都不是太大了。

雷：你会发现这篇文章不是一个人物访谈，而是一个产业报道。其实有时候，对方接受采访反而会给你带来阻力和障碍，这是我做人物访谈到现在最大的一个困惑，他接受采访，便会参与到自我形象的塑造中来，那你要不要配合对方去参与他的形象管理？如果你不配合的话，他可能会觉得你没有尊重他；如果你配合的话，那你作为一个记者和写作者，你的主体性在哪里呢？越到后面，写得越深的时候，你越会触碰到非虚构写作的边界，对于采访对象的尊重和对于你作为一个作者的主体性的自我尊重，两者之间会发生非常深刻的博弈。

问　《寻找王卫》整个分析框架，以及这个“坐标系”概念，是你在资料梳理当中慢慢形成的吗？

雷：这是跟编辑、朋友聊这个选题时聊出来的。当时《创业家》氛围还是很好的，做每一个重大选题的时候，会有采前会、写前会和编前会。采访之前要开一个会；记者完成所有采访回来，动笔之前要开一个会，要根据采访资料重新梳理整个写作框架；写完之后，在编辑上版的时候还要开一个会。

问 你刚才说到一个词语——揣摩。很多东西是看不见的，是作者揣摩和洞察到的，把它们写出来很像心理分析。你写李安的《比利·林恩的中场战事》那篇文章，我觉得你对李安的理解就像心理分析，且对李安的心理洞察很令人信服。

雷：我想问你一个问题，你允许非虚构写作有创作色彩吗？

问 非虚构，基于事实可以有创作空间。

雷：李安那篇文章是有很强的创作色彩的。因为当时采访时间非常短，我就中午和他一起吃了个饭，晚上他上台去做讲座的时候又聊了半个小时，最后的采访录音也不到一个小时。我在写作中要用直觉做判断。

问 这个直觉不是说简单的感觉？

雷：看着好像只是直觉，但直觉背后有写作者和采访对象之间类似量子纠缠的东西。我们经常说直觉是看不见、摸不着的，在一个瞬间忽然来。其实不是的，你看到的只是水面上的冰山一角，冰山下面还有好多东西。具体说到李安，写到他背后的知识结构、精神结构以及人生阅历的时候，那些东西太多了。

问 其实我觉得就是一种洞察力，这个洞察背后可能有一个精神分析的结构。

雷：是，其实我自己也发现了，我这些年的人物写作有两个特点是越来越鲜明的，一个是戏剧性，另一个就是心理分析或者是精神分析的色彩，而且自我代入感越来越强烈。

问 李安那篇，你写“李安已经62岁了，然后呢，我也不年轻了”，当时我觉得这个代入感是非常明显的。你为什么会有这么自然而然的代入意识，或者说你想代入？

雷：有人强迫我代入，我还代入不了呢，就是你自然地就代入了这个人物，还有他的作品、他的电影，这样一个人曾经给过你那么多而你什么都为他做不了的时候，就会自然而然地代入。其实我觉得写到这个份上，就像你说的，已经不是采访，不是新闻了。

问 **你写人的时候，会对人物的表情或者肢体语言有一些自己的解读，新闻写作的确不提倡对故事或者细节本身的不断解读。**

雷：可有一个问题，你如果不去做这样的还原，怎么让读者看文章的时候能够见字如面呢？这中间有一个话题可以谈，就是所谓的新闻写作，包括非虚构写作，在这个时代是有它存在的主体性危机的。如果你要去观察一个人、一件事或一个话题，你有太多的媒体手段，电影、电视、抖音小视频，太多直接用眼睛就能看到的可视画面，读者明明花五秒钟就能看到这个画面，为什么还要花五分钟去看你写的文章？你存在的理由是什么？你的主体性到底在哪里？

王小波写当年电视媒体出现的时候，法国的作家在所谓的电视到来和威胁下，才开始创造出内心的写作，像罗伯·格里耶[①]，他写一个人过条马路都能写五万字。文字的洞察力和解读力，视听语言是没有办法取代的，是它抵达不到的一个地方。所以说，如果这时候新闻写作或者非虚构写作还是秉承既往的规则，在原本被允许的水面上打转的话，肯定就输给人家了，就没人来看了，没有人来看了，你做那么多，不都是无用功吗？我不是特别有意识地去这么做的，而是我无意识地这么做了之后，回头来看，我觉得它是有这个价值的。

比如你刚刚说看到一个人，他的微表情，然后他的姿态、小动作，整体传递给你的感受是什么？如果你不写这个的话，那你要写什么呢？就写这个人出现了吗？任何一个活生生的血肉之躯出现在你面前，他是有状态的，而且很多地方非常微妙。当然，你在表达的时候，一定要尽量温和，不要有太多侵略性。比如说我想这个人一丝不苟、不苟言笑，不能写成他对我有抗拒、有敌意，这样可能是对对方侵略性的一种误读。

问 **你说过：“记者这个工作，有时荒诞，非要交浅言深，然后往往得到的是不自知的谎言。”你还记得吗？**

雷：记得。你难道不觉得是这样子吗？不只做记者是这样，而是生活就是这样，比如说我今天问你早饭吃了什么，你告诉我了，这个是绝对真实的。但是脱离某年某月某日某一刻发生的某件具体的事，涉及人的认知，就不存在绝对真实，只有主观真实了。比如说我问你：“我刚刚喝的咖啡是美

① 罗伯·格里耶（1922—2008），法国著名“新小说派”代表作家，作品以细致的观察著称。

式还是摩卡？”你可以非常斩钉截铁、毫无疑问地告诉我。可是我现在问：“你喝的是一杯什么样的咖啡？”一定就是主观的了。你觉得它是烫的还是不烫的，是偏甜的还是偏苦的，这些纯粹是你自己的感受。当我把问题换一个方式问的时候，就不存在绝对的客观真实，全部都是主观真实。

问 一般写成稿后，特别是人物稿，会让采访对象看吗？

雷：我最后出书的那些都看了，而且我是赞成给采访对象看稿子的。早些时候，我对这个特别纠结，早年在杂志工作，杂志社内部是不允许给采访对象看稿子的。后来，我自己有了话语权就好办了。

问 如果采访对象希望按照他的期待来塑造自己，写作者会有一个操作原则吗？

雷：百分之九十九的情况，我觉得都是能够通过善意的沟通去解决的。我有三个原则。第一个是涉及个人隐私的。采访过程中聊得挺好，他愿意在那个情景下来告诉我的事情，并不代表他愿意通过我让全天下的人都知道，这个肯定要尊重对方的意见，配合对方去做修改。第二个是涉及商业机密的，这就更不用讲了。个人隐私和商业机密，我觉得这两点是最重要的。第三个，在对他们的生活和人生处境的解读上面，这点我是非常注意的，尽量用不太有侵略性的、温和的方式来表达我对对方的一种理解。

问 采访整理的大量素材，你会怎么来处理？

雷：采访录音先出来，然后从头到尾看好几遍，把采访录音越读越薄。比如说这个采访录音有将近一百万字，可能读了三遍之后只剩三五万字，在不断把它读薄的过程当中，我会做一些笔记，会记一些关键词。到最后我开始动笔去写稿的时候，手里会有一张纸，这张纸上我会写一些关键词，用红笔做标记，哪个关键词跟哪个关键词是可以放在一块儿写的，有什么共同的逻辑，在这张纸的基础上，心里有一个大概的写作提纲，文章要分几个部分，每个部分大概应该写些什么。

有时候你的采访量太大，不做这些工作就没有办法动笔，结构化的工作还是要做的，你事先没有预想到的一些火花会在写作过程中显露出来。

问 没有经验的写作者，可能就被材料控制住了，不知道怎么去突破。

雷：我觉得不一定，反正我听录音和看资料的时间肯定比我动笔的时间要长。我一开始写是不停的，一口气写完，一篇一两万多字的特写，从动笔到写完要花七八个小时，但是听录音和看资料的时间远远比这个多。我知道卡波特[①]说过一句话，他说作家写东西，就是先为你写的这个故事，把你的眼泪流干，眼泪流干之后，你坐在写字桌前面，要变得非常冷酷，这时候你才动笔，如果你不够冷酷的话，就不能动笔。

问 不管是写商业故事还是写人，面对材料，我们怎么去分析材料，分析个人？有没有什么经验？

雷：我觉得不只是经验，经验是做过的采访够多，你见过的人够多，自然就会了。但其实不是，在经验的背后，还要有自己的知识结构和精神结构。

问 你的文章一般怎么形成主题？

雷：自己揣摩，在采访前就要揣摩，采访后也要揣摩。比如，在采访黄觉之前，我对他的揣摩我都跟他讲过，因为他之前做过好多采访了。叶三是他的好朋友，叶三写过一篇他的口述式文章，把他的一生都讲得很多了。他也说跟我都不知道要聊什么，因为好像全都讲过了，没有什么秘密了。我去见他的时候，我对他有一个揣摩，觉得他很像加缪《局外人》里面的男主角，他走过的人生，还有他面对人生的一种态度，有点那种感觉。如果排练这样一出《局外人》的话剧，我还挺想去看他怎么演。这是在隔着非常远的距离去观察和揣摩对方的结果，但最后发现他不是《局外人》里那样的角色，而是一个内心很柔软的人，反倒像前世是一个八旗子弟之类的。所以最后的结构，跟我事先的揣摩有相似的地方，也有惊喜的地方。

问 我感到最难的是写作的结构，同样一个事实，用什么样的叙事结构去讲？

雷：我觉得电影艺术可以借鉴，我写雷军的时候借鉴过《十一罗汉》。那时候雷军要做小米，找到七个合伙人，挺像《十一罗汉》那个故事。最好的结构，就是能够用一句话讲清楚故事：一个落魄的老大，想要东山再起，他在这时候找到了几个在各自领域有专长，但是都不是那么得意的人，这七个人要在一起去做一件事情，去对抗各自人生的困境。

大多数情况下，你没有一个特别明确的可以借鉴的结构。用细节来串

① 杜鲁门·卡波特（1924—1984），美国作家。

联，比如说写《姜文下山》，我用了几个印象特别深刻的画面、对话和场景，把整篇文章串联起来了。写李宗伟，是用一天的时间线串起来的，假装是一天发生的事情，这好像是蒙太奇的手法。我觉得这是作者的文本自觉，很多时候，如果文章信息量非常大，确实要找一个好的结构，让所有信息、画面、细节各就各位。

问 我觉得你说得很对，文章的信息量特别大，如果没有运用好的结构去呈现，就会很胶着。

雷：也不是说每次都能在动笔之前找到很好的结构，有的时候，一开始你只能想到一个大概，你写着写着，故事自然而然就有它自己的生命。写作者都有一种天赋和敏感，他即便不知道怎么写是好的，但至少知道怎么写是不行的，如果文章结构不合理的话，你写到一半自然而然就写不下去了，只能重新改。

问 不管是商业故事，还是人物特稿，其实我们都在讲一个故事。故事的基本特征是什么?

雷：我2018年6月去上了一个编剧班，上课的时候罗伯特·麦基讲了他认为的故事要素。我发现我这些年写报道的时候，无意识中就有那些要素，跟他讲的那些理论是可以无缝衔接的。他讲到故事的几个关键点，比如激励事件，就是人物要遭遇到一个激励事件，然后会有行动反应，他的行动反应会违背他本身的期望，然后又经历危机选择，最后有高潮反应，大概就这些吧。

问 有时候会遇到这种情况——采访到的信息对要写的文本没有太多用处。

雷：如果你在采访当中没有得到比以往更大的信息量，就考验一个作者对于这个人物甚至对于人性的洞察力和解读能力。在既往资料的基础上，从一个新的框架、角度去理解，肯定也是可以的。

采访艺术家或者演员本身是比较有优势的，尤其是主动创造的作家或者导演，他自己有作品，可以通过解读他的作品，去还原一个“他”，还有在你面前的他，以及他嘴里讲述的那个“他”，你已经能够得到三个“他”了。在三个“他”的基础上，再写出你眼里的一个“他”，那就是四个“他”了。这种多重的主观真实，放在一起才是更接近客观真实的，没有绝对客观真实，我们做的都是沧海一粟，虽然一再强调作者的主体性。

问 你一般怎么处理开头和结尾？你那句话说得特别好，开头就是“飞机炸山”。

雷：回想一下和对方见面打交道的全过程，你记忆最深刻的一个画面或者一个细节，可能就是开头了，一定要把你最精华的感受放在开头。而且有的时候结尾能想好很好，想不好写到那儿它自然而然就出来了，因为你在七八个小时的写作过程中会再次被感动，再次被你与这个人物之间交流的那些东西感动，这中间可能又会有情感上的叠加，产生新的东西，这些东西可能就是结尾了。

问 你写的一些财经报道里面有大量的数字，你用得挺好，你怎么看待数据?

雷：真的好吗？我觉得我对这个不敏感，数字这一块可能是我的弱项，我连财报都读不懂，只是一些很常规的使用。后来我学过财报、会计的课程，那是真的需要专业能力的，去阅读财报，根据财报的数字阅读一个公司目前的经营处境，以及它面对的挑战和危机，再从这里面揣摩企业创始人的性格、状态和挑战。这些是需要专业能力的，我不懂看财报，所以这个谈不上。

问 你思考过叙事节奏的问题吗?

雷：我觉得节奏是你选择在一件事情上停留多久、花多少篇幅的问题。比如说某个细节，你觉得特别动人，要花一千字去讲它，还是浮光掠影直接跳过去？你可能只花一两句话。到底是详还是略，这就是节奏。节奏跟音乐一样，在这个地方，长和短、轻和重、浓和淡，是一种写作分寸。我觉得取决于两点：第一点是对于你要传达的主题来讲，到底有多重要。第二点是有没有足够的信息和资料来支撑它。比如有一个点，你想花一千字写它，但是缺少其他支撑性的信息量，就很难去完成，你不得不对此做出妥协，三四句话把它交代了。

对于节奏，可能还会从电影、绘画里面感受到。电影、绘画、书法、舞蹈都是节奏。节奏是一个审美的范畴，不是一个采访或者写作的范畴。有一种舞是讲书法的舞蹈，舞者用肢体模仿他背后的汉字，用肢体模仿书法的笔画。不同的书法家写同样一个字，浓淡、节奏、走势不一样。舞者在模仿的时候，一条腿要抬起来，他要操控在空中某个点上停留的时间。到处都有节奏，绘画也有节奏，其实跟构图有关系。齐白石画一只虾，为什么选择让这只虾在整体构图中挨着树比较近，而不是远一点的地方？他怎么样来判断这个距离？这就是节奏。

绘画和舞蹈有节奏，而且都很美，做得精确，就在那个点上。有美的享受，这个节奏是舒服的，要是不对，你就会觉得很别扭。举个例子，我看了一个电影，那个电影看得我很不舒服，应该在三十秒或者是一分钟之内能交代完的事情，电影却花了三到五分钟来演。你会觉得在那里过于黏稠，节奏不对，你缺乏耐心，很多画面只有叙事功能，没有太多附加的情感功能。

问 你写作的时候会出现写不下去的情况吗？

雷：有，遇到这种就重新写。比如写一个一两万字的东西，如果写不下去，就说明之前对整个结构的预判可能是错误的，你可能要换一种写法。

问 你修改稿件的话，一般要怎么修改呢？

雷：很少修改稿件，直接写完，基本不修改。

问 写作的时候价值观在起作用吗？

雷：那肯定啊，做任何事情都有价值观，基本上我不喜欢的活就不写。所以你说写作有没有价值观，可能在选择采访对象的时候就有了。不只是说不喜欢，有的是完全不感兴趣，比如说一些“小鲜肉”，我确实不感兴趣，一点兴趣都没有，那不是我日常生活里关注、思考的事情。

问 对你影响比较大的虚构和非虚构的作品、作家都有哪些？

雷：卡波特对我有一些影响，卡波特写东西也有非常强烈的个人代入感，包括他后面写的那两本小说都是非常短的，像用文字做的素描一样，其实他是把文字当作他的速写本。文字是有魅力的，有一种非常偏执、强烈的东西在里面，这种偏执和强烈甚至有一些病态。

我觉得李安对我有很大的影响，还有伯格曼、黑塞①。心理学对我也有很大的影响，海灵格的家族排列心理学虽然有很大的争议，但他那一套理论非常有穿透力，尤其是在理解人、阅读人以及自己阅读自己，然后去和生活与

① 赫尔曼·黑塞（Hermann Hesse，1877—1962），德裔瑞籍作家。于1946年获得诺贝尔文学奖，代表作有《荒原狼》《东方之旅》《玻璃球游戏》。

命运打交道方面。

问 我发现你对伯格曼有非常到位的理解。

雷：我这么说不知道准不准确，李安某种程度上承袭了伯格曼电影里面心理分析的基因。他把这部分基因和好莱坞非常大众化又炉火纯青的叙事技巧结合在一起，又和纯东方式的文化基因结合在一起，所以可能三五百年才能出李安这样一个跨时代的集大成者、一代宗师。伯格曼是创造性的，是第一个把心理分析引入到电影这种艺术形式里边来的人。他当年拍《野草莓》的时候，电影这种艺术形式才诞生不到五十年，他相当于电影门类里的莎士比亚了，也不会再有伯格曼这样的人了。而且你发现这三个人有个共同点，黑塞、伯格曼、李安都出生于非常正直严厉的家庭。这三个人里面有两个人的父亲是牧师，还有一个人的父亲是中学校长，这跟我自己的家庭出身挺像的，我爸是中学校长。在这样非常严格的环境中，在这种规则的控制下长大的小孩儿很容易敏感，他的内心非常叛逆，他的生命能量需要一个出口。

问 你有长篇非虚构写作的打算吗？换一个说法，你有当一个非虚构作家的规划吗？

雷：我觉得要看机会，写非虚构，不管小的作品还是大的作品，归根结底，先得有一个人与另一个人的互相托付。我倒是觉得写虚构比写非虚构更自由，当然也更危险。

问 我觉得非虚构危险，你说虚构危险？

雷：虚构更危险，虚构是“正面全裸”，虚构是赤裸裸地面对自己。打个比方，非虚构只是一扇门，不管是采访对象还是你的读者，都可以通过这扇门去到另一个地方。但虚构是一整个房间，是你自己的一个房间，你拿不准会不会有人，有可能是高朋满座、谈笑风生的，有可能只有你一个人在，没有客人进来。

问 特别优秀的特稿记者，如果不写点大部头的东西，我会觉得有点遗憾。

雷：我有这个想法，因为要有另一个名字和你的名字联系在一起。在前面也提到，你需要生命能量的出口才能喷薄而出，内在压抑住的东西才能真正地得到释放。但另一方面，其实什么都没有生活本身重要，没有必要为了完成一种使命而陷入某种焦虑，重复循环在对自己的不满中。

问 写作在你的生命里意味着什么？我也揣测一下，你可能离不开写作？

雷：我觉得不是在写作上，是在表达上。我觉得每个人生来就有一种被压抑的、想要被看见的欲望。一开始，父母都会告诉你，要做一个谦虚的小孩，要听家长的话，然后你就在这种教育中压抑自己。在这样的环境下长大的每个人，都有想要通过不一样的方式被看见的欲望。有的人通过创业，有的人通过写作，有的人通过歌唱，有的妈妈生一个孩子，她把自己被看见的欲望移情到孩子身上，让孩子被看见，她觉得自己也被看见了。这其实都是你看到的人生，就像镜子一样，你每多写一点，就多表达一点，多成功地表达一点，在镜子里面看到那个人的形象就更清晰一点，局部就会多浮现一点。

问 你什么时候写作最有灵感？在何处最有效率？比如说家里或者咖啡厅。

雷：动笔之前会很焦虑，换着咖啡馆去整理资料。但是最后还是在家里写，总是拖到晚上半夜写，当然白天写会比较好。

问 非虚构文学和虚构文学，如果要做比较的话，你会怎么评判？

雷：首先说非虚构文学，说实在的，我只看过《冷血》，盖伊·特立斯的作品中文字做的铺陈太多了，细节叠加像电影一样，那种碎镜头的剪辑描述性特强。其实我还是很喜欢干脆一点的文风，就像海明威，就是描述一段之后要“啪”地来一个锤子，再描述一段又“啪”地来一个锤子，我觉得卡波特是刚刚好。要把虚构和非虚构放在一起比较，我不知道怎么回答，因为我看非虚构太少了。我觉得写得好的就是好的，只有写得好的东西和写得不够好的东西，没有非虚构和虚构。

问 在文章里，你会很率性地表达自己，甚至有一些攻击性。

雷：是有人跟我说过，我在文章里边是有攻击性的，可是为什么我自己不觉得呢？相反我可能会帮助采访对象，他不想表达出来的东西，我会帮他去屏蔽一下。

问 你是一位女性写作者，女性的写作视角对你来说有什么样的影响？

雷：鹦鹉史航说觉得我的采访挺母性的，采访对象沉默，我也跟着沉默；采访对象甩脸色，我也表示理解；采访对象难过，我也跟着难过。如果你把这种母性的色彩理解成一种强烈的、本能的共情能力，我觉得我可能是有的。但是可能是因为采访，去接触对方的时候，我是工作的状态，这个状态会让我觉得很有安全感。所以采访的时候，采访对象冲我发火，冲我甩脸色，我会觉得他不是针对我，他是针对来见他的一个“某人”、一个记者，我不会因为这个而觉得懊恼或受伤害。

问　其实我很好奇，你写了那么多大人物的人生，对人生百态有没有一声叹息的感受？

雷：当然有，写每一个人都有。尤其在后期，我对于这种用深入共情方式写的每个人物都有很深的感情，我觉得我爱他们。记者是仰仗他人善意的工作，如果对方打定主意不向你敞开心扉，你是没有办法完成工作的。只有对方选择信任你，喜欢你，把他自己某一部分的生命托付给你，你才能够完成写作，你们才能够有这样一段相遇，所以我真的觉得我都爱我的每一个采访对象，但是你说一声叹息，就跟爱情一样，会有一些失落感。

你们共度了一部分时光，在这段时光里你们是互相信任、互相认同的，而且有些时候，对方不仅把他的一段人生托付给我，我也把我的一段人生托付给了他。可是你作为记者的身份消失、对方受访者的身份消失之后，你跟对方就只是萍水相逢，是会有一种失落感，就像一个演员失去角色即出戏一样。你把你自己放在另一个命运里，放得那么深，甚至在某些瞬间，你觉得你就是他，可是你也要出戏，你不是他，这种写作其实特别消耗人气。

问　那你怎么看人生？

雷：名利场，难有自在人。人生就是这样子的，如果要参与名利场，你得到的每样东西都要付出相应的代价，在这种追逐、竞争中，在这种自我成就中，你感受到这种压力，又会自然而然地产生一种更本真、更爱的东西。我觉得人生就是这样，在人的每一个身体内部，在不断博弈的过程中产生张力，就是人生。这种张力，就是卧虎藏龙。

问　你最近准备出的特写集叫什么名字？

雷：《海胆》。其实一开始没想好叫什么名字，后来就从黄觉那篇文章里面挑了这个意象，其实我想叫“茧与蝶”的，但是时间来不及了。“茧与蝶”的意象，我是看徐冰的回顾展里有个作品《在美国养蚕系列》，他把蚕放在很多场景里边：电脑的后边儿、键盘的后边儿、书上边儿、一张全家福照片上边儿、一整个花瓶插满的桑叶上边儿。这个蚕结成茧再变成蛾子飞走的过程，是一个挺有意思的意象，也挺像人生的，人生其实就是作茧自缚，然后化茧成蝶。我发现我采访过的，起码这本书里面收录的这些人物，都是从这样的历程走出来的。

本来是想叫“海胆的柔软”，后来编辑觉得“海胆”会更大气，更能抢占一个大词儿。我没有想这本书大卖，没有抱这样的期望，它是我送给我自己的礼物。

问 为什么我会问你怎样看待人生？因为我觉得在这个时代站在高峰的一些人代表了这个时代的风向标，这些人真实的生存状态是什么样子的？是不是我们想象的那样呢？

雷：在写作里面，没有办法去追求绝对真实，只能说你的一切都是在一个不假的基础上展开的，你不能假，但是什么是真的？到哪种程度上算真？百分之多少？没有一个标准，而且人生有时候很微妙的是，你看不到那根线在哪里，这时候你再往前走半步，就过了那个界，你却不知道。只能说我保证我写的东西没有假的，但是一旦涉及认知，就没有客观真实，有百分之多少的主观真实，我不知道。我看到这个人，读者看我的文章是他们看到我瞳孔里的这个人，这是经过两三重的视角重新理解和改造过的对象。所以最终读者们从文章里看到的是他们自己，最后发现没有人会真正对另一个人的人生感兴趣，除非他们能从这个人的人生中看到自己，就像照镜子，每照一次，镜子里那个人的某一个局部、某一个细节就更清晰一点，像素更高一点。

问 我忽然觉得你特别适合当心理导师。

雷：李安每次回大学做讲座，讲的都是心理学，从他的电影里能看得出来，他受弗洛伊德的影响太深了，李安的好处在于把西方心理学这些解释性极强的东西系统地结合起来。

心理学，我现在觉得它最大的局限性有两个：第一个是它有很强的解释性，但是并不能够告诉你怎么样才能够解决这个问题，它的解释性大于它的终极性；第二个就是心理学其实超级依赖人本身的解读能力，西方的心理学，归根结底是系统的东西。荣格[①]到晚年对老子、庄子这些中国道家的东西感兴趣，黑塞到了晚年是老子的崇拜者，到最后纷纷都走向东方，可能是东

---

① 卡尔·荣格（Carl Gustav Jung，1875—1961），瑞士心理学家、精神病学家。提出了“情结”的概念，将人格分为内倾和外倾两种，主张把人格分为意识、个人无意识和集体无意识三层。

方的佛和道本身不是一个宗教，而是一种哲学思想，里面是有终极性的智慧的，这种终极性的智慧是西方心理学不能够完全抵达的。李安的好处就是把这两样东西，以及好莱坞那些技巧性的东西结合得非常好，但他又没有给你一个标准的、完整的答案，给你留下了很大一部分的空间和距离。

问 **写了那么多人物，对你自己有影响吗？**

雷：我的星盘老师说我应该寻找一个人生导师，可是我在不断寻找精神上的人生导师的同时，也在不断跟自己做心理暗示，强调说我要去寻找自己个体的内在的主体性、独立性。而是在这种不断寻找和自我强调过程当中产生的张力，就是我人生的主题。

张　英

我还想走得更远

2009年，《南方周末》高级记者张英获得“南方报业年度记者”称号，当时的颁奖词是：“张英不是那种可以用领域、用驻地来定义的记者，他是一个可以与‘记者’这一职业全息对应的完整意义上的记者。”十年之后，如果把“记者”两字改为“媒体人”三个字，依然适用于张英的履历与足迹。2013年，他接受采访的时候称自己做过网站、杂志、出版社、报纸、电视台的工作，基本上可能除了广播都做过。几年之后，当他和近二十位从传统媒体走出来的记者一起做“听好书”项目时，广播也算做了，他也成了一位完整意义上的全媒体人。但无论在媒体领域如何腾挪，如果求索，张英内心燃烧的还是写作理想，他的内核是一个写作者。

张英最初的梦想是当作家，他在小学时就已经崭露头角。高中时他在《作文通讯》《中外少年》《少年文艺》等杂志发表诗歌和散文；他读本科和研究生的时候做自由撰稿人；20世纪90年代，他写新闻，做图书编辑，写杂志文章；2002年以后，他进入《南方周末》，找到了“真爱”，主要从事人物报道和文化报道的采写。在《南方周末》工作的十二年里，他是发表稿件最多的记者，是获得月度新闻奖和年度新闻奖最多的记者。

他的作品《濮存昕：跳进人艺“这锅粥”》《陈丹青：一格一格降人才》《“就是一个体制问题”：吴冠中谈中国美术现状》，抵达了文化和艺术人物报道新的深度和锐度。他关于余秋雨的采访和系列长篇报道是人物采访与写作的全息展示。在记者职业生涯中，他采访了两百多位名人名家，那些杰出人物的所思所想除了提升了他的眼界，也在职业态度上塑造了张英，让他知道“人生和命运，其实都与工作认真有关，没有任何捷径可走”。即便在过去他忙于做“听好书”项目的2018年，他还以自由撰稿人和特约记者的身份完成了二十篇有影响力的长篇报道。

本次访谈中，张英回顾了他的职业生涯和写作历程，而其中关于人物报道的选题标准、采访经验、写作技巧等议题的经验结合他职业生涯中的切身经验，很有启发意义和操作性。除了业务问题，他在报道和写作中的职业操守更值得学习。他说：“记者要善良，要设身处地，将心比心，给采访对象分析利弊，做到不伤害对方。”他对于人物报道的理解，可以说是人物报道记者的重要参考。关于写作，他一直“在路上”。他说自己快五十岁了，却在写作上“刚刚步入成熟期”，在新闻写作的道路上，他还有很多可能性，他将会“走得更远”。

访谈实录

问 你的学习和职业经历概况是什么？你是怎样进入媒体行业的？

张：我的专业和新闻无关，本科和硕士读的是企业管理，但兴趣一直是文学创作。我高中发表了一些散文、诗歌，大学时期发表了几篇小说和散文，做过校报的记者。读硕士的时候，我给一些报刊写稿赚生活费。文学作品稿费低，发表周期长；新闻报纸发表快，当周就发表，稿费一个月内就能收到了。文学作品和新闻写作，各占用我当时一半时间。

当时文章发表比较多的杂志是作家方方创办的《今日名流》，《中国大学生》和《作家》杂志，以及《山花》杂志，也在《新民晚报》和《羊城晚报》《粤港周末》《武汉晚报》上开了专栏。后来在《青年报》实习了一段时间，分别给新闻部和文化部，还有《学生导刊》，写了一系列的新闻报道，其中有社会报道，也有文化报道。

20世纪90年代中期，我离开了上海，到北京发展，主要原因是当时的《新民晚报》《青年报》以短新闻见长，主要发一些简讯、消息。所谓的长报道，八百字至一千字就算是长报道了，不能满足我的“虚荣心”。到北京后，我先是在南海出版公司工作，后来进了《音乐生活报》工作，负责头版《观潮》的编辑和新闻采写。这家报纸培养了北京很多有名的娱乐记者，当年有“娱乐记者黄埔军校”之称。

两年后，我加入了《北京文学》做小说编辑，后因为文学期刊收入太低，赶在第一波互联网兴起的时候，我先后去了旌旗网，担任文学频道的主编，同时兼任席殊好书俱乐部《好书》杂志的主编。后来遇上了美国金融危机，纳斯达克股市崩盘，旌旗网上市未成功。这家当时最好的网络书店遇到了经营危机，运营资金匮乏，只能裁人减薪，每况愈下，我选择了离开。

经当时的朋友安妮宝贝推荐，我回到上海，加入了《榕树下》，负责图书工作室，做《榕树下》《中国网络文学》等杂志及图书文丛的编辑，策划出版了一系列图书。后因网站长期不盈利，创始人朱威廉在诚成文化和贝塔斯曼之间，选择了把网站卖给了贝塔斯曼。

2002年，我加入了《南方周末》，主要从事人物报道和文化报道的采写。在《南方周末》工作的这十二年里，我是发表稿件最多的记者，获得月度新闻奖和年度新闻奖最多的记者，职称级别最高的记者。

问　你中学时候已经开始在杂志上发表诗歌和散文，在大学毕业之后，你曾经辞职一年，从事自由写作，能说明当时的情况吗？

张：做自由撰稿人，那是1995年到1996年之间的事情了。当时不想工作，在复旦大学南区附近的国权路上租了一间房，窗外就是复旦小学。当时与很多作家有联系，也想专心搞文学创作，手里也攒了一点钱，够支付房租和在南区食堂吃饭，就安心地写了一部十八万字的长篇小说。

那段日子，现在想起来仍历历在目。一个人放弃了正常的生活，就写作，读书，听音乐，跑步。每天早上起来，跑五公里，洗冷水澡，在国政路上吃完早餐，回到房间听会儿钢琴曲，再开始写三五千字。中午到南区食堂吃饭，回房间睡个午觉，下午读书或者去图书馆，晚饭在学校本部食堂解决，一般会选择散步去教室看书，或者回房间看碟片。

每天进入写作的状态，会非常专注，全神贯注，只有那时候才会享受到写作的美妙和快乐。有时候写得投入，心神合一，忘记了喝茶，忘记了换音乐磁带，忘记了时间。偶尔有人敲门，会感到心惊肉跳。

那段是黄金般的日子，身体年轻，心理年轻，身体健康，朝气蓬勃，人的身体机能和心理机能都是人生里最佳状态。大脑运转快，用笔写作，在一张张稿子上写下一个个蓝色的墨水字，写完的稿子，混合了纸张的油墨味和钢笔墨水的味道，芬芳四溢。

因为我能力、人生阅历、才华有限，那部长篇小说我投给了《收获》，编辑肖元敏给我提了修改建议，我改了几次，但文章还是太差了，最终未能发表。我倒是在《新民晚报》和《文学报》等报刊上发表了一些诗歌和散文。一年的时间匆匆而过，手里的钱也花光了，就出来找工作了。我感觉到，自由撰稿人的生活说起来浪漫、自由，但除了写稿是自由的，别的环节都不自由，作品发表都在别人的手上，很难满足基本的生存需要。

除非是给当时的《知音》《女友》《故事会》等畅销报刊写稿，稿费千字千元。但那样的稿子，要求是名人的爱情婚恋故事，或者是政法报道，情杀、凶案，基本上都是一点采访，其他部分编造捏造甚至虚构，或者编些离奇的爱情故事，跟我当时的文学梦想相差十万八千里，我还不如老老实实上班去。做个文化记者，采访作家、学者、导演、演员、画家、音乐家，应该是和我个人兴趣爱好距离最近的。回看当时的我，还有点天真：以为可以借职业的便利采访喜欢的小说家，顺便偷师学艺。新闻能够让自己认识很多不同的人和生活，可以积累素材，方便自己以后写小说。

就这样，我进入了新闻业，开始做社会新闻，不是跑事故新闻就是跑拆迁新闻，报道了也没有多少用。一年后，我开始改行去做文化新闻和人物报道。

问　“你见到我的时候，我和新闻在纸上。你见不到我的时候，我和新闻在路上。”在写作领域，有哪些前辈和同行在什么时候给过你影响和启发？

张：严格说来，中国新闻的专业化是从20世纪90年代中期开始起步的。最早的《南方周末》和《北京青年报》，还有《中国青年报》《中华工商时报》算是当时的领军报刊。

其中《南方周末》是长子，后来因为人才外溢，又有了《南方都市报》《21世纪经济报道》两大报，此后又衍生出《新京报》和《南都周刊》《南方人物周刊》等媒体（包括初期的《东方早报》筹备团队），《北京青年报》当时创办《青年周末》和《北京青年周刊》，也是红极一时。《中国青年报》靠《特别报道》和《中国青年报·冰点周刊》，《中华工商时报》的调查及周末版，也是难能可贵地在体制内进行了新闻专业化的尝试。包括后来的杂志，如《三联生活周刊》、《新周刊》、《财经》、《新世纪》（即

《财新周刊》）亦在新闻专业化的道路上进行了尝试，在专业、行业报道领域走得更远。

在新闻的写作上对我影响比较大的有《南方周末》的张平、《北京青年报》的郑直，他们的新闻报道相比起同时代那批记者，文章有鲜明的个人风格，文才是比较出众的。还有，《北京青年报》的陈徒手、人民日报社文艺部的李辉是在文化新闻报道领域里对我有示范性作用的前辈同行，让我知道文化新闻、文化报道不仅仅是行业新闻，文化新闻和社会新闻、时政新闻一样是对社会有用的。

问 你写过那么多人物，你觉得人物写作对公众来说的阅读价值是什么？特别是名家，对你有没有影响乃至震撼？

张：人物写作的阅读价值，是认识世界的一种方式，能理解人性的丰富、复杂、多元。人是万物的尺度，也是认识世界的基点。人活一世，草木一秋。人物的经历，个性与命运，挣扎与无奈，得失与成败，最能够打动人。

物以类聚，人以群分。人物报道可亲可感，是在关注度上唯一可以和社会新闻并驾齐驱的，它是天生有热度、能吸引眼球和好奇心的新闻品类。在人物报道中，名人名家又是最吸引人的。

我采访了两百多位名人名家，仔细回想一下，印象强烈、对我有直接影响的包括叶永烈、金庸、王蒙、余华、刘震云、王志文、陈道明、周迅、姜文、张艺谋、贾樟柯、方力钧、徐冰和陈丹青。他们对我的影响，除了阅读和眼界提升，更多是在工作的认真和敬业上，他们让我知道人生和命运其实都与认真工作有关，没有任何捷径可走。

问 在决定写一个故事的时候，一般经过怎样的流程？写或者不写，基本边界在哪里？

张：一般来说，采访一个人物或者写一个故事，我都会在心里琢磨很久。决定写一个人物或写一个故事，基本有三个前提：第一，这个人是否有新闻价值，有趣有个性，与众不同？故事是否精彩、与众不同？第二，除了人物和故事有趣外，是否还有很多的可能性和阐释性？比如是否代表一个群体，一个行业？是否有普遍性，有当下的社会性，是否有时代感，有代表性？第三，别的媒体是否做过？如果做过，还剩下什么角度？如果我写，能否写出这个人物最好的故事？

问 **你说过，“写新闻就像造房子，好的新闻是不能偷懒的”，什么时候，你会觉得采访已经饱和了，素材够用了？**

张：不管是人物报道还是故事、事件，有没有大量、长时间的采访，能否拿到足够的材料，决定文章的得失成败。

我在采访一个人之前，会有一个很长的提纲，进入面对面的采访时，我会在有限的时间里先提问我最想知道的，在聆听对方的回答时，心里会有判断：对于想知道的问题，对方的回答是否让你满意，有没有超出你的期待，让你兴奋和刺激、意外又满足的。这是因为在采访一个人前，在看大量的资料、设计提纲的时候，已经想好了文章的主题，以及进入的角度和故事走向。

问 **你的采访一般如何进行？有哪些常用的方法与手段？**

张：通常根据不同的采访对象，采用不同的采访方法和技巧。找个安静的环境，最好是采访对象确定的、放心、放松的环境，面对面，平视对方，亲切面带笑容开始采访。为保持注意力集中，采访之前会不吃饭，保持大脑清醒。

一般来说，在采访从未打过交道的采访对象（包括普通人）时，我会先聊聊生活话题，让对方放松，再转入采访。对于新闻人则无须寒暄，直接进入采访状态就好了，比如白岩松、崔永元、王旭明这类，本身就是新闻的行家，再比如徐根宝、王石、贾樟柯，则不必客气，开门见山就好。对那些有专业限制的人，比如考古学家、经济学家、音乐家、艺术家，对超出我知识面和专业范围的采访，就只能是事前多看资料，找这个行当里懂的人摸底，请求他们帮助设计问题，寻找文章的主题。

对不愿意配合采访、拒绝采访而媒体又必须采访的对象，我会请采访对象熟悉的人引荐，比如陈道明和王志文，都是我喜欢的人物，很有个性，很少接受专访。我一直想采访陈道明，追了四年。《唐山大地震》上映时，我找到冯小刚，让他给陈道明打电话，陈道明的独家采访就解决了，陈道明跟我聊了六个小时。王志文也是我感兴趣的优秀演员，这个独家采访则感谢上海的记者商羊，她和王志文成了朋友，于是王志文的采访就变成五个小时，他回答了五页采访提纲中的每一个问题。

如果是写人物故事，我一般会围绕采访对象的人生经历去找关键点，主要是人生和命运的转折点、最春风得意和最倒霉的时候，如果是人物访谈，通常会集中在观点和意见表达上。

问 面对大量的采访素材的时候，如何处理，如何分析素材？

张：可以说，这是所有记者头疼的问题。一个人物采访，通常一个小时到两个小时，重要人物的采访往往会用两到四个小时，整理出来的录音通常在两万字到五万字。

我的做法是，根据采访之前的设计，围绕自己最感兴趣的问题，找出主题和最有价值的内容，设计出文章的结构。文章的框架搭好了，再根据文章结构选取材料，确定文章不同章节的主题，再对材料进行精挑细选，最后形成文章的不同模块。

剩下的就是流程和套路：为采访一个人、一个事件而做的准备，看大量的资料，读或者看他的作品，列出采访提纲，打电话约采访时间，在某一个地方见面，开始进行采访。

这时候我总是希望让采访对象舒服、自然，像老朋友一样地进行谈话，我往往选择把尖锐或者质疑的问题放到最后——多年以来，我习惯这样的采访状态。然后是录音整理，最后是调整、写作，交给编辑，根据编辑意见修改，最后完成稿件。

问 怎样和写作对象相处，特别是涉及触碰隐私和敏感的信息？有什么技巧吗？

张：在采访过程中，唯有真诚。我的方法是在双方建立起信任后，聊得高兴了，再触碰隐私和敏感信息。

如果涉及公众利益，就一定要问。其中的分寸是，记者要善良，要设身处地，将心比心，给采访对象分析利弊，做到不伤害对方。

如果对方不肯回答，就不强求，哪怕放弃采访。如果引用了他人说法，或者旁证，一定要谨慎，尽量用可靠信息，注明出处。即使对方回答了的问题，也要谨慎处理隐私和敏感信息。同时要遵守承诺，如果答应给对方看稿子，一定说到做到。如果对方不同意发表，那就放弃。

巴金去世后，我采访巴金的女儿李小林，因为是在电话里聊了一个小时，后来我把录音整理成文章，李小林看了不同意发表。后来我们尊重她的意见，这篇访谈到现在都没有发表。

问 从业生涯中，有没有令你最难忘的采访经历？

张：二十多年的新闻生涯里，这样的采访太多了。值得一提的是《濮存昕：跳进人艺“这锅粥”》，当时濮存昕担任北京人民艺术剧院副院长，因为辞职闹得满城风雨。在第一时间，我找到他，反复沟通后，他放下了顾虑，接受了《南方周末》独家专访。写出来的稿子，他改后的稿子，我们怕发表出来对他不利，还做了很多处理。文章发出来后，他特意致电道谢，此后我们成为朋友。

再比如《陈丹青：一格一格降人才》，油画家陈丹青从美国回国，担任清华大学美术学院教授，想招的油画博士生，专业课再高分，英语和政治不及格，就是不能够被录取。他选择了从清华大学辞职，一时间满城风雨。我找到他，经过几次沟通，他接受了《南方周末》的独家专访，首次完整表达了他就艺术教育在中国的想法。

再比如《“就是一个体制问题”：吴冠中谈中国美术现状》获得《南方周末》年度新闻奖。2007年3月，在政协文艺小组会上，身为全国政协常委、中国美术家协会顾问的吴冠中就文化体制改革问题，当着分管文化的中央领导的面，建议对画家实行“以奖代养”制度。因意犹未尽，后来写成了《奖与养》，提出文化体制改革应该“取消画院，取消美协”，对画家实行“以奖代养”，实行经费断奶，话题还涉及美协、画院民间化、美院扩招、公正评奖等，并认为：“美协是个衙门，文联也是这样。谁都来管文艺，结果文艺上不去！”

吴冠中的这番话语引发了满城风雨，他感到了压力，在接下来的三个月里，拒绝了多家媒体的采访，保持了沉默。我们又反复沟通，努力争取，吴冠中看了我寄给他的我采访金庸等的文章后，在北京家里接受了我三个多小时的独家专访说：“我这么一把年纪了，我要说真话。”文章《“就是一个体制问题”：吴冠中谈中国美术现状》刊发后，在中国美术界引发了强烈的反响，这篇报道最后获得那年的《南方周末》年度新闻奖。

再比如2008年北京奥运会期间，我对开幕式总导演张艺谋进行独家专访，当时张艺谋是新闻人物，是全球媒体关注的焦点，他接受的采访非常有限，全世界媒体采访新闻发布会，半个小时；美国CNN（美国有线电视新闻网）采访，十分钟。他也是《南方周末》的采访对象，但我根本找不到他。

我发现以前采访过的画家陈丹青，是奥运会开幕式和闭幕式视觉的艺术顾问，我当时找到陈丹青，请他向张艺谋推荐我。于是，在开幕式结束的第二天，张艺谋在一家饭馆内，接受了我长达四个小时的独家专访。当周，《南方周末》以十二个版的内容，制作了奥运会特刊报道，其中我对张艺谋的专访内容占据了八个版，报道刊出后，所有互联网网站全部转载报道了。后来，这篇报道获得了当年的《南方周末》年度新闻奖。

问　在《南方周末》工作十二年，从事新闻工作二十多年，你觉得自己的代表作是什么？

张：应该是2004年的“余秋雨专访”及“余秋雨文革调查”专题，前后两期报纸，拿出了七个版对此进行报道，应该算是我的新闻代表作，也是我至今最自豪的报道。

问　你如何形成故事主题？会有主题难以取舍或定夺的情况发生吗？如何处理？

张：在写文章的时候，我通常根据采访拿到的独家材料决定文章的主题和故事。毕竟报纸的版面有限，我们最后的主题一定是独家，或者符合《南方周末》价值观的内容。这时候，和别的报刊重复的内容或与主题无关的内容都被舍弃了。

如果舍弃的这部分材料里有特别精彩的细节，我们会摘录出来，放在图片的配文里，生动、活泼，和主文形成双重文本。

比如2003年对葛优的采访，当时，葛优妈妈施文心和妹妹葛佳合著的新书《都赶上了》出版，我通过出版社的编辑约了葛妈妈的采访，想做一篇葛优妈妈谈谈自己的儿子的文章。但我去了葛优家后，发现葛优也在。

采访葛优妈妈后，我又增加了采访葛优的环节。葛优是个说话谨慎的人，但在自己家里，在父母、妹妹、侄女的陪伴下，葛优那一次是有问必答、非常配合，效果好极了。从新闻价值比较，葛优妈妈和葛优比起来，肯定是葛优的专访有价值。那期报道，原本葛优妈妈是唯一的主稿，但当葛优接受采访以后，葛优的专访就变成了主稿，葛优妈妈就变成了配稿。

总的来说，故事主题最后的取舍还是根据新闻价值做出来的，哪些内容最值钱，最能够打动人。

问　你写作的常见的叙事结构有哪些？怎样为不同的故事搭建匹配的叙事结构？

张：在我写下的两千多篇稿件里，有人物专访，有写人物故事和历史往事的。有按照自然和时间逻辑展开故事叙述的，比如《海艺“辱师门”全记录》。有颠倒时间倒叙的，比如描写“西路军”往事的《追寻那支消失的红军》。再比如《“我要学政治”——吴冠中的最后岁月》，完全是打破时空。吴冠中去世后，我在吴冠中的最后五年里，找了他关心的四件事展开叙述，写了吴冠中曲折起伏的一生。也有很多口述，如陈凯歌《无极》上映，口碑不一，争议很大，网友胡戈制作了《一个馒头引发的血案》视频，陈凯歌威胁要把胡戈告上法院。我在第一时间采访了胡戈，为了增强文章的信服力，根据录音整理，直接使用了口述体。冯小刚拍摄《天下无贼》，这是新中国电影第一部以贼为主人公的电影，因为获得了那年的《南方周末》年度电影，我也使用了口述体这种叙述，每一段都有一段叙述语，用楷体标出，形成互文效果。对那些最红、曝光率高的焦点人物，接受过众多媒体采访的知名人物，他们的人生经历和故事已经广为人知，当他们写的一部作品或演的一部电影、电视剧爆红，媒体需要采访的时候，我的办法是采用访谈体，比如陈道明、王志文、葛优、周迅的采访。关锦鹏、徐克、吴宇森、张艺谋、冯小刚、姜文是媒体的宠儿，当他们拍新的电影、电视剧时，怎么报道？“叙述+访谈”体也许是最好的方式，展现他们的见识、观点和思考，这些同样是读者喜闻乐见的信息。

问　调查性报道和新闻特稿在操作上有哪些异同?

张：我认为还是有相当大的区别。调查报道完全是由新闻事实组成的，时效性强，要在短时间里交稿，文体都是冷静客观的描述，靠的是观察，如果有细节，那也是客观公正、不带感情、不偏不倚的新闻事实，文字都有出处，对话是从采访对象口述里挑出来的，没有任何虚构成分和多余的抒情。

新闻特稿在尊重新闻真实的前提下，由于写作时间长、新闻时效性不那么强，允许作者使用一些文学写作的手法，注重故事性和可读性，有抒情和起承转合，有场景描写，有烘托气氛，有心理描写，允许使用斩钉截铁、不那么客观的判断语词，甚至允许带有作者的爱憎和感情，以及作者的价值取向和立场。

问　你说过“记者需要阅历和洞见能力，需要大量的阅读，和不同的人对话”，你认为一个合格的非虚构作者的能力结构是什么?

张：我同意海明威和马尔克斯的说法，一个好的小说家年轻的时候都应该做几年记者，对他身处的世界和社会有真正的了解，知晓这世界大部分人的生存处境。海明威和马尔克斯年轻的时候都做过新闻工作，当过记者，两个人也有杰出的非虚构写作和新闻作品。

在《海明威新闻集》里，记者海明威以简洁明快的语言，刻画人物完全凭借事实，即叙述人物本身的行动和言语，描述了战争前线、渔猎生活等精彩场景。欧洲战争中，海明威担任驻外记者，对欧亚战场的报道内容涉及西班牙内战、“二战”中的中国、印度殖民地、马德里战争等，体现出他对局势的独特观察。海明威通过对话使他的新闻故事具有戏剧性，报道文章中的喜剧元素让那些仅了解新闻故事的人感到惊讶。

马尔克斯一生撰写了大量新闻报道，结集出版的有《1948—1952年报道文集》《1954—1955年报道文集》《1955—1960年报道文集》《1974—1995年报道文集》及《1980—1984年报道文集》。其中，《一个海难幸存者的故事》系列报道，揭露了一项政府丑闻，引起社会轰动。

马尔克斯对这位海难幸存者进行了为期二十天，每天六小时的采访，以妙笔再现了船员扣人心弦的十天漂流历程，《一个海难幸存者的故事》创造了轰动全国的报业传奇，作品成为非虚构的杰出典范。

“我为文学和新闻之间的关系着迷。我在哥伦比亚以记者身份踏上了职业道路，在某种意义上，我一直都是一个记者。新闻工作帮助我与现实保持联系，这一点对文学来说至关重要。”马尔克斯曾说，记者和小说家的工作都是为了找出真相，我一直认为我最好的职业经历是记者。一个合格的非虚构作者应该拥有优秀记者的新闻采访能力，能够与很多人打交道，知道什么是“大鱼”、有价值的主题，知道事物的复杂性，任何事件背后都有不那么简单的缘由。同时，他有小说家杰出的虚构能力、还原现场的观察能力，掌握不同的叙述能力和写作技巧，还能够写出精彩、与众不同的故事，以及入木三分、让人过目难忘的人物来。

问 你在写作过程中遇到过什么写作困境吗？有没有重写的经历？

张：写作中遇到的困境太多了。看着过去报纸上自己的文章，随着时间的推移，变为一些垃圾，这时候在脑海里，都是些对自己的怀疑和否定。在写每篇文章前，我都有莫名的压力，会担心自己不能比上一篇写得更好。这样的状态往往会持续很长的时间，直到文章第一段写出来。

我从来都没有这样累过。进《南方周末》后，面对工作压力，睡眠质量总是不高，我经常在夜半时分醒来，在很多模糊的状态里，我想到的都是工作，或者是某个具体的稿件采访。有次我甚至在梦里见到了李安，面对面对他进行采访。或者在梦里为一篇文章怎么写而反复纠缠。还有一次梦见我采访到了张艺谋，可采访机突然坏了，我急得不行，醒来才知道是场梦。

可能是我以前在别的报社、杂志社工作太轻松，只要工作认真勤奋一点，就容易获得领导和采访对象的肯定——我先后做过音乐、美术、文学、出版、社会新闻等方面的工作，我的大工作量很容易赢来工作认真、业务好、表现好的名声。

更多时候，我们只要拿到新闻的料，在第一时间内把它写出来，交出去发表，告诉读者，工作就完成了。我们也许真的很少做过真正的新闻报道——在那些报社、杂志社工作时，我们很少考虑读者的阅读感受，也很少考虑新闻的传播价值等一系列问题。

我工作的那么多家报社和杂志社，很少有《南方周末》那样对记者有具体的文本和写作技巧的要求。直到来到《南方周末》，我才知道，以前我和这个国家百分之九十的记者一样，都是在混日子。我重新开始我的新闻生涯。进入《南方周末》以后，开始和向阳、吴蔚、杨子打交道，后来换了陈一鸣、袁蕾、李宏宇，让我重新理解什么是新闻职业人，什么叫认真。我知道一张受人尊敬的报纸背后，是在什么样的基础上建立起来的。

至于稿件重写，我相信，《南方周末》的记者们应该都有过。2018年，金庸去世，我给《新民周刊》写了一篇特稿《金庸：大师远去，斯文不再》，写了两个星期，改写了四五次。

问 你的写作习惯有哪些？有特别个人化的写作习惯吗？

张：我写作需要阴暗、特别安静的房间。有水、咖啡、水果、瓜子，没有人打扰，谁也不能进屋子，经常是没日没夜，一个人对着电脑，和自己搏斗，和懒惰和拖延症搏斗。二十几年来，从周五开始，到周三晚上稿件上版后，记者和编辑就解脱了，可以睡一天了。写作的习惯居然持续到现在，要命的是，几十年的写作，几百万字写下来，形成了顽固的习惯，我发现自己摆脱不了写稿的宿命，痛并快乐着。

问 你的作品，后来有过反刍和反思吗？有缺憾吗？

张：有，经常会反思。比如刚刚当记者的时候，太年轻，不够理性，不够冷静、理智，习惯黑白分明，看待新闻的人与事太简单，感情化，容易受采访对象影响，忽视了新闻事实复杂的真相。

那时候，经常会站在弱者一边，在批判公权力和强势的一方时同情弱者，忽略弱者本身的不合理和缺点，结果导致有些报道站位有点偏移，不是那么绝对公正。很多事实并不是非黑即白。好比鸡蛋与石头相碰，一般有同情心的人往往站在鸡蛋一边，因为鸡蛋的抗击打能力明显不如石头。有时也许是鸡蛋的错——石头虽然棱角分明，鸡蛋却会滚动。比如采访时，准备时间太短，对采访对象了解不够，准备的问题不够好，对方没有情绪回答；或者采访很扎实，内容和材料都很好，在写作上却天赋有限，没能够把故事写得让人看了过目不忘。

说到缺陷，在《南方周末》工作期间，比如面对张平、李海鹏那样的记者，会觉得自己才华不够，天赋不够，只能靠勤来补拙，靠认真和努力来弥补才华和天赋不足。

毕竟新闻是永远遗憾的事业，因为受到时间的限制，受到版面的制约，不管怎么样，多多少少有遗憾。

问　你怎么看待当下非虚构写作在国内的兴起？

张：这是一件好事。非虚构写作在国内才刚起步，从《南方周末》《中国青年报·冰点周刊》到《财经》《财新周刊》，从《南方人物周刊》到《人物》《时尚先生》，从网易的“人间”到腾讯网的“谷雨”项目，我们的非虚构写作才刚刚起步。

我在《南方周末》工作的十二年里，担任过《后台》和《马后炮》内刊的主编，负责《南方周末》的“传媒致敬”年度评选，也策划出版过《美国最佳杂志写作》《普利策新闻奖获奖作品选》等图书。据我观察，中国非虚构写作的成就，与国外非虚构写作的水准还相差很远。

眼下，中国社会正在巨变当中，层出不穷的事件给中国非虚构写作者提供了太多好的故事。20世纪的普利策新闻奖，很多获奖作品和中国当下的同类社会事件比起来不算什么。环境污染、食品安全、拐卖妇女儿童、拆迁问题等，对非虚构写作者来说都是富矿。

写作者能不能深耕细作，花大量的精力去完成有力量的作品？我们能不能抓住，有没有才华，能不能认真吃苦，遵守非虚构写作的规范，没有虚构和失实地记录这个时代的中国和中国人的经历，讲述他们在大时代的遭遇下发生的前所未有的故事？

这是所有从事非虚构写作的人，尤其是年轻一代非虚构写作者们，必须面对的挑战。

问　2014年，你离开了工作十二年的《南方周末》，到腾讯网担任文化中心的总监，负责互联网新闻运营，现在又在新东方做音频原创节目，你怎么看待自己的转型和变化？

张：2014年，我加入了腾讯网，担任腾讯四级专家、腾讯网文化中心总监。原因很简单，腾讯网是互联网新闻门户里最专业的新闻门户，注重原创，愿意为优质的原创新闻花钱。

我负责的版块包括《大家》（副刊）、思享会（思想）、文化新闻、佛学、道学、儒学，此外还有华文好书榜、年度思享会、腾讯书院文学奖等活动。除了购买的新闻版权运营外，我们的原创实力是很强的。

因为有足够的资金预算，我组建了腾讯文化海外报道团队，在东京、柏林、爱丁堡、伦敦、纽约、巴黎、莫斯科、香港、台北等地，以签约的形式，把出国移民的一些新闻精英招至腾讯文化旗下，比如崔莹、王竞、张璐诗、罗四鸰、孙冉、孙玫、王晟等人，生产了一大批优秀的文化报道。

另外，我们升级了腾讯《大家》的作者队伍，把大江健三郎、秦晖、金雁、龙应台、叶兆言、阎连科、阿来、葛剑雄、葛兆光、张炜、许倬云、贾樟柯等很多名家变成了我们的作者，让原本以时评为主的意见广场，变成人文意见高地。

可惜的是，美妙的时光不长，以算法、搜索取胜的今日头条出现，百度新闻崛起，这些App不花一分钱购买新闻内容版权，也不生产任何原创内容，没有总编辑，也没有编辑，全靠机器抓取别人内容的新闻产品，靠着庸俗化、低俗化的资讯吸引流量和市场，夺取了腾讯网、新浪网、搜狐网、网易、凤凰网这些新闻门户的份额和市场，也使得这些新闻门户承受了巨大的压力。这几家网站毕竟是商业企业，不是新闻单位，内部的运营考核还是看流量和点击率，以及广告营收和利润。

这些新闻门户的市场被头条系占据后，第一步就是削减开支，压缩成本，减少人力，不再购买新闻版权，靠补贴和分成吸引作者入驻，搞自媒体分发平台。时至今日，这些新闻客户端基本上都变成今日头条的模仿者。作为一线管理者，我承担了很大的压力，相比时事、经济、娱乐、体育、社会新闻，文化新闻和副刊其实是没有什么流量和点击率的。腾讯网每年的业务流量考核，我负责的几个频道都是最后几名。

在腾讯网工作三年后，我短暂加入阿里巴巴集团，加入钉钉事业部，担任P9资深专家，负责公关内容方面的工作。长期从事新闻工作树立的理想与价值观，与企业不择手段追求曝光率的目的天然违背，五个多月的时间里，我实在无法忍受为营销目的制造出来的假新闻和软文，放弃了千万元的年薪，选择了离开。

现在，我和《南方周末》的老领导徐列一起，还有《南方人物周刊》的同仁，近二十位从传统媒体辞职的记者，加盟新东方教育集团，做一个原创的深度读书音频节目《听好书》。这也算是新闻人的转型，我们还是采访那些写书的作家和学者，采编流程和《南方周末》时期一样，不过内容的呈现形式不再是报纸和杂志，而是App和微信公众号，用文章、音频、视频的方式呈现。

我还在新闻的路上。我在继续给报纸杂志和新闻门户写稿，以专栏的形式，比如《新民周刊》《新民晚报》《青年作家》这样的报纸杂志，澎湃、凤凰网的媒体号，我去年已经发表了二十多篇深度新闻。

面对科技带来的社会变革，不管愿不愿意，我们只能接受新闻传播的变化，接受其中的好和不好。比如机器人写新闻、视频和影像取代了文章、纸质报刊，图书消失、广播电台和电视台关门、新闻门户网站衰退，VR（虚拟现实）和穿戴设备传感信息流蓬勃发展，媒体传播工具千变万化，人们未来会通过传感器和影像看新闻，新闻变成原子脑波传递，车窗玻璃和房子窗户都会是新闻的承载体。对这些变化，我们只能面对和接受，并且参与其中，成为其中一分子。想一想真是不可思议，我们经历了手稿书写时代、电波传真排版印刷，又经历了互联网电子阅读时代，未来究竟会怎么样，我也很好奇。作为新闻人，我经历了这些变化，也参与了这些变化，成为这个时代和历史的一部分。

因为工作的关系，我现在也参与录制音频，拍摄视频，还在新闻原创的道路上。现在我已经快五十岁了，在写作上刚刚步入成熟期，在新闻写作的道路上，我还有很多可能性，也有好奇心，我还想走得更远。

后 记

2018年到2019年，我获得一次珍贵的赴香港访学的机会。暂时放下工作中的负荷，转场到一个中西交融的所在，以访问学者的新身份体验久违的学习生活，幸甚至哉。在偷得浮生一载闲的时候，我也终有时间完成自己一直想做的事情：让那些非虚构写作名家的写作经验不仅仅在他们身上闪光，还能被淬炼出来，让优秀的写作经验得以分享，让更多非虚构写作爱好者从杰出的写作者那里得到启发和勉励。坦率地说，这样的一项工作，也在很大程度上照顾了我的心灵所需，可以说快乐无比。一方面，我一直热爱文字，文字是我的精神教堂，见证着我对故事的真挚态度；另一方面，我身在新闻传播学术教学领域，笃信即便在人工智能驱动的传媒时代，卓越的写作能力和人文情怀依然是传媒人特别是记者的核心竞争力。于是，这样的一份辛劳既尊重了我的内心，也履行了我的职业责任，是让我平衡的一次美妙旅程。

在知识社会的背景下，数据型与叙事型知识都是求真的形式，而在知识走向公众一途，非故事莫能担当。美国传播学家沃尔特·费舍尔认为，人类是天生的故事讲述者，一个好的故事比一个好的论点更有说服力。他提出了传播叙事理论，相信即便在知识传播和论证功能上，故事也能涵盖一个论证的开始、中间和结束。费舍尔认为人类从根本上来说是非理性的，叙事是传播的基础。人们一般通过有说服力的故事来进行交流，而不是构造逻辑论证。世界是一系列的故事，从人文知识、社会科学知识到自然科学议题，顶尖的叙事能力可以改造许多应当叙事却未能叙事的跨界文本，让冰冷的数据资讯也能以故事结构传播，最终让信息更加容易传播和接收。

在新闻传播教育领域，写作能力是媒体人的核心技能。今天的报纸、杂志、新媒体无不追求优秀的叙事文本。尤其在泛传播的领域、文化创意行业乃至政府企事业单位，非虚构写作有着广泛的应用场景。受到基础教育中作文模式、大学专业教育中写作课程普遍的边缘化，以及写作教学本身的难度等因素影响，我国的写作教育从基础阶段到高等教育基本上没有落到实处，年轻人的写作能力普遍薄弱。向写作名家学习写作经验自然是一种有效的途径，但大多数写作爱好者却没有条件与写作名家进行常态化的互动。本书将充当一个写作名家与写作爱好者之间的媒介，对十七位非虚构写作名家的访谈，聚焦在叙事经验本身。访谈分别在香港、广东和北京完成，经过密集的作品研读、提纲制作、采访落实、录音整理和修改校对几个环节，最终完成了本书的设定目标。

本书蒙范以锦先生支持并作序，实在是我们莫大的荣幸。范以锦先生曾任南方日报社总编辑、社长，南方报业传媒集团董事长，他是我发自内心尊崇的一位前辈，本书的大多数被访者，都曾经以记者身份工作和成长于他参与创建的报系和营造的工作氛围。近年来，范先生非常关注非虚构写作现象，当我邀请范先生为本书作序时，他慨然应允，几天之内就发来写好的序言。范先生之热心支持和认真高效，足资我学习一生。访谈工作是仰仗别人脸色和施舍的工作，别人没有义务接受我们的访谈，且写字的人通常不愿意张扬，但他们对访谈都给足了时间，释放了善意，甚至与我们成为朋友，感激他们在繁忙的工作之余腾出宝贵的时间分享写作理念和经验，才诞生了这本可供非虚构写作爱好者反复咀嚼的作品。

这本书的访谈，是我和西安交通大学的周秭沫合作完成的。对本书的框架、结构、访谈提纲和工作流程，我们经常进行讨论和协商。她在多家媒体实习，从事特稿的写作，对非虚构写作有热情，且有丰富的采访经验，为高质量的访谈工作奠定了基础，对本书贡献良多。而我的研究生许梦颖、张樱凡和李婉婷三位同学刚开始读研，很喜欢非虚构写作，他们协助我做了部分录音的文字整理工作，在此也感谢她们。特别需要说的是，因为对非虚构写作的理解有限，所提问题和访谈质量存在不少缺憾，可能错过了一些很有价值的问题，我们将不断吸取教训，总结经验，不足之处敬请专家、读者们批评和指正。

刘蒙之

2019年2月20日于香港浸会大学